编译文库·马克思主义

王 丹 著

"再思"马克思社会解放的革命主体
——奈格里政治哲学思想探析

"Rethinking" Marx's Revolutionary Subject of
Social Liberation
—Analysis to Negri's Political Philosophy

中央编译出版社
Central Compilation & Translation Press

图书在版编目（CIP）数据

"再思"马克思社会解放的革命主体：奈格里政治哲学思想探析/王丹著. --北京：中央编译出版社，2024.1

ISBN 978-7-5117-4465-4

Ⅰ.①再… Ⅱ.①王… Ⅲ.①西方马克思主义-研究 Ⅳ.①B089.1

中国国家版本馆 CIP 数据核字（2023）第 245389 号

"再思"马克思社会解放的革命主体：奈格里政治哲学思想探析

责任编辑	李媛媛
责任印制	李 颖
出版发行	中央编译出版社
地　　址	北京市海淀区北四环西路 69 号（100080）
网　　址	www.cctpcm.com
电　　话	（010）55627391（总编室）　（010）55627310（编辑室）
	（010）55627320（发行部）　（010）55627377（新技术部）
经　　销	全国新华书店
印　　刷	佳兴达印刷(天津)有限公司
开　　本	710 毫米×1000 毫米　1/16
字　　数	238 千字
印　　张	16
版　　次	2024 年 1 月第 1 版
印　　次	2024 年 1 月第 1 次印刷
定　　价	85.00 元

新浪微博 @中央编译出版社　　　　微　信　中央编译出版社（ID：cctphome）
淘宝店铺　中央编译出版社直销店（http://shop108367160.taobao.com）　（010）55627331

本社常年法律顾问　北京市吴栾赵阎律师事务所律师　闫军　梁勤
凡有印装质量问题，本社负责调换。电话：（010）55627320

目 录

导 言 ……………………………………………………………… 001

第一章 奈格里政治哲学的理论基础 ……………………………… 040
  第一节 从绝对民主到大众民主 ………………………………… 041
    一、现代民主根基的梳理 ……………………………………… 041
    二、绝对民主理论的阐释 ……………………………………… 044
    三、超越斯宾诺莎的大众民主 ………………………………… 048
  第二节 从帝国主义到帝国 ……………………………………… 053
    一、列宁论帝国主义 …………………………………………… 054
    二、马克思对资本主义的深入批判 …………………………… 057
    三、帝国：重现马克思对资本主义的批判 …………………… 073
    四、福柯：一种对资本主义的新思考 ………………………… 077
  第三节 重构存在的本体论基础 ………………………………… 084
    一、奈格里与传统本体论的决裂 ……………………………… 085
    二、奈格里对传统本体论的重构 ……………………………… 093

第四节　《资本论》与生命政治的内在关联 …………… 097
　　　　一、资本产生微观权力体系 ………………………… 099
　　　　二、异化劳动产生赤裸生命 ………………………… 103
　　　　三、《资本论》中的生命治理机制 ………………… 108

第二章　奈格里政治哲学的内在逻辑 …………………………… 112
　　第一节　自治主义的大众哲学：从一般智力到非物质劳动 … 113
　　　　一、非物质劳动的理论来源 ………………………… 114
　　　　二、非物质劳动概念 ………………………………… 119
　　　　三、一种新的劳动范式 ……………………………… 123
　　第二节　生命政治：以主体性为对象的政治哲学 ……… 127
　　　　一、一种新的生命政治哲学 ………………………… 129
　　　　二、生命政治的社会形态和权力范式 ……………… 131
　　第三节　政治学方法：从生命政治的剥削走向货币政治学 … 135
　　　　一、新剥削方式：生命政治剥削 …………………… 136
　　　　二、货币政治学：从货币批判到权力批判 ………… 140

第三章　奈格里政治哲学的核心概念：新革命主体 …………… 145
　　第一节　革命主体的生产逻辑：重构资本和劳动的力量关系 … 147
　　　　一、资本与劳动：对抗性政治的双主体 …………… 147
　　　　二、资本—劳动：颠覆性与对抗性 ………………… 151
　　　　三、共同性产生对抗的力量 ………………………… 156
　　第二节　社会解放的新革命主体：革命主体的重新界定 … 160
　　　　一、解构与建构的双重任务 ………………………… 160
　　　　二、帝国统治内部的抵抗者：诸众 ………………… 164

三、伦理主体建构的现实体现：共有者 …………………… 170

第三节 重提《1857—1858年经济学手稿》的必要性：
一个开放的文本 …………………………………… 174
　　一、激活革命主体：从客观主义范式走向革命主体性 …… 175
　　二、革命主体性的现实路径：以政治经济学为基础 ……… 178

第四节 反思奈格里对《1857—1858年经济学手稿》的解读 …… 181
　　一、革命主体是否存在"断裂" ………………………… 182
　　二、内嵌在资本主义中的主体力量 ……………………… 191

第四章　奈格里政治哲学的后现代主义图景 …………………… 196

第一节 如何超越资本：一种后现代革命宣言 …………… 197
　　一、出走：颠覆资本的统治权 …………………………… 197
　　二、资本主义还剩下什么：论共同性概念 ……………… 202

第二节 另类现代性 ……………………………………… 207
　　一、另类现代性的生命政治阐释 ………………………… 209
　　二、另类现代性中的对主体性力量 ……………………… 213

第三节 共产主义的革命憧憬 …………………………… 221
　　一、摧毁帝国：后现代社会的根本任务 ………………… 221
　　二、共产主义的现实根基：后社会主义解放之规划 …… 225
　　三、奈格里政治哲学对马克思思想的继承与发展 ……… 228

结　语 ……………………………………………………… 240

参考文献 …………………………………………………… 243

导　言

一、社会解放的革命主体何以可能

马克思、恩格斯从历史唯物主义对"现实的人"的关注为出发点，将生产方式和"现实的人"的生活方式联系起来，揭示了人类社会发展的客观规律。马克思在实践斗争中认识到工人阶级的原子式个人是无法对抗资产阶级压迫的，无产阶级作为被剥削的群体要获得解放就必须改变旧有的社会经济关系，这一思想的根本旨趣在于无产阶级解放和共产主义的现实运动。"被剥削被压迫的阶级（无产阶级），如果不同时使整个社会一劳永逸地摆脱一切剥削、压迫以及阶级差别和阶级斗争，就不能使自己从进行剥削和统治的那个阶级（资产阶级）的奴役下解放出来。"① 在资本主义生产关系下，无产阶级被剥削的现实情况被遮蔽，是使无产阶级遭受经济剥削和政治压迫的根本原因。马克思、恩格斯在《共产党宣言》中指明了无产阶级的伟大历史任务是作为"资本主义掘墓人"来颠覆资本主义的生产方式，使无产阶级成为现实社会中真正的革命力量，要获得真正的解放必须将无产阶级作为社会解放的革命主体，将全人类的解放和"自由人联

---

① 《马克思恩格斯文集》第2卷，北京：人民出版社2009年版，第14页。

合体"的建立视为同一历史进程。

在这个意义上,当代数字资本逻辑加速了全球资本主义的发展进程,使资本主义的生产方式、生活方式和积累方式发生了根本性的变化。进入21世纪,资产阶级为了不断进行资本扩张,对全世界无产者的压迫和剥削程度空前加强。面对资本主义全球化的加速发展,从历史唯物主义生产方式的观点出发来考察和分析当代资产阶级的最新状况是非常必要的。现代社会的生产方式决定着现代人的生活方式。因此,应从生产方式出发来研究当代资本主义的新问题。面对资本主义全球化的新发展形势,奈格里和哈特重新思考了马克思社会解放的革命主体理论,探索新革命力量的可能性用以代替"没落"的工人阶级,重构资本全球化时代的"新无产阶级",用于对抗全球资本主义的新剥削方式,由此"诸众"诞生。奈格里从资本全球化的现实出发,重新建构了社会解放的新革命主体的激进生命政治理论。当新革命主体"诸众"形成合力并不断超越资本逻辑的统治形式在当代资本主义社会中形成革命力量时,帝国的内部就形成了抵抗资本主义霸权的新生力量,进而在斗争中不断寻求人类解放的共产主义道路。

在资本主义社会结构发生重大变化的现实条件下,奈格里和哈特重新思考新的革命主体性力量及其超越现代社会变革的可行性,为建构新革命主体"诸众"的产生提供了新的土壤。奈格里认为"诸众"作为现代社会被剥削的社会阶层是比无产阶级更加广泛的概念。他认为当代资本主义的剥削形式发生了重大转变,它超越了原资本的统治形式,意图全面侵占社会生活领域。新社会结构的转变,使劳动者被剥削的时空层面发生了根本性的变化,超越了原本仅在区域内部的福特主义原则。在现实层面这一变化使"诸众"成为颠覆资本主义社会剥削和压迫的主体性力量。如今,使"诸众"联合起来的因素是由他们所受的压迫和剥削的共同形式,在全球化的劳动压迫和剥削的普遍中以一种"共同性"来建构的。奈格里在《超越帝国》中指出:"只有当诸众准备好了建构共同的斗争目标……在革命意识的形成中，这一转变具有决定性。"① 可见，奈格里有意识地建构一种具有革命性的自治主体。"诸众"超越了传统工业剥削的抵抗形式，转变为对全部社会生活剥削的抵抗，这种劳动主体性潜能的释放，使其超越了传统资本对劳动的剥削方式。

20世纪60年代，在意大利兴起了自治主义的马克思主义运动，依据意大利社会的客观现实提出了符合现实的工人自治主义运动。与其他西方马克思主义社会批判理论不同，意大利自治主义运动是以实践消灭资本的现实运动，从而将劳动与资本的现实斗争重新返回到马克思的思想平面。从当代资本主义全球化发展的现实条件出发，自治主义运动的目的是重返工人运动的实践道路，激进地重构了"新无产阶级"，以此来寻找颠覆资本主义社会的可能性。从马克思到奈格里，主体性概念的逻辑和视角都发生了根本性的变化，工业时代的工业化资本也开始听命于金融资本的操纵，传统的物质劳动被信息化、金融化、情感化等为主的非物质劳动所替代，使劳动分散在资本主义社会的各种压迫和剥削中。可见，经济和社会环境的新变化为"新无产阶级"的产生提供了客观的现实条件。值得注意的是，奈格里基于客观现实条件指出了新革命主体的重要性，考察了现实世界中形成的主体性，进一步提出了他关于重建社会解放的革命主体性的激进政治理论，激进化地"超越"了传统工人阶级，提出了符合当代世界的新理论。奈格里通过重构"新无产阶级"，试图回到马克思革命主体现实性的激进尝试，为进一步寻找颠覆资本主义秩序的新主体创造条件。在金融资本主义全球化加速发展的大背景下，资本帝国的无疆界、无中心的全球支配体系中是否存在"诸众"？"诸众"就是无产阶级吗？"诸众"起来革命，是反对谁？在何种意义上他能够突破金融资本主义的统治等一系列问题。鉴于此，本书以奈格里的相关论述为出发点，重新激活马克思社

---

① ［意］安东尼奥·奈格里：《超越帝国》，李琨、陆汗臻译，北京：北京大学出版社2016年版，第50页。

"再思"马克思社会解放的革命主体——奈格里政治哲学思想探析

会解放革命主体理论的相关资源，以便对解决这些问题提供一点有意义的理论尝试。

二、分析奈格里政治哲学的时代背景

冷战结束之后，全球化时代的到来让整个世界处于一种前所未有的崭新阶段，即以信息技术为中心的资本主义后冷战时代。这个全新的资本主义时代作为一种新的社会现象和一种新的主权形式，超越了帝国主义，它既无边界也无中心，因此称之为帝国。帝国主权是在超越国家机体且由一系列国家构成的整体逻辑下的新政权形式，与帝国主义时期的世界图景具有明显的差异性，主要表现在它不受任何疆界限制。帝国是一个全新的无界限、无中心的统治机器。

在人类历史上，马克思曾指出"无论哪一个社会形式，在它所能容纳的全部生产力发挥出来以前，是决不会灭亡的，而新的更高的生产关系，在它的物质存在条件在旧社会的胎胞成熟以前，是决不会出现的。"[①] 从历时态的角度进行探究，现时代全球正处在资本主义的新发展阶段，资本主义的发展大概经历了三个不同的历史时期。第一阶段：马克思所处的自由竞争的资本主义时期。第二阶段：列宁所处的资本垄断时期。第三阶段：帝国主义不断发展为以"金融资本"为明显特征的新阶段，即帝国时期。奈格里认为，马克思已经有力地论证了资本主义发展的新时期即帝国时期，在其内部的生产力和生产关系所容纳的全部潜能发挥出来之前，帝国是不会自行解体的。处于后冷战时期的资本主义，在资本主义生产方式发生巨大转换的新时代条件下，不仅调整了社会生产力和生产方式的内部结构，并且使整个社会结构也发生了根本性变化。这一系列的改变使得资本

---

① 《马克思恩格斯选集》第 1 卷，北京：人民出版社 1995 年版，第 33 页。

主义的剥削和生产方式也随之发生改变。当今全球资本主义已从帝国主义发展到帝国的全新阶段，其全新条件下的剥削形式比马克思的维多利亚时代更为猖狂和无处不在。"资本按照自己的这种趋势，既要克服民族界限和民族偏见，又要克服把自然神话的现象，克服流传下来的、在一定界限内闭关自守地满足于现有需要和重复旧生产方式状态。资本破坏这一切并使之不断革命化，摧毁一切阻碍发展生产力、扩大需要、使生产多样化、利用和交换自然力量和精神力量的限制。"① 马克思的历史唯物主义深刻地揭示出资本主义发展过程中所蕴含的社会矛盾，也清晰地揭示出资本主义的本性是如何以其自身的需要去创建符合其自身利益的全球化的发展战略。

帝国作为一个全新的资本主义生产和交换的主体，逐步摆脱了政治的控制。它统治下的全球化在控制经济方面已经越来越具有自主性。帝国作为一种新的主权形式正在逐步形成，且有效地控制着全球化的发展方向，它已经成为统治世界的最高权力。与此同时，民族—国家的主权也显示出不同程度的衰落，虽然现阶段其依然是有效力的，但随着全球化的不断深入，各生产要素之间科技、人力、资金等已不由民族单一管制，而是越来越容易越过国家的界线，变得无所不在。如果假定主权已经拥有新的形式，且由一系列国家及超国家的机体构成，这些结合起来的机体在统治的单一结构中进行整合，那么这种新的全球主权形式就可称之为"帝国"。帝国出现在现代帝国主义衰落之时，它与帝国主义是两种截然不同的概念形式。"帝国主义是欧洲民族—国家的主权超出它们自身疆域的扩张"②，它由欧洲列强在整个现代性过程中为其奠基。也就是说，帝国主义是通过

---

① 《马克思恩格斯全集》第46卷，北京：人民出版社1979年版，第393页。
② ［美］迈克尔·哈特、［意］安东尼奥·奈格里：《帝国》，杨建国、范一亭译，南京：江苏人民出版社2005年版，第2页。

"再思"马克思社会解放的革命主体——奈格里政治哲学思想探析

国家的疆界为其奠定了权力的中心，它通过一系列的界限和手段，强加于外国的疆界。与帝国主义相比，帝国是一个无中心且无界限的统治机器。帝国主义的明显民族—国家色彩的地域性世界，已经被混合并且融入在帝国的全球化之流中。

奈格里的政治哲学产生于帝国主义向帝国过渡的这一关键性的历史时期，他将马克思主义的逻辑体系纳入一个全新的历史进程，并且深入探讨资本主义的发展史。他结合马克思的历史唯物主义与现代政治思想史，在这一关键性历史时刻引入阶级斗争，试图在现代资本主义的社会转型过程中揭示出革命力量的本源性，最终进一步推进了马克思的共产主义思想。奈格里的政治哲学不仅在其思想领域中活化了马克思主义，也试图对当代西方革命进行深入反思，为当代共产主义革命找到新的出路。奈格里以全球化视域中的新资本主义（即帝国）为背景，重新唤起具有无限生命力的马克思主义哲学，在克服当代西方解构哲学中，他的政治哲学具有"超越马克思的马克思"的历史意义。奈格里从传统构架的形而上学中引出现代资本主义的政治图景，并在斯宾诺莎、康德、黑格尔、海德格尔和马克思的历史连续性中重新确立了无产阶级的永恒革命之根基。他对当今资本主义的发展趋势，马克思主义的政治思想史、无产阶级的主体性和革命性在当代资本主义中的发展做出极富创建性的深入分析。

（一）厘清奈格里政治哲学的理论前提

第一，奈格里在全球化的资本主义时代下，凭借着马克思的理论资源对当今时代进行了极富穿透力的理论思考，在"帝国"与"诸众"之间提出了具有历史性意义的重大问题。奈格里在1978年出版的《〈大纲〉：超越马克思的马克思》一书中，阐发了"劳动与生产过程分离"的论证。他不仅论证了资本与劳动者之间的对立性关系，而且试图在全球化的资本主义时代条件下，重新建构起自治的革命主体以抵抗资本对其统治，进一步实现了由劳动与资本的辩证对立过渡到自治对抗的逻辑转换。奈格里提出重建革命主体性的思想是建立在对马克思《1857—1858年经济学手稿》①的文本解读之上的。马克思曾在《大纲》中预测，随着资本主义不断深入发展，一种普遍的智能型社会将会出现。到20世纪下半叶，计算机的出现证实了马克思当年的预测已经成为现实。奈格里的政治哲学是建立在马克思《大纲》的解读之上的，他深入挖掘这一手稿的现实哲学意义，既在解读文本中重新回到了马克思，又同时站在当今资本主义全球化的视域中重新激活了马克思理论在当代的重大理论意义，并最终创造了"超越马克思的马克思"的新理论。

马克思的《大纲》与《资本论》相比而言，《大纲》在国内学界并没有受到足够的关注和重视。在奈格里看来，与正统的人道主义关注于马克思《大纲》中的人本主义逻辑脉络和马克思主义所强调的《资本论》的科学性不同，他试图走出《大纲》与《资本论》之间的逻辑对立，并重新回到《大纲》当中，重新确立起一套极具特色的以马克思政治哲学为语境的革命性—主体性话语在马克思主义哲学中的中心地位，最终开启马克思主义哲学的自治主义转向。他认为马克思的思想发展史既不表现为以1845年为时间点的科学和意识形态之间的断裂，也不表现为以客观主义及经济决定论的科学的历史唯物主义。因此，奈格里重回《大纲》，通过深入解读马克思所分析的资本与工人阶级的对抗性关系，批判了客观主义幻象论和革命乌托邦残余的思想，建构了劳动与资本彻底对立的政治哲学，以自治对抗的逻辑替代了劳动与资本的辩证对立关系。

---

① 《1857—1858年经济学手稿》有狭义和广义两种说法。狭义的《1857—1858年经济学手稿》就是《政治经济批判（1857—1858年手稿）》，加上《导言》和《七个笔记本的索引》，人们通常所说的《大纲》一般是指狭义的《1857—1858年经济学手稿》。本书将从这一角度将其简称为《大纲》。

"再思"马克思社会解放的革命主体——奈格里政治哲学思想探析

20世纪60年代以来,意大利爆发了工人和学生组织的革命运动,《大纲》就是在这一时期登上了思想舞台。当时的自治主义思想家们试图走出《资本论》,他们致力于寻找批判当时资本主义社会及创立一个后现代主义的革命理论。马克思的《大纲》与其《资本论》相比,前者在学界的关注度远不如后者,多数学者总是不自觉地将《大纲》视为马克思著作的中介环节,认为它只是起到保护其著作连续性和过渡性的作用却忽略了其重要意义。传统对《大纲》的解释分为以下几种:一是认为《大纲》极具碎片化和不完整性;二是认为它是对辩证唯物主义的复兴;三是将它视为《资本论》的中介环节。首先,认为《大纲》具有不完整性只是看到其表面结构的字面意思,并没有深入研究其所蕴含的深层理论精髓。实际上它是一部具有展望性和发展性的著作,揭示了资本逻辑的矛盾运动,并且以推进无法根除的对抗性形式为基础,没有给人道主义留下任何余地。其次,《大纲》并不是研究《资本论》构思的中介环节,它是一个政治性的著作且与革命的可能性紧密相连,这种革命的可行性是由其直面危机的工人阶级的共产主义理论诉求及革命的急迫危机所造就的。罗多尔斯基认为《大纲》是对《资本论》的前提性准备纲领,并将马克思的《资本论》视为其思想的巅峰之作,因此他陷入极端的客观主义。他未能看到《大纲》中所蕴含着内在的和对抗性的剥削理论和资本理论的中间力量,这个中间力量就是阶级,正是这种阶级构成孕育着斗争的主体性。正像萨克·鲁宾所认为的,在动态的综合马克思思想体系时,剩余价值理论作为其核心将得出一个结论:将资本的客体性分析充分与阶级运动的主体性结合在一起,就可以将阶级仇恨渗透到其科学之中。但这个结论还有其不充分之处,它只是揭示了剥削规律的重要性,因此本书需要充分挖掘其理论的丰富性。笔者以剩余价值为出发点,在理论上进一步加强生产与再生产之间,社会资本与工人阶级之间、流通与危机之间深刻的关联性。在这一系列的过程中,资本是被持续塑造出来的,在动态性的剩余价值过程中无法消除资本与劳动之间的分离,而是将每一种调和都推向了矛盾的制高点。矛盾、危机、阶级斗争深刻而复杂地交织在一起，在对抗性的辩证法之内，以灾难的形式呈现出来。从灾难的形式转化为共产主义的形式是基于一种不可动摇的反抗性意志，这是一种历史的必然性过程。在《大纲》中从剩余价值理论到资本、危机，革命主体性和共产主义之间的联合中，不仅发现了革命的可能性及革命意志的指导线索，也深刻地分析出整个资本主义过程中的革命主体性和对抗性。《大纲》的创新性就在于其整个过程的开放性，并强有力地描绘出马克思对其革命意志的想象和分析中最强有力的要求。由此可以看出，《大纲》和《资本论》并没有太大的本质差别，前者标志着马克思主义思想中方法论的成熟时期，后者展现了历史观、方法论和政治学的充分结合，并实现了哲学和政治经济学的完美统一，标志着马克思思想进入到成熟期。

第二，奈格里以斯宾诺莎的"绝对民主"概念为基础，创建出后现代性的新民主之路。奈格里认为斯宾诺莎所构成权力的基础和前提条件是其思想体系中所提出的民主概念。如果说马克思为其理论提供了重新理解资本主义经济关系的批判方法，那么斯宾诺莎就为其理论提供了理解民主政治的新构思。多数学者对奈格里的思想研究只限于其非物质劳动和资本主义的全球化理论，却常常忽视处于其核心思想的主体性概念。奈格里重读斯宾诺莎，并把"大众"的概念理解为当代全球资本主义社会中的内在民主动力，这不仅建构了其思想的当代社会分析的核心概念，也为人类解放的共产主义提供了新的理论视角。

在斯宾诺莎的理论中，斯宾诺莎对权力概念进行了两种区分。第一种区分：构成性的权力。第二种区分：控制性的被构成的权力。"大众"概念属于前者。"大众"一词来自于斯宾诺莎的multitudo，也被译为"诸众""多众"等，是一个集体性的概念。它将许多个不同的个体连接成一个共同体，但这个共同体允许以个体性的方式存在。奈格里借助大众这个概念来构建其新的革命主体理论，为其新的革命主体寻找一个多样性和共同性的维度。可以说，奈格里政治主体性的重要资源是以斯宾诺莎的大众概念

"再思"马克思社会解放的革命主体——奈格里政治哲学思想探析

作为基础的,在他看来大众是构成权力的前提条件,这里的大众并不是指一个抽象的主体,而是由无数个身体联合在一起的合力。不同于近代的意识哲学,斯宾诺莎在对主体的理解上,强调身体相对于心灵具有优先性。奈格里认为大众的民主概念是斯宾诺莎引入的哥白尼式革命,他明确指出他所谈论的大众民主就是斯宾诺莎对其概念的阐释。

沿用从柏拉图和亚里士多德传承下来的三种政体形式来探讨民主问题,斯宾诺莎认为从统治权力"为谁所有"可以区分出三种政体形式:君主制,即由一个人行使权力。贵族制,即由选定的一部分人行使权力。民主制,即由大众的全体成员所构成的委员会行使权力。斯宾诺莎在《政治论》中对这三种政体形式分别进行了系统研究,但在奈格里看来这三种政体形式并没有多少新意。引起奈格里关注和重视的是,虽然斯宾诺莎并没有非常详细地论述绝对民主与民主政体之间的区分和界限,但他在其著作《神学政治论》一书中写道:"民主政治是最自然,与个人自由最相合的政体。在民主政治中,没人把他的天赋之权绝对转付于人,以至对于事物他再不能表示意见。他只是把天赋之权交付给一个社会的大多数,他是那个社会的一分子。这样,所有的人仍然是平等的,与他们在自然状态之中无异。"① 斯宾诺莎意在保留每个人在自然状态中的自由权利,他从每个人的角度出发谈论民主,无论是在当时还是现代都是非同寻常的。

斯宾诺莎在《政治论》中提出,"如果存在所谓绝对统治的话,实际上必然是依靠全体大众行使的统治。"② 在这部著作中,他提出了"完全绝对的国家"的说法,这种独一无二的民主概念引起了奈格里的高度重视,并由此引发提出了绝对民主的概念。不同于以往的由大众所组成的委员会,绝对统治是依靠全体大众行使的统治,这里指出的绝对民主概念超越

---

① [荷]斯宾诺莎:《神学政治论》,温锡增译,北京:商务印书馆1999年版,第219页。
② [荷]斯宾诺莎:《政治论》,冯炳坤译,北京:商务印书馆1999年版,第92页。

了传统三种政体的统治形式,创建了新的民主理念是来源于斯宾诺莎却又超越于斯宾诺莎的绝对民主理念。奈格里通过对马克思和斯宾诺莎的重读,站在当今时代的新起点,提出了极具价值的理论资源。马克思和斯宾诺莎作为奈格里政治哲学的奠基性代表人物,为其政治哲学奠定了深厚的理论基础,并为深入研究当代全球化资本主义的时代矛盾做出了巨大的理论贡献。

(二) 彰显奈格里政治哲学的理论旨趣

奈格里的政治哲学是建立在革命理论和革命实践的双重基础之上的,他的政治活动一直都与自治主义运动紧密相连。这里的自治主义运动指的是:20 世纪 60 年代后期,从意大利社会底层群众中所发展而来的一个激进运动,当时这场运动对奈格里的政治哲学产生了强烈的影响。1973 年是工人自治运动的开启之年,在意大利的工厂出现了许多自治团体并成立了自治委员会,这些自治团体包括工人、学生、妇女、文人和社会边缘群体等。奈格里也实际参与了不同阶层的激进运动,并基于对此运动从兴旺到衰落的全部过程,重新审视了当时意大利社会内部的巨大转型。这一系列的革命实践从根本上确立了其政治批判的核心,并且构成其政治哲学的切入点。面对革命实践中所出现的许多问题,奈格里试图重新回到马克思主义的本体论中,但他并不是简单地将马克思主义牢牢地固定在某种抽象的、静态的形而上学构架之中。奈格里的政治哲学是要打破传统中处于抽象和静态的本体论基础,他意在取代在传统本体论中的超验本质,并通过挖掘隐藏在政治性权力中的传统形而上学,进一步彻底清除革命道路中的资本主义遗毒。

奈格里政治哲学的理论线索大概可以归纳为以下三个方面:

首先,奈格里的政治哲学,是在全球化资本主义的时代背景之下发展出来的。奈格里和哈特认为全球化时代已经发展到了一个全新的阶段,也就是他称之为的帝国阶段。在《帝国》一书中,奈格里和哈特已经将全球化的理论与革命的实践结合在一起,并进一步指出帝国已经是一个全新的主权形式。帝国无边无界,由一系列的超国家机构和一系列的国家构成,帝国的到来已经是一个无法逃避的现实。帝国具有很深的谱系,最早可追溯到罗马时期的帝国,罗马帝国表现为君主制、贵族制、民主制的三合一形式,即把普遍伦理道德和法律权力统一起来。随着全球化资本主义的到来,主权形式已经发生了巨大的变化,新的主权形式被称为帝国,其不断地加强对整个世界领域的统治。我们面对着一个全新的、复杂的、差异性和非疆界化所限定的新世界。这个新世界已经发展为占统治地位的生产过程和流通渠道不断变化的新形式,其结果表现为:工业化中的工厂劳动在减少,传统工业的优先地位让位给具有交流性、合作性、情感性的非物质劳动。在后现代的全球经济发展下,我们所创造的财富更加倾向于生态政治的生产。帝国作为一个中心出现于世界,它创建生产的全球化之网,试图把一切权力关系都置于它的统治之下。

其次,奈格里政治哲学中带有强烈的革命性。在网络信息全球化发展的同时,计算机的使用以及通信技术的迅猛发展从根本上改变了传统劳动的性质和形式,确认了劳动形式的新变化,即非物质劳动。劳动范式的转型必然会带来剥削方式的一系列新变化。帝国是建立在殖民主义和帝国主义衰落的时期,它已经建立起新的以剥削为基础的权力关系。与旧的权力关系相比,新的权力关系更加残酷和隐秘。奈格里认为,帝国像新型的利维坦一样,它凌驾于民众之上并迫使他们服从于自己的庞大机器统治。奈格里通过揭示劳动范式中的野蛮和剥削的新形式,来建构一种新的革命主体性理论。他认为这种新的劳动范式已经不同于马克思以工业社会为背景所提出的剩余价值的剥削理论,并认为马克思时代的剥削理论在历史性的社会发展中已经过时了。在以非物质劳动为背景的时代条件下,资本如果不具备创造性的劳动主体,即使投入再多的资金,也是无用的。奈格里强调在非物质劳动时代,生产过程中的合作只能由非物质劳动者本身自主建构,并不由资本来建构和控制。奈格里立足于马克思的《大纲》并通过解构—建构的逻辑分析，颠覆了客观主义的研究范式，创建了其革命性—主体性的逻辑架构，将帝国的危机与大众的解放联系在一起，将分析的视角转向寻求新的革命主体上，并引向共产主义的解放议题之上。

最后，在奈格里政治哲学的后现代主义革命图景中，在帝国的体制之下原先的无产阶级历史主体退居幕后，取而代之的是技术化和异质性的大众去对抗帝国。他彻底颠覆了劳动与资本的力量关系，强调资本只是阶级斗争中的因变量，劳动才是其自变量的过程。奈格里不仅专注于分析革命的主体性问题，把共产主义建基于新的主体性之上，也把主体性作为共产主义的基本条件和资本去魅的必然结果。奈格里以绝对的内在性和革命的主体性作为其政治哲学的理论前提，并致力于寻求实现共产主义的现实方法。

奈格里的政治哲学，不仅是在思想领域中重新活化了马克思主义哲学，也在以全球化资本主义为背景的社会条件下，重新激活了具备丰富生命力的马克思主义哲学，并进一步克服了在后现代主义哲学中马克思主义的幽灵式存在，通过革命理论与革命实践相结合的方法，为新时代条件下的共产主义革命找到了新的社会条件和现实基础。奈格里颠覆了传统构架中的资本主义政治配置，并最终在历史性的分析中确立了革命主体的永恒立场和民主之绝对根基。

三、国内外研究现状评述

奈格里作为意大利工人主义与后马克思主义的旗帜性人物，由于其思想极为深刻地触及对马克思主义的"超越"及其对资本主义的批判而受到了国内外学者的广泛关注。国内外学者大多以《帝国》一书为基点，开始推进对奈格里自治主义运动的研究。奈格里和哈特的帝国三部曲，即《帝国》《诸众》《大同世界》，所讨论的主题也主要围绕全球化的金融资本主义体系、自主主义运动、帝国——诸众的核心逻辑等。对奈格里思想研究

"再思"马克思社会解放的革命主体——奈格里政治哲学思想探析

国内外学者主要集中在帝国、非物质劳动、自治主义运动、制宪力理论、本体论思想等问题上。

(一) 国外研究现状

2000年《帝国》一书出版后,关于"帝国"论述的讨论在国外马克思主义范围内相继出现。奈格里提出"帝国"的权力布控,这种新的主权形式超越了传统意义上的国家主权形式,是一种新型的资本权力。在这个意义上,资本帝国无疆界的全球支配结构已是不容否认的客观既定事实。针对帝国及其新的资本统治形式,国外学界开始推进对帝国的进一步研究。相关研究成果包括:《垄断资本和新的全球化》《帝国与大众》《〈帝国〉:21世纪的〈共产党宣言〉?》《帝国与帝国主义:对哈特和奈格里的批判性阅读》《诸众的语法:当代生活方式的分析》等。总体而言,国外的研究主要集中在四个问题上:(1)关于"帝国"的相关论述;(2)关于"诸众"的相关论述;(3)关于非物质劳动生产的相关论述;(4)关于自治主义及其运动的论述。这些理论研究大多系统考查了奈格里思想的理论结构和逻辑发展脉络。既充分肯定了他的独创性,也在不同的理论视域中揭示了其理论所存在的现实困境。

1. 关于帝国的相关理论研究

斯拉沃热·齐泽克在《哈特和奈格里为21世纪重写了〈共产党宣言〉吗?》中指出,哈特和奈格里将资本主义全球化描述为一种暧昧不清的"去地域化"进程。全球资本主义高歌猛进地席卷了社会生活的每一个角落,他们深入到各个领域的最私密处。此时,全球资本主义制度不能够完全控制一种潜在的主体被释放出来。因此,今天的资本主义体系的胜利导致了它比以往的任何时候都更加脆弱。他们揭示了在"涡轮式资本主义"动力体系中寻找革命潜能的努力是值得称赞的。从这个角度来讲,齐泽克肯定了哈特和奈格里在"帝国"中寻找未来革命潜能方向的积极价值，但他进一步指出哈特和奈格里理论思想的局限性，他们的经济社会分析缺乏现实的洞见性，大多只使用了一些空洞的术语等，他们的理论表现出形式上的空洞和在无能的激进主义之间的摇摆性。齐泽克认为哈特和奈格里的"《帝国》仍然是一本前马克思主义的著作"①。这种局限性表现为缺乏社会经济方面的具体分析。

萨米尔·阿明在《帝国与大众》中对《帝国》这本书中所阐述的一些观点进行了解读和分析。他认为，奈格里和哈特关于当前的全球资本主义体系已经发展成为"帝国"形式等观点，是不符合当前的社会现实的，同时也是不符合历史唯物主义的，因此在理论上存在着一些缺陷。他认为造成这些缺陷的主要原因是由于奈格里和哈特对自由主义和现实的消极退让导致的。萨米尔·阿明指出，"当前的世界体系（'帝国'）并没有减少帝国主义的色彩，反而比过去更具帝国主义色彩。"② 他强调，奈格里和哈特所提出的"帝国"是全球化的幼稚幻想，帝国和帝国主义的区分只是一种措辞的选择而已。但他也表示在全球资本主义发展进程中，资本的确起到主导性的因素，在朝着世界性的方向发展，而控制这些因素朝向发展的仍然是一些强大的国家。

约翰·福斯特也对奈格里的帝国思想提出批判，他认为今天资本主义虽然发展到一个新的阶段，但也只属于资本主义发展过程中的一部分，仍然和帝国主义有着天然的联系，即使没有表现出明显的政治斗争色彩，也不意味着帝国主义的消亡，只是这种统治形势以更加隐蔽的方式表现出来。因此，他认为奈格里所提出的新的主权形式只是一个被想象出来的神

---

① ［斯］斯拉沃热·齐泽克：《〈帝国〉：21世纪的〈共产党宣言〉?》，张兆一摘译，载《国外理论动态》，2004年第8期，第34页。
② ［埃］萨米尔·阿明：《帝国与大众》，段欣毅译，载《国外理论动态》，2007年第5期，第54页。

话。他否定民主国家主权被帝国所替代的思想,认为帝国主权就是民族国家的主权形式。

2. 关于"诸众"的相关论述

保罗·维尔诺曾是工人主义团体"工人力量"的一员,与奈格里同为意大利哲学家。维尔诺并不赞同奈格里在《帝国》中提出的"一个幽灵,迁徙的幽灵,在世界游荡……"奈格里和哈特认为大批的逃离和移民是阶级斗争强有力的形式,可以作为一种反抗的形式,把工人们变成后现代的土地所有者。维尔诺认为这种逃亡和移民只能作为一种暂时的状态,并不能永久存在,因此他不赞成采取逃离的反抗方式,强调从现实的革命形势中形成新的反抗。

意大利工人主义运动的早期代表——马里奥·特隆蒂从内部审视了工人主义运动在意大利的起源和发展阶段。他认为在"大众工人"向"社会工人"转变的过程中,奈格里起到了重要的推动作用,同时也造成了人力资源的巨大浪费。相比之下,奈格里作为意大利《工人阶级》的主要创办者之一,他关注当时意大利已经迈入发达资本主义时,作为主体出现的工人阶级所发生的新变化,力图在这些新的变化当中寻求社会革命的萌芽。他认为,新自由主义资本主义的兴起削弱了工人阶级的反抗。同时,伴随着苏联解体,再也没有可以阻挡霸权力量的绝对政治统治。资本统治的新形势不仅仅表现在经济上,同时也表现在政治、社会和文化上。他认为,"只要仍然保持着后资本主义的事业,在资本主义内引进社会正义因素的斗争就会取得某种成功。"[①] 在工人主义运动史中的工人主义运动更多地关注资本与工人之间的关系。

美国著名马克思主义地理学家大卫·哈维,一直以来对奈格里所提出的"工人阶级或诸众"概念都十分关注。他认为奈格里把握了当今资本主

---

① [意] 马里奥·特隆蒂:《我们的工人主义运动》,吴晓佳译,载《马克思主义与现实》,2018年第2期,第133页。

义的一些重要转变，如工厂不再处于核心的斗争位置。奈格里通过非等级的自我组织，将诸众的内在性力量定义为一种新的革命主体。他认为如果想要理解革命的可能性问题就需要关注主体是如何产生的这个根本性问题。显然，在生命政治领域最值得注意的就是新主体性的产生，这不仅是一种反抗，也是去主体化的过程，是用最彻底的方式去改变世界。奈格里对其所提出的"诸众"的政治能力是具有很大信心的，他认为可以利用劳动力量的内在性去建构一个不同于资本塑造的新世界，并通过非等级化的组织使"诸众"有能力完成这个艰巨的任务。然而，在哈维看来，奈格里和哈特过度关注生命权力和生命政治的概念，反而忽视了虚拟资本的范畴。"无法形成令人满意的理论框架，去理解当下的危机及其政治困境，其中就包括生产解放性的政治主体性问题。"①

3. 关于非物质劳动理论的相关论述

大卫·哈维认为奈格里提出的非物质劳动理论具有非常重要的意义。随着物的市场的饱和，资本主义将转向感受、景观、图像、信息等，所有这些都被商品化成为资本积累的关键。此时，整个生产过程成为主体自身生产自己的生产过程，这表现为非物质生产过程。在这一过程中，整个生产的过程与物的生产完全不同，它生产的是主体性本身的生命政治生产，他重新考量了资本主义社会的新变化。可见，奈格里十分关注生命政治领域中的主体性生产，但忽视了马克思的物质生产和社会关系生产。大卫·哈维肯定奈格里非物质劳动概念的重要性，但他认为这里仍然存在一个严重的问题，即"哈特和奈格里有太多的提议都陷在非物质抽象的领域中，从没有取得具体的形式"②。过渡关注非物质劳动理论，片面强调生命权利

---

① ［美］大卫·哈维：《解释世界还是改造世界——评哈特、奈格里的〈大同世界〉》，王行坤译，载《上海文化》，2016年第2期，第50页。

② ［美］大卫·哈维：《解释世界还是改造世界——评哈特、奈格里的〈大同世界〉》，王行坤译，载《上海文化》，2016年第2期，第59页。

的主体性,反而忽略生产的客观性问题在现实中的存在以及马克思自己关于政治主体生产的论述。

4. 关于自治主义及其运动理论的相关论述

大卫·哈维指出,奈格里过度依赖斯宾诺莎的哲学思想,他将新斯宾诺莎主义和诸众的内在性力量结合在一起,重新构建出一种新的革命理论,进一步界定了共产主义思想。奈格里试图重新唤起革命的可能性,重新定义了能够焕活的新革命主体——诸众。今天,重新定义共产主义已经显得尤为紧迫,因为解放世界上大多数生活在悲惨境遇中的人是首要任务。此外,由于资本主义体系内不可逆转的环境恶化和不断爆发的各种自我毁灭的危机都需要新的革命理论的引导。但哈维认为,奈格里确过渡依赖于斯宾诺莎的内在性力量的理论思想是片面的。同时,奈格里提出将"出走"作为斗争的武器。哈维认为这仅仅是释放的意思,"革命追求的不只是释放,而是解放"①。

保罗·维尔诺对奈格里的革命方式"出走"提出了质疑。奈格里认为社会发展的新政治主体是"诸众",他本身具有一种内在性的力量,是新世界的创造者。他可以打破维持资本家权利的社会结构,于是"出走"(大规模的迁徙)行动就是反抗资本和机器的最有力武器,是阶级斗争的强有力的形式。维尔诺在《诸众的语法》中对此观点进行了质疑,"逃亡只是一种'暂时'状态"②,他希望通过现实的革命形式去改变世界。

总体而言,在笔者有限的阅读范围内,发现国外学者对马克思的革命主体性思想和奈格里的革命主体性("诸众")思想的研究较为分散,多是在论述其他问题时间接地对革命主体性思想进行了阐发和讨论,缺乏系

---

① [美]大卫·哈维:《解释世界还是改造世界——评哈特、奈格里的〈大同世界〉》,王行坤译,载《上海文化》,2016年第2期,第51页。

② [意]保罗·维尔诺:《诸众的语法:当代生活方式的分析》,董必成译,北京:商务印书馆2017年版,序言第4页。

统性研究，没有深入挖掘革命主体性思想的核心要义及其与历史唯物主义的内在关联，这也是本书的着力研究点之一。但是，国外学者提出的逻辑思路和方法，为本书理解马克思和奈格里的革命主体性思想提供了借鉴。比如，他们主张将阶级斗争的概念建立在资本主义关系中所包含的对立的基础之上，即资本与人的对立关系为理解奈格里新革命主体性思想提供了一个独特的切入点；他们对奈格里思想所进行的综合论述和批判为理解马克思和奈格里革命主体性思想的关联和差异，提供了有益的尝试；关于帝国、自治主义、阶级斗争的研究和见解，为我们理解奈格里生命政治哲学中的革命主体性思想提供了重要的理论参考。

（二）国内研究现状

国内学界关于奈格里及其主体性的研究大多是从《帝国》一书开始的，但是由于翻译的著作有限，因此在一定程度上影响了对奈格里思想的理解和把握。现在的中译本只有《帝国》《大同世界》《〈大纲〉：超越马克思的马克思》《超越帝国》《艺术与诸众》，以及一些学者的对话访谈，如《照亮世界的马克思》等，还有一部分作品没有翻译成中文，在一定程度上阻碍了奈格里的国内研究。但随着译作的不断增多，国内对奈格里思想的研究也逐渐多起来。张一兵、唐正东、蓝江、王福生、陈培永、孙乐强等学者开始从不同的角度对奈格里政治哲学思想中的帝国、诸众、非物质劳动、共产主义、生命政治、自治主义等命题进行了较为深入的哲学研究。依据笔者所能查到的资料，国内学界涉及奈格里专题研究的著作有多部，讨论的主题也大多集中在《帝国》出版之后得到了较大程度的研究。总体而言，国内对奈格里的研究主要以论文的方式为主，研究的主题主要集中在如下几个方面。

一是关于诸众及其主体性的相关研究。关于奈格里提出的诸众及其主体性问题的研究以宋晓杰为代表，他认为奈格里是以诸众政治理论为逻辑脉络，立足于后福特制的资本主义思想语境来透视全球化的激进政治理论，寻找解放的可能性。他指出奈格里的诸众政治理论即与当代资本主义的发展变化相关，又试图走出现代的政治模式，不但关注马克思的劳动阶级理论，又试图积极构建后社会主义的解放方法。诸众政治在这里表现为一种非辩证的政治，它超越了拥有私有财产的个人政治传统，而强调一种自下而上的政治主体化过程。诸众内生与帝国之中，并且作为一种颠覆性的反抗力量不断摧毁帝国存在的根基。在全球化资本主义社会转型的进程中，诸众虽然表现出强大的创造力，但是他无法真正激活马克思的无产阶级所蕴含在资本主义生产方式中的内在张力。"诸众政治不足以承担共产主义的重任，只会通向乌托邦情怀的政治实践和英雄式暴力的革命神话，最终因去革命的本性而沦为资本的帮凶"①。宋晓杰认为奈格里试图寻找潜在的解放的可能性——这种乌托邦式的革命情怀最终将会破灭。

张梧和王巍依据奈格里对马克思《政治经济学批判（1857—1858年手稿）》的解读和意大利工人主义自治运动相结合的研究方法，指出奈格里试图在资本主义生产方式的矛盾中重建革命的主体性问题，为全球化资本主义的政治批判创造了条件。奈格里在资本主义生产方式转换的条件下重新界定了诸众的概念，他的诸众概念是建立在对马克思《政治经济学批判（1857—1858年手稿）》的文本解读之上，他既回到了马克思的经典文本之中，又在当代资本主义的内在矛盾中不断探寻冲破资本牢笼的可能性，在资本和劳动对抗的过程中重新激活劳动阶级的主体性。"奈格里用现实问题激活马克思的经典文本，从而使马克思的《手稿》成为一种具有开放性的著作"②。

二是关于共产主义的相关论述。奈格里很重视对马克思《大纲》的

---

① 宋晓杰：《诸众政治的逻辑脉络——以安东尼奥·奈格里为中心线索》，载《江海学刊》，2013年第2期。
② 张梧、王巍依：《重建主体：对〈经济学手稿（1857—1858年）〉的政治解读——评奈格里的〈超越马克思的马克思〉的论文中》，载《马克思主义与现实》，2009年第5期。

解读,《〈大纲〉:超越马克思的马克思》是对马克思《大纲》解释的最终成果。他立足于马克思《大纲》为基础的同时,又结合意大利工人自治主义运动进行了理论和实践相结合的研究尝试。有学者提出以奈格里对马克思《大纲》的解读为依据,研究共产主义的动力问题即革命的阶级问题,是马克思主义哲学的一个重要范畴,将全球的劳动者定义为反对资本主义发展的革命力量,在这种"对抗性趋势"的方法上推进对共产主义的现实的政治化阐释。共产主义的动力和工人阶级的暴力颠覆确实有一种原初性的关联,可以通过考察社会化阶段的工人阶级的构成去建构新主体的联合。①

有学者立足于奈格里的共产主义思想,试图透过革命主体性话语的重构,探索奈格里走出历史理论的客观主义范式逻辑,将分析的角度拉回到革命主体性构架的激进政治学中:一方面,彻底解构资本主义体系,破除了非主体性的静态理解方式,将共产主义的根基置于以"诸众"为核心的革命主体之上。另一方面,将分析视角回落至共产主义筹划的重建逻辑之中,集中体现了激进政治学的本体论向度。但奈格里对主体性维度的过度偏执,使其不可避免地带有乌托邦主义的色彩。② 有学者从共产主义的内涵、可能性、革命策略和主体性等方面进行了深入分析,是对马克思主义的共产主义思想进行了系统性的重构,遵循了从马克思劳动概念出发寻找革命主体的可能性。这为当代资本主义批判视野提供了新的理论尝试,以新路径反抗资本主义的统治,从而寻找实现共产主义的现实性基础,为共产主义理论提供了重要的思想资源。③ 笔者通过阅读发现,国内学者多是

---

① 王福生:《共产主义的一种政治化阐释——奈格里对马克思〈大纲〉的解读》,载《东岳论丛》,2022年第10期。
② 宋晓杰:《共产主义:革命主体性话语与替代性政治想象——奈格里对共产主义思想的重构》,载《广西社会科学》,2013年第4期。
③ 王金宝:《论哈特和奈格里对共产主义思想的重构》,载《国外社会科学》,2021年第2期。

"再思"马克思社会解放的革命主体——奈格里政治哲学思想探析

以奈格里所提出的主体性和诸众等基本范畴来界定共产主义思想。共产主义是一个较难界定的概念，它是一个具有范式意义的总体性范畴，这为我们理解共产主义思想提供了多重视角，丰富了马克思共产主义思想的内涵。

三是关于非物质劳动的相关论述。有学者提出，在信息化的资本主义经济环境中，非物质劳动理论在生产过程中起的作用越来越重要。值得注意的是，它必然导致资本和劳动关系的深刻变革，在某种程度上决定着新的革命主体的产生，同时也有产生新共产主义的可能性。《帝国》最重要的理论贡献之一就是将马克思主义关于当代科技发展过程中的资本主义剥削问题传播到国际学术界。在奈格里看来，非物质劳动与经典的马克思劳动概念相比，非物质劳动更加具有均质化、情感性、合作性等特征。

也有学者提出，奈格里的非物质劳动概念应该称为生命政治劳动。它凸显出当代资本主义劳动范式的根本性转变，其中蕴含着深刻的革命可能性。从社会范式的角度来理解资本主义社会所发生的新变化，绕开非物质劳动概念是不可取的。奈格里认为在当代资本主义社会下劳动对资本的依赖性在逐渐减弱，劳动不需要资本来为其提供劳动资料和合作关系。在非物质劳动的生产过程中，其所生产出的社会关系都具有公共属性，资本仅仅是对劳动成果进行了私人占有。也正是在此意义上，奈格里认为非物质劳动具有解放的功能。① 当代资本主义劳动范式的转型有没有带来剥削方式的转变？这一问题值得我们深入思考，奈格里不仅深入研究了资本主义社会条件下非物质劳动下所产生的新剥削方式的内容，而且还将其与帝国的危机和大众的解放联系起来，他在主体——政治的维度强调阶级斗争的重要性。由此可见，他非常重视新剥削方式的现实和学术意义。因此，关

---

① 唐正东：《非物质劳动与资本主义劳动范式的转型——基于对哈特、奈格里观点的解读》，载《南京社会科学》，2013年第5期。

注奈格里所提出的帝国条件下新的剥削和危机方式是非常必要的，既有利于深入理解西方左派学界关于资本主义的新动向，也有利于发现其思想中所存在的新问题。可以说，国内关于奈格里思想中的非物质劳动概念的研究比较深入，为革命主体性的研究提供了扎实的研究基础。①

四是关于生命政治的相关论述。奈格里对生命政治概念的理解是与意大利自治主义运动相结合起来的，因此不同于福柯和阿甘本对生命政治的理解。特别是结合对马克思"机器片段论"的理解，将生命政治视为人们之间的相互协作关系的生产方式，他的生命政治表现出乐观主义的态度。有学者指出，奈格里在吸收了福柯和德勒兹等人的思想后，认为资本主义社会将机器协作推广到整个资本主义社会，在非物质劳动的生命政治生产的基础之上创造出新的生命权力，通过劳动者联合策略实现对资本主义社会的全面颠覆，生成新的主体"诸众"，"诸众"是割除资本主义毒瘤的主体。他要从资本主义的压迫和剥削中解放出来，必须采取出走的策略，通过协作形成生命政治共同体，但出走并不意味着生命政治生产的消失，消失的是资本家的生命权力对"诸众"的控制权，使得资本主义的控制彻底瓦解，从而实现共产主义。②

也有学者从对比的角度理解奈格里生命政治对资本主义现代性的深刻洞察。从奈格里和福柯思想的差异比较中，深入思考了在生命权力、主体性生产、生命生产等不同视角下分析奈格里生命政治思想的理论特质。帝国的新主体即"诸众"，要反抗帝国权力，摆脱帝国权力谱系重新占有自己的生产进行斗争。③ 在奈格里看来，现代帝国主义衰落之后，新的全球

---

① 唐正东：《非物质劳动条件下剥削及危机的新形式——基于马克思的立场对哈特和奈格里观点的解读》，载《哲学研究》，2013年第8期。

② 蓝江：《一般智力的生命政治生产——奈格里的生命政治思想谱系蠡探》，载《福建师范大学学报》，2020年第5期。

③ 莫伟民：《奈格里的生命政治生产及其与福柯思想的歧异》，载《学术月刊》，2017年第8期。

"再思"马克思社会解放的革命主体——奈格里政治哲学思想探析

主权形式帝国的出现意味着人类发展进程打破了传统民主—国家的地域限制,也出现了全球生命政治生产。奈格里强调生命政治生产的重要性,是因为他认为生产这个概念既能够清晰地展现新权力范式在社会中的本质,又能够在生产的过程中表现出社会的不平等。就根本旨趣而言,奈格里以独特性来反对普遍性,用活劳动作为历史性存在的本体,将诸众作为全球化时代帝国中反抗帝国的革命力量。奈格里认为流动着的诸众必须通过生产和自由这些创造性活动来获取一个新的身份——全球公民。他们是一种基于贫困和爱的存在论主体,诸众通过引导全球化进程来反抗帝国的斗争,从而进一步创造新的民主形式。诸众作为颠覆和反抗帝国权力机器的新革命主体,不同于马克思、恩格斯所提出的无产阶级概念。从福柯和奈格里的生命政治思想的比较中,可知奈格里是一位新帝国论者。诸众这个新革命主体是一个非常难以界定的概念。它是一个具有范式意义的概念,既源于马克思哲学中的概念范畴,又不同于马克思哲学中的革命主体概念,这为理解新革命主体提供了多重视角,丰富了马克思革命主体性的内涵,但也使革命主体性的内涵变得复杂和模糊。

总体来看,国内外关于马克思革命主体性思想研究的成果较多,为本研究打下了坚实的理论基础。本书得益于许多优秀学者关于马克思主体性问题的思考,但也存在着明显不足。例如,对奈格里"诸众"思想的理论渊源缺乏深入研究,包括斯宾诺莎政治哲学、福柯生命政治哲学对奈格里新革命主体性思想的影响等;对奈格里新革命主体性思想与马克思革命主体性思想的比较研究,仍需进一步深化;对奈格里革命主体性思想与当代西方生命政治哲学思想的比较仍需进一步加深;忽略了历史唯物主义作为奈格里新革命主体性思想的基本语境和问题渊源,缺乏从整体性视角对奈格里新革命主体性思想的内涵和特征的把握,尤其是缺乏从历史、时间、社会的角度探讨奈格里新革命主体性思想的独特内涵。

导 言

四、本书的基本思路与主要观点

在全球化的资本主义时代条件下,奈格里凭借马克思、斯宾诺莎、福柯、德勒兹等人的理论资源对帝国这个主权的形成过程、阶级斗争的力量对比做出了全面的分析。因此,面对全球化的到来,"再思"马克思社会解放的革命主体性问题,才能准确把握新革命主体的革命性话语。在这种形式下,以主体和资本之间不间断和可开放性的变革为线索,系统地梳理和重建一个政治主体"诸众",探讨其与资本权力的逻辑脉络,这是研究奈格里生命政治哲学的前提和基础。所有活动都限定在阶级斗争的范畴之中,此时不再需要一个外部引导者来推动,而是回到阶级斗争的叙述中重现后现代革命的最初图景。至此,本书须面对几个最根本的问题:在全球化的背景下,在思考阶级斗争的力量和它所带来的危机时,是否可能重新构想出一种新革命话语,在这种话语下重建一个新的革命主体?怎样超越现代性的全球秩序,不再以无产阶级和工人阶级的身份,而是要以新主体的身份从内部行动起来?如何能够抵抗帝国的生命政治权力?本书认为以如何理解全球化资本主义和大众之间的关系为线索,系统梳理剥削者与被剥削者之间的关系,探讨其与马克思革命主体性的理论传承关系,这是研究奈格里新革命主体性思想的基础和前提。因此本书将着重于两方面的研究:一是回到斯宾诺莎、马克思、列宁、福柯等思想家,透视主体性的历史发展过程,合理定位奈格里革命主体性思想的理论位置。二是回到经典文本,在历史唯物主义的总体发展进程中揭示奈格里革命主体性思想的生产逻辑、基本内涵和独特意义。

在政治哲学的层面,马克思将阶级视为主体,认为资本主义无法调和的社会矛盾只能在劳动的解放中得到解决,并通过阶级斗争得到重新建立一个主体化的进程,这是马克思的重要贡献。马克思对资本主义社会危机的诊断与救治,使得我们能够看到阶级对立出现的轨迹,进而思考如何在现实中组织起反对帝国主义的解放运动。资本主义社会的矛盾永远无法解决，它不停地增加主宰者的权力和财富，迫使人们在苦难中生存，最终必将导致分化、对抗、战争等问题。只有颠覆资本主义社会，将工人从劳动的奴役中解放出来，才能真正建立一个和平的新世界。因此，本书从马克思出发，深刻辨析资本主义社会的发展变化。奈格里认为伴随着非物质劳动（智力劳动、关系劳动、情感劳动等）成为价值的中心元素，资本积累的方式也发生了根本性的变化。

在帝国与市场的发展过程中，中心与边缘越来越相互交织，两者之间的界限模糊难辨使整个社会都被资本主义的种种关系所笼罩和支配。当我们将资本看成剥削者与被剥削者之间的关系时，这里遭受的剥削就是生命自身。资本和主权国家所表现的关系就是对生命的权力，并且这种权力关系渗透到社会生活的方方面面，对抗性的欲望也表现在社会发展的过程之中。资本创造了一种对抗性的社会关系，但这种关系中也蕴含着颠覆性的政治主体力量，它既内在于资本之中，又是反抗资本的主体性力量。马克思的历史唯物主义有助于揭开资本主义社会的神秘面纱，并进一步确认其特征，资本不仅被界定为对立面，也被界定为社会发展所面临的巨大障碍。但是，如果没有工人的劳动就没有价值的生产，没有工人的生产力也就没有资本主义的存在。可见，工人阶级是有力量的。马克思的问题意识直接启迪了奈格里，同时他对资本主义社会的诊断和救治同样构成了奈格里政治哲学的基本致思取向。奈格里政治哲学思想的革命主体性向度生成于对这一思想的自觉意识，其根本目的是实现主体性的解放。

本书正文按照逻辑结构可分为四章。

第一章是奈格里政治哲学的理论基础。奈格里受过广泛的政治哲学训练，他对斯宾诺莎、马克思、列宁、福柯等思想家都有较深的研究，特别是关于无产阶级或诸众的政治颠覆力量研究，这一点为奈格里研究资本主义社会的一些关键转变提供了大量的思想洞见。首先，斯宾诺莎的哲学作品为奈格里提供了丰富的思想资源。在斯宾诺莎看来，诸众（唯一的民主的主体）可以运用其内在的劳动力量去构建一个区别于资本逻辑所建筑的世界，并在众多理论当中强调了力量的身体性要素的重要意义。斯宾诺莎将贫穷与力量结合在一个动态发展的过程之中，让认识世界成为可能的同时，也能认识到改造世界的可能性，这正是迈向共同体的生产。斯宾诺莎将贫困的状态视为力量发展的逻辑起点，并通过爱和团结的方式走出困境与孤独，这些力量可以概括为对共同性的追求。在伦理学层面，斯宾诺莎认为行动的目的是共同的善；在政治学层面，斯宾诺莎追求的是一种机制，单独的个人可以构成集体的共同性力量。他认为贫困主体对抗贫穷的方式，这种对抗性力量对于民主的可能性问题是首要的，并且创造共同财富的共同力量是民主的主要力量。奈格里认为通过斯宾诺莎的"民主的真正主体"，诸众有能力完成这个任务。他将诸众的主体性力量与斯宾诺莎主义的理论相结合，构建出一种新的社会解放理论，从而重新界定了共产主义的内容。

其次，从唯物史观出发，马克思恩格斯关注的是现实的个人，这也是无产阶级革命的直接动因。人要获得自由和独立，就要破除被压迫和被剥削的生产条件，需要改变旧有的社会和经济关系。马克思、恩格斯将人的解放这一终极目标作为无产阶级解放和实现共产主义的首要任务。从认识论的研究范式出发，人不仅是认识的主体，也是价值的主体。哲学不仅是真理的追求，也是价值的追求。人是一切判断的主体，其自身就是最高的价值。要实现人的解放这一终极目标，需要无产阶级的彻底解放，但他需要一个解放的系统性方案，即马克思联合革命的思想。无产阶级从诞生到联合经历了不断发展壮大的过程，无产阶级在与资本主义斗争的过程中积累了丰富的经验。马克思指出："人类的全部历史（从土地公有的原始氏族社会解体以来）都是阶级斗争的历史，即剥削阶级和被剥削阶级之间、统治阶级和被压迫阶级之间斗争的历史；这个阶级斗争的历史包括有一系列发展阶段，现在已经达到这样一个阶段，即被剥削压迫的阶级（无产阶级），如果不同时使整个社会一劳永逸地摆脱一切剥削、压迫以及阶级差别和阶级斗争,就不能使自己从进行剥削和统治的那个阶级(资产阶级)的奴役下解放出来"①。伴随着经济全球化的发展进程,资本越是趋向于世界性,无产阶级被剥削的情况就变得越来越普遍。无产阶级在政治上被资本所排斥,在经济上被资本所剥削,这种趋势变得越来越具有普遍性。因此,马克思在《共产党宣言》中指明了无产阶级是资本主义的掘墓人,越来越多的无产阶级聚集在一起建立了联合式的无产阶级同盟。在《资本论》中,马克思深入分析了资本与劳动在国家之间的关系,直接揭示出所谓生命政治的起源,进一步阐发了资本权力对人生命的操控过程。马克思深入分析了资本逻辑的客观规律,揭示了无产阶级在劳动过程中所具有的颠覆性革命力量,将"自由人联合体"的建立和人的解放统一起来。奈格里只有沿着马克思的政治经济学批判的道路,才能使生命政治哲学获得更广泛的发展空间。

列宁将马克思的思想创造运用于社会主义运动之中,强调阶级斗争和无产阶级暴力革命的重要性。列宁对帝国主义的本质、发展特征和趋势做出了科学的论证,但随着世界格局的不断演化,帝国主义的发展也随着资本主义内部有意识地调控而发生了重要变化。在马克思主义议题中帝国主义是一个主要的范畴,当今帝国主义已经表现出多种历史性表征,它也势必造成某些遮蔽,特别是对马克思主义传统中关于帝国主义的论述方式。因此,重新回顾和理解马克思和列宁的帝国主义理论,既是马克思主义者坚持的基础性工作,也是当代政治哲学所不能回避的思想任务。奈格里部分延续经典帝国主义理论的阐述时分别论述了非物质劳动和生命政治在新帝国主义中的作用,为本书进一步分析,当代资本主义提供了新的理论视角。奈格里的政治哲学进一步辨识了资本主义制度如何成为全球霸权的新形势,论证了霸权如何以帝国的形式出现,如何通过民族国家内部化导致差异性的权力结构的出现,推进了新帝国主义范式研究,在更为深刻的层

---

① 《马克思恩格斯文集》第 2 卷,北京:人民出版社 2009 年版,第 14 页。

次上对新帝国生成和发展的趋势做出了全新的论证。因此，要理解当今世界的帝国主义及其对社会发展的影响，就必须回到列宁科学帝国主义的理论体系，分析现代帝国主义的历史发展规律。列宁指出："马克思的全部理论，就是运用最彻底、最完整、最周密、内容最丰富的发展论去考察现代资本主义。自然，他也就要运用这个理论去考察资本主义的即将到来的崩溃和未来共产主义的未来的发展。"① 奈格里的帝国理论是帝国主义在当代的反映，是对经典帝国主义理论的反思和革新。奈格里提出的新帝国理论进一步梳理了马克思帝国主义理论的标准，既能够确证旧的帝国主义形式，也明确指出了新帝国的现实存在意义，进一步强调了社会解放的革命的可能性。

福柯的生命政治学对奈格里的政治哲学思想产生了很大的影响。福柯并不是第一个提出生命政治概念的理论家，但他无疑是将生命政治学发扬光大的人。福柯的研究始于"生命权力"，落脚于对生命政治学的现代性批判，他描绘出一副相对完整的权力技术发展史，并且被众多当代思想家不断演绎。基于福柯对生命权力的分析，奈格里从生命政治学的角度提出了一种主体性解放的"另类现代性"道路。生命权力是福柯用以揭示现代性的生命政治的重要概念。福柯认为，生命权力不同于以往的宏观权力理论，即权力总是体现在国家、君主、政党这些实体机构上，并通过约束权力来进一步维护个人自由和社会公平。在福柯的权力分析中，这种权力结构就是从"规训权力"到"生命权力"的转变，生命权力作为压制人的权力，使人变得更加有用和驯服。奈格里认为福柯的生命政治学是极其重要的，本质上是一种统治权力与主体反抗的权力关系，因此，奈格里认为表达一种反对资本主义的生命权力的新无产阶级权力是可能的，而且对生命权力进行抵抗是一种建构新的生活方式的生命政治独特的批判路径。现代社会生命权力的自我运行必然服从于资本权力，它要求把肉体有效地纳入

---

① 《列宁选集》第3卷，北京：人民出版社2012年版，第186页。

机器生产之中，并对其进行控制，如果不对经济过程中的人口进行调节，那么资本主义的发展就得不到有效地保证。奈格里从权力和主体的角度出发揭示出一条重构现代性的道路：生命政治学的内在超越路径是权力关系中主体的自我觉醒和超越。生命政治学体现为一种革命主体的内在反抗路径，革命主体问题一直是讨论的焦点，但问题的关键是诸众的反抗意识是如何产生的？在没有统一领导的情况下诸众如何组织反抗？生命政治学进一步推进了对这些问题的当代思考。无论是福柯还是奈格里对现代性思想的批判，都需要回到马克思的现代性思想批判的语境中，重新思考生命政治学的现实意义。

第三，重构存在的本体论基础。20世纪60年代，后现代主义哲学从政治的角度对传统形而上学进行了批判。法兰克福学派的著名学者阿多诺，最先提出同一性哲学是死亡哲学。福柯则揭示出无处不在的权利与知识的内在交织而形成的规训系统。奈格里也从政治的角度对传统形而上学进行了激烈的批判，拒斥形而上学、反对基础主义，与传统本体论的决裂。他认为传统本体论遮蔽了差异性，因此他批判同一性和逻各斯中心主义这样的基础主义哲学，最终为实现生命政治解放建构了全新的存在论基础和革命主体，致力于解构资本帝国幽灵般的统治。以奈格里为代表的生命政治学对资本主义现代性的生命政治权利控制体系的揭示，是对当代资本主义的反思和理论自觉，因此需要深入到生产方式这一根源之中。正如马克思从感性活动和实践的观点去理解事物、现实、感性，把现实世界和事物看作历史活动中的发展状态，从而把包括哲学认识在内的一切意识形式都看作历史发展的过程，这就历史性的终结了永恒真理的意识绝对确定性的哲学幻想，终结了西方传统哲学思维方式的有效性。奈格里通过对社会政治效应的揭示和分析，消解和重构传统本体论，将马克思政治经济学批判传统与当代资本主义所发生的一系列新变化结合起来，构建超越资本主义现代性的另类现代性，对于开拓马克思哲学在后现代语境中的当代价值具有重要的启示意义。

第四，《资本论》与生命政治的内在关联。在《资本论》中，马克思揭示出资本对劳动的全面支配，具体在生命政治学的意义上展现为资本家对工人的生命本质的剥夺。在资本逻辑的支配下，资本增值的欲望是永无止境的，将社会生产欲望达到极致，表现为一种极度的贪婪欲望，这种资本增值的逻辑剥夺了工人的生命时间。奈格里不仅认识到现代资本主义的增值欲望和力量，而且认识到现代资本主义在不断征服劳动力的全球化过程中所遭遇的反抗性力量。在资本主义社会中，资本之所以高度关注生命和人口，原因在于他们的载体是劳动力。因此，生命和人口成为政治的中心，成为政治权力特别关注的对象。奈格里认为资本对劳动力的宰制远远超出了工人的生产领域之外，这种规训性的力量延伸到了全部社会领域。因此，本书有必要回到马克思《资本论》中去进一步探求现代社会的生命政治本质。

第二章奈格里政治哲学的内在逻辑。作为当代的马克思主义者奈格里在一定程度上传承了历史唯物主义的基本观点，将社会生产方式作为人类社会存在的基础，以后工业时代的社会发展为视角来观察生产方式所发生的一系列变革。他认为整个西方社会在当代实现了从福特制步入后福特制的转型，日渐呈现出数字化、交往化、智能化、服务化等新生产方式的变化，其中最为重要的变化是非物质劳动的出现取代传统物质劳动在社会生产过程中的主导角色，这是当代资本主义构建的新经济基础。在奈格里的生命政治学中，非物质劳动关系具有无限的理论魅力，是一切另类现代性的基础，探讨非物质劳动概念是奈格里政治哲学的重要逻辑范畴。

首先，自治主义的大众哲学：从一般智力到非物质劳动。奈格里指出，传统工业社会的资本主义生产方式已经转化为现代工业社会的生产方式。现代资本主义社会的生产方式是以非物质劳动形式为主导。今天，随着信息化和网络化的普遍化，劳动生产方式更多的呈现为非物质劳动，非物质劳动具有服务化、情感化、信息化、自主化等特征。劳动者之间的关系在非物质劳动范式下呈现出自主性和合作性的关系，不再是通过资本的外在压迫手段而进行的传统物质劳动范式。当代资本主义生产方式已经不再局限于工厂的流水作业,而主要是从网络信息平台、金融机构、数字服务平台等社交活动中获取利润。当代资本主义的劳动形式也发生了巨大的变化,传统工业社会中劳动者多集中在固定地点进行劳动且劳动时间较为固定。如今,非物质劳动的出现突破了工业社会工厂的围墙,它使得劳动扩展到整个社会层面,同时也使得劳动时间突破了传统模式,不再严格遵循劳动时间的明显划界,从而使劳动渗透到人们生活的全部时段。

随着新劳动方式的产生,劳动的灵活性增强,拥有长期工作机会和固定劳动合同的劳动者逐渐被临时和廉价的劳动力所取代,劳动者的生存状态变得不稳定。但在非物质劳动范式条件下,劳动者之间的交往增多,互动、协作与沟通不再是通过资本而进行,而是劳动者自主地开展交流与合作的关系。在与他人的交流与合作中所产生的观念、信息、情感、服务等非物质劳动产品,都蕴含着劳动者之间的合作关系,由此,非物质劳动的出现使得资本和劳动之间的关系得到了根本的改变。随着劳动者在社会生产中交往活动的频繁,非物质劳动不仅生产了劳动产品,同时也生产出了人与人之间的社会关系。由此可见,这种新的劳动关系决定着新阶级主体的形成和产生。非物质劳动直接生产出新的社会解放的革命主体,是以主体性为对象的生命政治,是诸众产生的社会本体论的基础。

其次,生命政治:以主体性为对象的政治哲学。在生命政治学视阈中,福柯的"生物现代性"揭示了现代人的生命被生命权力所捕获的事实。人被驯服的身体和规范性的生命构成现代性的实质。对此,福柯提出了一条对抗性的道路,奈格里基于福柯对"生物现代性"的分析,从政治经济学和生命政治学的交叉研究中提出了一种"另类现代性",以此来寻求一条重塑现代性的道路。现代资本主义通过各种手段对人的主体性进行规训与控制,从而不断以新的方式塑造权力等级关系。虽然资本主义现代性在存在样态上不断显现出多样化的特性,但通过逐渐精细化的权力体系控制人的生命实质具有永恒性。奈格里通过分析资本主义内部工人阶级的反抗,认为这种反抗运动的形式不断地再生产现代性权力关系的等级制度。这种反现代性的抗争力量总是被现代性的权力和规训体系所捕获,人的主体性思维总是被吸纳进现代性的权利谱系之中,在不经意中成为现代性存在秩序的内在要素之一,从而陷入权力的陷阱之中。

在传统资本主义工厂劳动中,人与人之间表现出利益关系,人与人之间的简单交往协作以原子式的方式彼此展开。但在非物质劳动过程中,劳动者彼此之间的交往、合作、互动不断增多,且创造性增强,劳动交往的社会化程度普遍提高。在此过程中,人和人之间的关系表现得越来越紧密,且在某种程度上实现了全社会的共同合作。奈格里认为,基于非物质劳动条件下的未来社会必定是一个普遍联合和交往的社会形态,社会关系向人的本质回归,是构成自由人联合体的基础,这也是马克思所描述的人类社会交往关系的最高阶段。可见,非物质劳动的出现使资本与劳动之间的关系得到根本改变,在普遍交往的社会关系中一定能够打破地区之间的隔阂,从而走向共产主义的交往形式。马克思在《共产党宣言》中讲到,"过去那种地方的和民族的自给自足和闭关自守状态,被各民族的各方面的互相往来和各方面的互相依赖所代替了。物质的生产是如此,精神的生产也是如此。各民族的精神产品成为了公共的财产。民族的片面性和局限性日益成为不可能,于是由许多种民族的和地方的文学形成了一种世界的文学。"①

最后,从生命政治的剥削走向货币政治学。奈格里通过对马克思《大纲》的政治性解读,揭示出货币现象背后所蕴含的社会关系的对抗性。奈格里通过对非物质劳动的分析,将当代资本主义的新变化与马克思政治经济学结合起来,构建了超越资本主义现代社会的另类现代性,对于开启马克思哲学在后现代语境中的当代价值具有重要意义。非物质劳动是马克思当年涉及但未被系统性论述的政治经济学概念,奈格里结合后工业社会时

---

① 《马克思恩格斯选集》第1卷,北京:人民出版社1995年版,第276页。

代的网络化和数字化趋势，对非物质劳动的概念和特点进行了详细的论证，在一定意义上开启了不同于传统资本主义社会的物质性生产劳动逻辑的理论视阈，拓展了马克思劳动思想。奈格里揭示出现代资本主义劳动方式的新变化，通过对劳动及其生产过程进行分析，进一步挖掘出与帝国相对抗的新革命主体，构建了自制主义另类现代性的革命逻辑，重新彰显了马克思政治哲学的阶级主体思想，扩展了历史辩证法的主体维度。

非物质劳动最重要的特征表现为共有性，在另类现代性的规划中将共有性看作具有重要意义的生命政治基础，并强调资本对共有性的剥削是非物质劳动时代最重要的剥削形式。奈格里开辟了生命政治剥削这一全新的理论空间，实现了马克思主义剥削理论，从政治经济学批判向微观政治经济学批判的转变。奈格里用政治经济学的角度来解读《大纲》，他所实现的诸众自治和生命政治解放蕴含在资本主义生产关系之中，并伴随着资本主义生产方式的新变化，进而自发地创造出新的自治主体。

第三章奈格里政治哲学的核心概念：新革命主体。生命成为政治的核心，成为政治权力关注的对象。因此，我们应该更加关注劳动力的概念。劳动力的交换成为货币转化为资本的前提，同时也是剩余价值产生的主要来源，也是资本主义国家通过各种方式规训治理的对象。马克思认为，劳动力是脑力劳动和体力劳动的总和，它不是劳动者自身，而是可以作为商品进行买卖的蕴含在劳动主体身上的生产力。现代资本主义社会对这一生产力的追逐蕴含着对生命和人口的完整规训，其目的是为了最大限度地提高生产率。可见，马克思政治经济学传统批判语境中的劳动力不能抛开劳动生产关系的特定条件，直接将其等同为劳动者自身。奈格里基于合作、语言、一般智力等后现代劳动形式，建构了一套主体解放的生命政治逻辑，直接把劳动者的生产和使用等同于劳动者自身，构建的生命政治学忽略了劳动力的资本主义生产关系限定，具有一定的局限性。但是，从生产维度和政治维度中构建了共产主义图景，奈格里试图超越传统构架的束缚，重构资本和劳动之间的关系，超越现代性——反现代性的二元对立僵局，从而生成新型另类现代性的解放形式。在奈格里看来反现代性作为一种批判现代性的理论并不是要与现代性彻底决裂，而是主张对现代性的某些原则和制度进行改造。现代性批判理论之所以陷入对立困境，其主要原因在于没有彻底触动资本主义的私有财产制度。要破解现代性的困境，就必须彻底瓦解资本主义私有财产关系。劳动方式的改变，即非物质劳动的兴起，为重构以共同性为内核的财产关系提供了可能性。另类现代性意味着与现代性及其权利关系的彻底决裂。

首先，革命主体的生产逻辑为重构资本和劳动的力量关系奠定了重要的基础。在奈格里看来，劳动形式的不同决定着相应阶级主体的形式不同。在工业社会，工业劳动占据者霸权地位，与之相适应的革命主体是工人阶级；在后工业时代，劳动形式转变为非物质劳动占据霸权地位，与之相应的新型无产阶级主体变成为诸众。劳动形式的改变促使革命主体也发生了根本性变化，非物质劳动直接生产出新的社会解放的革命主体，是诸众产生的社会本体论基础。

马克思将阶级作为一个主体，将其建立在一个主体化的进程中，这是马克思的重要贡献。资本主义社会无法调和的矛盾，只能在从劳动中解放的背景下得到根本性的解决，劳动本身就是历史和社会。马克思的唯物主义将有助于揭开资本主义社会发展中一切的神秘面纱，并在与之相异的情况下确认其特征。在社会发展中资本创造了一种对抗性的社会关系。这种对抗性的关系既内在于资本之中，又反抗资本，资本与劳动之间不对称的关系是无产阶级所遭受苦难的根源。奈格里继承马克思的重要贡献，即将阶级视为主体，并建立在一个主体化的过程之中，他深刻地意识到劳动和资本之间的对抗性关系。基于资本与劳动关系的全面认识，奈格里将马克思的劳动理论转化为阶级斗争的革命主体性理论，将劳动作为摧毁资本主义的重要力量，并对资本主义进行摧毁和解构。

其次，对革命主体概念的重新界定。马克思唯物史观的起点是对"现实的人"的关注，正因为有了"人"的存在，才有了社会历史发展和人类

"再思"马克思社会解放的革命主体——奈格里政治哲学思想探析

文明形态,因而人的存在是无产阶级革命运动的根本动因。人要获得独立和自由,就需要破除资本主义生产方式和交换方式对人的压迫和剥削,需要彻底改变旧有的社会关系和经济关系,需要赖以生存和发展的物质条件。因此,马克思、恩格斯将"现实的人"的解放这一最终目标具体化到无产阶级解放的运动之中。《共产党宣言》指明了无产阶级是"资本主义掘墓人"的伟大使命,指出无产阶级的历史任务是建立自由人联合体式的共产主义社会。由此可见,马克思深刻阐明了扬弃资本逻辑的客观必然性,充分论证了无产阶级在生产过程中所蕴含的彻底颠覆资本主义生产方式的革命力量。无产阶级被剥削、被压迫的问题不仅是一个民族的问题,也是一个社会的问题。隐藏于资本主义关系下的剥削和压迫是无产阶级遭受贫困和屈辱的根本原因。资本越势趋于世界性,工人阶级的贫困状况就变得越来越普遍,要改变这种状况必须将无产阶级的社会力量上升到社会解放的高度。

现代资本主义的资本积累方式和商品生产方式都发生了巨大的变化。资本为了最大限度地扩张,联合程度空前加强,形成了共同剥削和压迫全球的无产者局面。奈格里在生产方式发生巨大变化的条件下,提出"诸众"等后现代联合方案,为探索社会解放的新革命主体在数字时代联合革命的可能性提供参考。"诸众"是奈格里提出的新无产阶级,面对资本全球化他思考了新的阶级斗争力量及其超越现代性变革的可能性,用以对抗资本主义社会的所有力量,对革命主体概念的重新界定是后现代主义理论的宏大叙事。奈格里认为能够使"诸众"联合起来的根本原因是他们依然共同存在于生命政治抵抗的生产过程之中。"诸众"不是工人阶级,是一个比工人阶级更加广泛的概念。由于信息数字技术的广泛使用,劳动被剥削的空间和时间层面已经发生了根本改变,这就为"诸众"在时空上超越资产阶级的压迫和规训提供了可能性。在奈格里看来,能够使"诸众"联合起来的原因是大家共同存在于生命政治抵抗的生产之中。"诸众"分散在现代资本主义社会的各种压迫和剥削当中,因此,唯有共同行动才能超越资本统治和管控,从帝国的内部形成反对资本主义霸权的新革命主体。

最后,奈格里重提和反思《大纲》的必要性。奈格里非常重视马克思《大纲》的重要意义,正是为了批判客观主义决定论,试图以对抗性逻辑重构革命主体的可能性。在奈格里看来,《大纲》是一部激活革命主体和确立革命主体的文本,是马克思思想中最具有能动性的核心,而《资本论》则致力于发展客观主义范式在客观性中消灭主观性。奈格里认为,《大纲》以主体性范畴对抗逻辑表达了资本和劳动之间的真实斗争关系,但《资本论》没有完整地呈现出马克思整体的思想体系,缺少了作为革命主体的工人阶级的研究维度。因此,奈格里指出《大纲》是一个确立革命主体性思想的文本,在马克思的政治经济学批判传统中这种政治主体性已被分离出去。

奈格里以《大纲》为基础对马克思整体思想的把握有助于重新理解马克思的研究方式。从《大纲》中的对抗性出发,透视劳动与资本关系及其发展的内在趋势具有重要意义。奈格里揭示了革命主体性的对抗性逻辑,表征了人在资本统治下的生存困境和在资本统治之下的主体行动方式。这种研究范式从分析资本的客观逻辑转到革命主体的主观逻辑,实现了从批判资本到颠覆资本的过渡,并且进一步实现了以主体性创造为基础对社会关系所做的重新构建。激活革命主体对于从人的主体性出发去面向未来的社会关系的变革,从而构建人类自身的新形态具有重大意义。

第四章奈格里政治哲学的后现代主义图景。后工业社会时代非物质劳动的崛起为重建以共同性为中心的财产关系确立了可能性,这是另类现代性发展的最重要的经济基础。生命政治主体通过民主自治的方式共同占有,以拒绝资本而走向后现代主义的革命图景。现代性使人相信人的理性能够克服迷信、自然、愚昧对人的压制,从而改变人们的生活方式和思维方式,实现社会的永恒进步和人的自由解放。在此意义上,发展中国家在现代化建设的过程中必然包含着对现代性共性特质的追求。虽然现代性给人类的生活和生产带来了巨大的进步,但也导致了诸多社会深层矛盾和困

"再思"马克思社会解放的革命主体——奈格里政治哲学思想探析

境。奈格里的革命政治学因其独特的阐释方式,具有广泛的学术影响力。他结合后现代主义资本主义劳动方式的变化,对另类现代性进行了生命政治阐释,从马克思资本和劳动之间的关系、劳动方式的变化、主体性等观点中寻找理论资源,在一定程度上彰显出马克思主义哲学在后现代社会背景中的存在意义,但同时也包含着对马克思的简单化和片面化理解。

首先,如何超越资本。奈格里揭示出后工业时代的资本主义生产方式正在发生从物质生产向生命政治生产的转型,一种超越民族国家的全球化主权形式——帝国出现,它试图将所有权力关系都放入其所编织的隐性关系网中,用以控制全球化过程中的每一个生命,这是超越民族国家和地域的新的统治方式。奈格里批判这一权力关系所导致的生命的新异化形式,并且在帝国内部寻求实现生命政治解放的可能性。在生命政治生产中,诸众成为社会解放的新革命主体,从而有能力反转资本帝国的生命权利,实现生命政治解放。生命政治解放为另类现代性建构了全新的存在论基础,致力于解构资本帝国恶魔般的统治。在非物质劳动条件下,劳动者倾向于自主形成社会交往关系,并能够不依赖于资本而独立创造价值。在传统工业社会中,资本家提供生产资料和协作方式,组织生产过程,分配生产任务,使劳动者被动进入生产程序之中,因此劳动者本身不具有自主性。诸众从事非物质劳动所需要的交往方式是内在形成的,他们共同创造劳动产品,不需要资本从外部供给。因此,奈格里认为非物质劳动创造不断逾越资本所设立的边界,非物质劳动使资本与劳动之间出现日益加剧的断裂,诸众与固定资本日益分离。在生命政治的意义下,阶级斗争采取"出走"这一新的革命形式。

其次,在生命政治语境中理解共产主义的革命憧憬。马克思的一生都在为建立一个自由和平等的人类社会而努力。奈格里在《大纲:超越马克思的马克思》中提出,"主体为废除劳动而进行的对抗过程。共产主义是对资本主义的全方位摧毁。它是非劳动的,是主体的、共同的,是无产阶级废除剥削的计划。这是自由建立主体性的积极方面,因此所有的乌托邦都不再可能。"① 由此可以看出，废除劳动是共产主义的核心概念。共产主义劳动是人的天赋的充分发挥，但与资本主义生产方式不同，它通过解放雇佣劳动，重新从交换价值世界中找到使用价值已满足自身的普遍性需求，最终将劳动当作一种需要的新世界。共产主义需要无产阶级的暴力行动。在奈格里看来，革命阶级在社会进程中的自我转化，将会发生质的飞跃，从而产生新的社会解放的革命主体。资本当然可以阻碍这一形成过程，但最终却无法逆转这一过程，因为这种变化发生在资本的实际运动中。社会解放的新革命主体将为阶级成分的多样性增加新的元素，从而使其更具力量来反对资本主义社会的发展，并对其进行颠覆性革命。

---

① ［意］安东尼奥·奈格里：《大纲：超越马克思的马克思》，张梧等译，北京：北京师范大学出版社2011年版，第212页。

第一章　奈格里政治哲学的理论基础

奈格里政治哲学的理论基础不仅为后来的政治批判理论奠定了前提条件和方法论基础，也为构成其创建共产主义革命规划确立了切入点。奈格里从历史发展的角度深入反思传统构架中的政治哲学，为其政治哲学理论奠基；他从传统构架中引出了民主的根基和无产阶级革命的永恒立场。奈格里政治哲学的理论基础潜在地建构了其政治哲学本体论的逻辑脉络，他对形而上学、历史语境、革命政治学等一系列的研究，都体现为一种批判的辩证法思想。本体是时代的绝对，而时代的发展必然又表现为对本体的批判。其作为绝对和相对的统一体，相对于他的历史性，绝对于他的时代性，奈格里把这种绝对和相对的统一当作其思想的中心话语。

首先，他致力于对西方哲学史内部进行深入挖掘和精细分析，为其寻找能代表无产阶级革命主体奠定了坚实的基础。其次，他深入探索后结构主义思想的当代理论问题，确立了其发展马克思主义政治哲学的新思路。奈格里通过不断颠覆和发展，构建了其革命政治学，吸纳了特定历史时期不同的甚至矛盾的理论思想，最终确认了不同的系谱学以跨越其对整个哲学立场的单纯的考古学沉思。奈格里站在现当代的立场，深刻地分析了不同历史时期思想体系之间的潜在性关系，在各思想体系的历史演进中借助于福柯式的知识考古学的方法，层层剖析其政治哲学的理论基础，追溯特定的历史情境，并结合当下的历史发展，最终把其政治哲学的理论基础置于当代资本主义社会和革命主体性的阶级构成之历史转型的机制之上。本章横跨了不同的历史发展时期，逐步厘清其政治哲学的理论基础。

第一节　从绝对民主到大众民主

斯宾诺莎的民主概念对奈格里的政治哲学起到了关键性的作用。奈格里重新对斯宾诺莎进行解读，并把大众理解为当代社会内部的民主性动力因素。奈格里在创构新的民主概念时，不仅是从马克思出发，而且是经过对斯宾诺莎的重新解读才回到马克思的立场，他阐述了一套特殊的大众民主政治哲学理论。20 世纪 80 年代以来，阿尔都塞、德勒兹、福柯等都将斯宾诺莎作为其理论的重要思想资源，这与斯宾诺莎主义在欧洲左翼知识界的复兴有很大的关系。此时奈格里也对斯宾诺莎的绝对民主概念表现出了足够的兴趣。奈格里在面对现当代世界提出的大众民主概念，是一种超越现代民主的后现代民主概念，虽发源于斯宾诺莎的绝对民主概念，但又是超越于斯宾诺莎绝对民主概念的。奈格里重新对现代民主的根基进行了梳理，并确立了适应当代全球化的民主新形式。本书试图通过对现代民主概念进行重新梳理，并结合斯宾诺莎的绝对民主概念，进一步分析奈格里所提出的超越斯宾诺莎的大众民主。奈格里的大众民主代表了西方激进左派重建民主理论的新尝试，对这一理论进行深入研究将有助于把握当代马克思主义理论的新进展。

一、现代民主根基的梳理

民主概念从古希腊出现后便饱受争议，民主理论的发展史总是伴随着

"再思"马克思社会解放的革命主体——奈格里政治哲学思想探析

两种不同的声音一路走来,民主理念总处于被热情拥护与被多重质疑的反差当中。民主作为全人类政治实践制度的普遍要求一直备受关注,随着西方代议制民主弊端的日益显现,学界对民主的竭力批判以及对新民主的追求又重新开启。现代民主出现危机是因为对民主概念本身的理解出现了错误:民主既不是主权的形式,也不是人民的主权。对民主的批判应从对"主权"进行批判与对"人民"进行批判一同开启,彻底颠覆对主权与人民的传统理解视域,才能进一步找到适应现实需要的民主理念。在20世纪中后期,拉米斯提出了所谓"激进民主"的新概念。这一概念的提出引来广泛的热议,后马克思主义者拉克劳·墨菲推崇这一激进民主论的提倡,从政治的领域扩展到包括经济、社会各领域的彻底民主。并且他大力推崇这种新的语言游戏式的"话语民主",把激进民主推向彻底化的极点。奈格里对激进民主论进行了批判,他不满意激进民主论所提出的仅仅强调民主的范围和领域的不够广泛,以及所实施的力度不够充分等因素。在此基础之上,民主并没有真正实现。奈格里认为激进民主论最终只是现代民主理论的空谈,因为激进民主论认同了人民与主权的两大基础,但主权与人民在现实中无法实现,使得民主很难在现实中得到体现。意大利思想家特隆指出:"在长期的现代性发展中,在19世纪,尤其是在20世纪,这种主权和人民的统一已经被一种分裂的状态所回应,这种分裂是由社会分裂为多个阶级所导致的。明显,处于这种统一中心的是一个意识形态虚假性的初步展示。或者说,它使以这种统一性为基础的概念框架陷入危机之中。"[①] 民主在现实中无法实现,其实只是存在于虚幻的意识形态当中。民主作为一种虚假性的意识形态,隐藏了现实的阶级统治,并将自身变为现存秩序的合法性工具。可见,人民主权永远无法真正地实现,现代民主的努力只不过是将民主自身的悖论性揭示出来罢了。在对现代民主根基进行

---

① Mario Tronti, "Towards a Critique of Political Democracy", in *The Italian Difference: Between Nihilism and Biopitcals*, re. press, 2009, p.98.

梳理时，应注重的是主权本身的非民主问题及人民是否存在的问题，其质疑的是整个现代民主概念的无效性。

人民的产生并非是天然存在的，其产生在现代政治理论中，人民产生的目的是要对民族国家的主权进行合法性的论证。从霍布斯到罗尔斯都是以社会契约论的角度来谈人民，用契约使自然人变成一个统一的社会实体。但奈格里认为，这种自由主义的社会契约论是不存在的。首先，它所表现出的平等关系，在现实中只是服从于少数强者；其次，这种自由主义的契约论所指向的是资本的最初社会形态，把具有差异的人塑造成统一的人民。他认为自由主义的社会契约论所构建的人民概念只是无法实现的一场空谈。在现实的民主实践过程中，代议制的产生把人口变为人民，人民作为代议制的产物，无法利用代议制来确保民主的实施，而是代议制利用人民来帮助其实现统治，并通过代议制把人口变成一个人民的整体。代议制塑造了人民，并把已经存在的多元性通过一个统治核心转变为一个统一的整体。人民并不是自然或自发形成的统一体，而是由代议制构成的统一性人民。代议制总是以能够被量化的，统一起来的多样性为其基础，而不能够被量化和统一起来的多样性则不被代表。由此可见，它注定了这种民主必然是狭隘的。在代议制下的人民并不是全部的自然人口，它舍弃掉原本存在的多元性和差异性的人，只保留一部分被抹杀了自然人口特征的同一性人民。

实际上代议制的民主是一种"一"的统治，它符合国家整体的需要。首先，它表现出对被代表人的奴役。其次，它贯彻了全部的主权意志，使被代表人服从主权意志。代议制把人民带入到主权的范围内，却又把他们从主权的位置上赶下来，由此可见，主权与民主是不相融合的。一旦有主权形式的存在，就不会有真正的民主。不管是谁拥有主权，都不能实现真正的民主。民主政治理论认定的主体只有如君主、政党、人民才能实施统治，而不能被整合的那部分则不能实施统治，只能被统治。这种主权学说认为每一个实行统治的政体都是一个统一的"一"的整体统治。在传统的

"再思"马克思社会解放的革命主体——奈格里政治哲学思想探析

三种政治体制中,即君主制、贵族制、民主制都表现为"一"的统治,只是表现形式不同罢了。任何一种所谓"一"的统治都是对民主的削弱,都无法真正贯彻民主,只是将统治权合法化的伪装效用。

现代民主总是建立在一种特定的主权国家疆域之内的人民基础之上。这里所指的人民,即限定在一个民族国家之内的人民,人民作为一个整体拥有权力,但这种权力的实行也限定在一定的国家范围内。随着社会的不断变化发展,在向帝国的转变过程中,民主理念也发生了相应的变化。因民族空间被破除,国家之间的疆界被相对化,奠基于人民的基础也失去了支撑的背景,民族主权被帝国权力所取代。帝国主权抵制以任何形式出现的人民主权概念,帝国的出现摧毁了借助于同一性来使人民统一化的一切民主形式。奈格里强调,以人民为基础的民主理念并不符合人类的理想,因此这种民主理论遭到了猛烈的抨击。"如果我们从代表人民的主权权威方面构想民主,那么帝国时代的民主就不仅仅没有实现,而是实际上也不能实现"[1]。奈格里对人民民主的抨击,是他对现代民主实践进行深刻反思的结果。

奈格里通过对现代民主理念的批判和反思得出结论,认为应该重新思考建立在人民与主权之上的民主理念。这种以人民与主权为基础的民主,注定是属于一部分人的狭隘统治,是无法真正实现的民主。奈格里提出应建立一个全新的民主,一个没有界线的、绝对的、不可量化的绝对民主。这种全新的民主形式就是斯宾诺莎提出的"绝对民主"。

二、绝对民主理论的阐释

奈格里认为绝对民主概念是斯宾诺莎引入的哥白尼式的革命。奈格里

---

[1] [美]迈克尔·哈特、[意]安东尼奥·奈格里:《帝国》,杨建国、范一亭译,南京:江苏人民出版社2005年版,第96页。

论述道:"我们只需提及一位伟大的人物,就可以证明这一事实。这个人就是斯宾诺莎,他的内在性哲学统治了整个17世纪下半叶的欧洲思想。他的哲学使革命的人文主义重新发射出耀眼的光辉,他以任性和自然代替了上帝,把世界变成实践之场,肯定了民众民主是政治的绝对形式。"① 奈格里认为斯宾诺莎的民主思想不同于以往的民主概念,它不是依附于权力的消极存在,而是构成权力的基础和前提条件。在斯宾诺莎的理论中,他区分了两种不同类型的权力概念:构成性的权力和被构成的控制性权利,而斯宾诺莎的绝对民主属于前者。

斯宾诺莎的绝对民主理念是奈格里探讨其大众民主概念的重要理论资源。绝对民主不是抽象的主体,它是由无数个个体联合起来的力量。奈格里明确指出他所思考的大众民主就是一种对斯宾诺莎式的民主概念的新阐释。斯宾诺莎讨论民主问题是从政治体制的形式开始,并以统治权归谁享有为界,将政体形式分为三种:第一种,由一个人行驶的统治权的君主制。第二种,由选定的一部分人行驶的统治权的贵族制。第三种,由大众的全部成员所构成的委员会行使的统治权的民主制。斯宾诺莎在《政治论》中分别对这三种政体形式进行了系统的分析和研究。他所研究的三种政体形式传承于柏拉图和亚里士多德,这并没有足够新意,但他在研究民主政体的开头部分,提出了具有创新性的"完美绝对的国家"的说法,这样的提法引起了奈格里的高度重视。

斯宾诺莎所提出的民主政体与之前的传统政体形式不同,他认为如果存在所谓的绝对统治,那必然是依靠全体大众所行使的统治。绝对统治不同于大众的全部成员所构成的委员会所行驶的统治,而是依靠全体大众行使的统治。大众指的是一种集体行动,以及处理共有事物中的多样性。这里的大众是作为一个集体性的维度,将多元化的,差异性的个体连接成一个共同体,大众的这个共同体不以抹杀多样性的方式而存在。斯宾诺莎在

---

① Antonio Negri, *Reflections on Empire*, Polity Press, 2008, p.85.

"再思"马克思社会解放的革命主体——奈格里政治哲学思想探析

其《神学政治论》中写道:"民主政治是最自然,与个人自由最相合的政体。在民主政治中,没人把他的天赋之权绝对转付于人,以致对于事物他再不能表示意见。他只是把天赋之权交付给一个社会的大多数。他是那个社会的一分子。这样,所有的人仍然是平等的,与他们在自然状态之中无异。"[①] 斯宾诺莎对民主的理解不同于当时的理论家,他的民主观念保留了每个人在自然状态中的权利与自由,与近代意识哲学不同,他在对主体的理解上强调身体相对于心灵具有优先性。斯宾诺莎认为,身体是构成人类意识和观念的对象,是确实存在着的广延的样式。

斯宾诺莎理解的大众具有复杂的和多方面的内涵,应从不同的角度给予分析研究:

第一,大众的原初形象为一种展开的物质权力。在其中机遇和因果关系相互交织在一起并排除一切调解的可能性,其目的是在相互交织和相互构成中不断增加其力量的复杂性。斯宾诺莎的大众以绝对民主为根基,将民主理解为一个从个体到集体的统一形式,并且只能由具备统一意志的人民构成。在建构绝对民主的过程当中,排除了权力的异化对差异性的化约,也排除了任何黑格尔式的中介性,使得所有的一致性都内在于大众本身的连续性之内。大众本身并不只是创造了丰富的物质财富,它也创造了社会关系及社会生活本身。

第二,大众以共识性取代社会契约。斯宾诺莎认为大众不应被某些意志和社会契约的东西所约束,它以集体性取代个性,且必须以尊重每个人的差异性的方式被构建起来。可见,大众的自由才是一种真正的民主基础,它允许每个有着差异性的个体带着自身的自由价值进入社会。大众被归结为国家主权和权力,只能按照大众的社会政治需求发展自身,这种自由是一种大众力量的自我保护和再生产。

---

① [荷] 斯宾诺莎:《神学政治论》,温锡增译,北京:商务印书馆1997年版,第219页。

第一章　奈格里政治哲学的理论基础

第三，大众的集体建构了绝对民主。斯宾诺莎在其政治思想中的绝对是指，一种力量的统一体，并把自己设定为力量的主体，"绝对是统一地生产发展和维护自身的力量。民主是社会得以表达的最高形式，因为它使自然社会得以表达为政治社会的最扩散的形式……民主之所以绝对，在于它将所有的社会力量自上而下地从自然条件的平等中运动起来"①。在这里绝对是一种社会潜能的积极解放，因此民主中没有权力的异化。从斯宾诺莎形而上学的根基来看，绝对是一种力量性的发展及建构，此力量的不断发展可以在现实中得到表现。它以集体的自由去对抗任何类型的异化，它与社会生产上设立的命令和法律以外的所有企图抗衡。通过力量的自身构建，使自己成为集体性的创构，最终创建一种权力，其目的是要达到集体性建构的绝对民主理论。

第四，大众是一种自然的、动物性的权力形式，是一种模仿了自然状态的政体形式。斯宾诺莎的民主理念是模仿了社会生产以前的人类自然状态，大众所呈现出的是心灵与身体的差异性和多样性的混合与矛盾，正是在这种矛盾的处境之下催生出理性的种子，并最终生成了一种社会秩序和法律制度。激情与情感并不是消极的，而是作为法律和道德所支配的对象，与此同时它们也作为法律与道德的基础，全部的法律规范和道德判断最终都依赖于大众的实践行动。斯宾诺莎的民主是一种前社会的自然状态，所坚持的原则就是每一个个体都能根据自己的意志和想法行事，这种民主是对这种自然状态中的多样性和差异性的保持，也是对自然状态的一种有机平衡。

民主制的基本问题是：如何保持每个个人的差异性和多元性？如何使每个个体的意愿都能够在立法和制度中获得反应与表达？民主制把人类社会的自然状态合理化，使自然状态中原有的东西表现出来。由此可见，斯

---

① Anton Negri. *Subversive: Contemporary Variations*. Manchester and New York: Manchester University Press, 2004.

宾诺莎必须要在民主政体中平衡自然状态中的力量因素和社会秩序中的智力因素，两者的平衡决定了他必须依靠一个中间力量来使两者得到保护，但中间力量作为一种制度的出现就意味着每个个人的差异性和多样性的丧失，可见斯宾诺莎的绝对民主观念只是一种理想状态。这种一味强调自然属性及人的自由属性相结合的特征，很难真正在现实的民主实践中得到实施。

斯宾诺莎所提倡的民主是一种可以称之为绝对民主的民主，绝对是指其没有限制，并且无法度量。奈格里正是被斯宾诺莎所保留的差异性和多元性所吸引，他高度重视斯宾诺莎在没有统治权之外去寻求民主的努力，奈格里对斯宾诺莎的民主理论进行了后现代式的发展，使其从思辨伦理的形而上学走向了现实创构的革命政治学，他为现代民主找到了一条新的出路。绝对民主不再只是作为一种政体形式，它是一种没有统治权的，全体人对全体人的统治，它超越了以往主权形式存在的民主，是大众自身对自身的绝对统治。奈格里超越斯宾诺莎的民主观，并重构绝对民主在当今全球化资本主义的大背景下赋予民主新的内涵和意义，为现实的世界找到一种可以实践的新民主形式。

三、超越斯宾诺莎的大众民主

在全球化资本主义的时代背景下，民主理念的形式发生了巨大的变化。奈格里正是基于对斯宾诺莎民主理论的重新解读，将这种主体形式确定为大众。大众政治主体不同于人民和无产阶级，它的出现使得绝对民主具有了现实的可行性。奈格里深知斯宾诺莎提出的所谓绝对统治和民主只能是一种理想状态，无法应用到现实世界，但奈格里更看重的是斯宾诺莎对差异性、多元性保留的努力，更重视他在没有统治权之外去寻找一种民主的努力。奈格里对绝对民主的重构赋予了全球化资本主义时代下，一种全新的具有更多实践表征的民主形式。

第一章　奈格里政治哲学的理论基础

在当代全球化资本主义社会中,遭受资本主义剥削的主体已经发生了变化,从单纯的产业工人扩大到整个社会领域,同样社会中的反抗性力量也由生产领域扩展到整个的社会领域。随着全球化资本主义的发展,劳动力也发生了根本性的变化,从形式性吸纳转变为实质性吸纳,使得市民社会与国家之间的分界变得模糊。奈格里认为抵抗的主体也应该随着统治结构的变化而变化。后马克思主义者墨菲认为"理解民主革命仍然必须加以促成的社会关系的多样性,必不可少的是要发展一种主体理论,在这种理论中,主体是一种去中心的,去政体的行动者,这种主体是在多种多样的主体地位的交叉点上被建构起来的,在这些地位之间不存在任何先天的或必然的联系,而他们之间的连接是争夺霸权的实践的结果"[①]。可见,奈格里和墨菲在主体理论上有着共同的认同。奈格里由此提出了符合全球化资本主义条件下的新主体——大众。大众是指在全球资本主义发展的当今时代条件下,在资本形态中形成的新主体,即从事劳动、反抗资本逻辑及帝国构成形态下的新无产阶级。大众并不是无差别的个体的总和,而是具有差异性和多元性的联合体,它包括饱受资本统治和奴役的传统工人阶级、合法和非法的移民,以及一无所有但又富有能量的穷人,还包括学生、黑人、妇女、同性恋者等一系列的社会边缘人物。

奈格里所建构的绝对民主是一种没有主权存在的,没有国家、政党、君主这些所谓"一"的因素的民主。国家政体主权被"一"所统治总是会使民主受到侵蚀,总是建立在统治与被统治的基础之上。奈格里依据当今全球资本主义的大背景构建了大众的绝对民主,是对"一"的统治的颠覆。大众的绝对民主是对主权概念的颠覆,它不是"一"的政治统治形式,也不会把每一个人的差异性和多样性转化为统一的角色。大众的绝对民主是保留每一个人的差异性和多元性的大众主体,它强调的是在这种差

---

① [英]尚塔尔·墨菲:《政治的回归》,王恒、臧佩洪译,南京:江苏人民出版社2001年版,第14页。

异性和多元性中的共同行动。奈格里之所以要创建新民主，就是要打破传统的公民社会和政府之间的隔离。大众的绝对民主有别于主权式的民主。主权式的民主仅为政治领域的独享，它只是集中探讨国家形式的问题，而绝对民主是一种在政治、经济、社会等领域的全方位的民主形式。奈格里的绝对民主指的是："政治形式和经济形势相混合的民主。它指一种对劳动再占有的政治形式，一种能超越异化的政治形式，是一种对'共同体'进行直接管理的政治形式。"① 也就是说，奈格里所提出的绝对民主理念是贯穿政治、经济、社会领域的混合民主，它不同于只局限在政治领域的资本主义民主。

奈格里所建构的绝对民主是一种类似于德勒兹和瓜塔里所提出的"块茎"模式的民主理念。他认为大众是作为一个具有差异性、多样性、发散性的网状形式。在整个网中的每一个节点都是不同的，具有差异性的网上节点，所有的网上节点都是由网络联系起来，网络是无限延伸的，并且允许新的节点添加进来，在这个整体的网络中所有的差异性和多样性都会得到平等和自由的表达。德勒兹和瓜塔里所提出的块茎模式是一种无中心的、非等级制的网状结构，它并不生根在土壤之中，而是在地面上蔓延，在蔓延的同时向着地下扎根。它的网状块茎呈现出多种多样的形式，并且它不受任何束缚地向四面八方延伸。奈格里所提出的大众就是这种块茎式的网状形式，这种绝对民主是具有差异性和多元性的网络民主，它将所有节点连接起来使其不能简单地等同为一和多，而是表现为一种无中心的且无法衡量的网状结构。

奈格里在面对当今出现的民主危机时，深入研究了当代民主的范围问题，他认为在全球化的资本主义大背景下民主不能只局限在民族国家的范围之内，考察民主问题必须放眼全球视野。绝对民主应是一种空间中的民

---

① 汪行福、王金林：《劳动、政治与民主——访安东尼奥·奈格里教授》，载《哲学动态》，2009年第7期。

主，它是一种基于全球范围内的，拥有开放空间的民主形式。奈格里的绝对民主打破了国家体系的限制，是基于全球范围内的全球民主。哈特认为，国家框架内的民主概念的适用性已经达到它的极限，因此必须创造一种新的全球民主的概念来取代它。我们必须站在全球化的角度来思考民主，并且必须想象新的民主可以和现实中的全球状况相适应。由此可见，创造新的全球民主已经是历史发展的必然趋势，它是基于一种全球化时代的帝国主权，因此对于民主问题的思考必须在新的历史范围内进行。绝对民主与主权民主不同，它不再是局限在民族国家疆域内，聚焦于"一"的统治的狭隘民主。奈格里的绝对民主是基于全球所有地区以及所有人的新民主形式，它符合新的全球秩序，是对每一个人的民主也是对主权民主的批判，并且它被赋予了全球化的新时代内涵。

绝对民主中心大众包容了具有差异性和多元性的每一个个体，因此大众不同于人民，他不可以被随意操控。大众本身就是反权力的存在，它自身包含着反叛的能量，它是抵抗者、革命者和创构性力量的统一体。这种绝对民主不能通过自上而下的改良来实现，它呈现出暴力民主的样态，只能通过革命来实现。奈格里认为，任何试图通过对帝国机构的改良来实现民主的方案都是徒劳的，实现民主的唯一途径就是革命。由此可见，绝对民主的实现必须将主权民主彻底抛弃，任何试图依靠从上到下来设计民主的努力都将是徒劳，要实现大众民主的唯一途径就是革命。奈格里对革命的追随，可以看出其政治哲学的激进性。奈格里的绝对民主与拉克劳·墨菲的多元激进民主有相似之处，都坚持一种对抗性的本体论，他们认为民主不是一种制度的改良和设计，而是一场革命。

奈格里认为"暴力民主"的基础是每个人的肉体，肉体是一种存在的元素和潜在性。绝对民主的革命就是一种反权力的革命形式，它从每一个具有差异性的个体中生发出来，并且已经成为推动绝对民主实现的核心性力量。奈格里把绝对民主的实现路径引向了大众身体的肉体潜能，他认为每个个体的肉体潜能都包含着无限大的力量，它们与理智结合起来创造共同的欲望，这种反抗是最为根本性的力量。大众的反抗包括三方面的因素：抵抗、革命、建构性力量。他将这三者结合起来，为的是打破原有的关于民主和社会的传统思维方式，建造一个全新的社会结构，使其更具创构性力量。

"维持着帝国的芸芸众生的创造力也能够自主地构成一个反帝国，一个可供替代的全球流动和交流的政治组织……通过这些斗争和酷似它们的斗争，大众将创造新的民主形式和新的宪政力量，它总有一天将带领我们穿越和超越帝国。"[1] 在全球化的资本主义大背景下，大众所从事的已不同于以往的时代，这种新的劳动形式是使用语言、智力、情感等为劳动工具的非物质劳动。非物质劳动多采取的形式是合作、交流、沟通、共享等，生产出的产品是非物质劳动的社会关系，因此大众的非物质生产可以变成最直接的社会政治生产，大众不需要借助于任何外在的统治就可以实现合作与交流，并做出决定。大众不需要通过国家、政党、君主这些"一"的统治便能够直接进入生产，并调节他们之间的社会关系。大众是一种通过生产所表现出的民主。绝对民主的实现不只是政治上的可能性，它也包括经济和社会等一切领域的可能性。

在全球化的帝国主义时代，为民主斗争而进行的解放运动已经出现。遍布全球各层面的斗争已经成为时代的趋势，这种民主革命力量的增长必然会带来全球范围内的民主。在民主斗争中大众以网络的形式出现，不依赖中心的权威，用合作和交流的关系取代权威，这种网络组织的斗争本身就具有民主性。奈格里提出的民主与革命是相互缠绕的，为了民主就要去革命，这种革命本来就是一种民主。

---

[1] [美]迈克尔·哈特、[意]安东尼奥·奈格里：《帝国》，杨建国、范一亭译，南京：江苏人民出版社2005年版，第5页。

第二节　从帝国主义到帝国

列宁的帝国主义理论曾在20世纪盛极一时，之后随着苏联解体等原因逐渐淡出，甚至被遗忘。但伴随着全球化资本主义时代的到来，列宁的帝国主义理论重新成为人们关注的对象，他的帝国主义理论作为经典的帝国主义理论发展之巅峰，必定是作为处于帝国时期的学者不可逾越的理论范式。在资本主义领域发生巨大变革的时期，以列宁从垄断资本主义的生产和发展为出发点来研究资本的逻辑是不可逾越的必经之路。奈格里以当代全球化的资本主义背景作为现实基础，对于整个世界以区别于列宁时期的"帝国主义"为视角，提出符合当代全球化资本主义的"帝国"概念，进一步分析当代资本主义对民族国家的瓦解，对于全世界以及个人的巨大征服力和渗透力。奈格里把列宁作为其变革马克思主义哲学观的一个无法回避的重要理论资源，他的当代视角同样深刻的蕴含着马克思主义哲学在革命主体和革命道路等方面的重新规划。

奈格里认为："列宁的文章也有其自然的独特贡献，其中最为重要的便是从主观的立场批评帝国主义，并将它与马克思主义关于危机中的革命潜力的观点相联系。他给了我们一个工具箱，一套生产反帝国主义的主体性的机器。"[①] 奈格里强调列宁的思想是无法回避的重要理论资源，通过对列宁帝国主义理论的充分研究，并将其与帝国进行比较，他致力于把其理解为重新塑造马克思主义哲学的一个基本点，为构建出新革命主体性的生产和实现共产主义解放策划的激进革命政治学奠基。

---

① ［美］迈克尔·哈特、［意］安东尼奥·奈格里：《帝国》，杨建国、范一亭译，南京：江苏人民出版社2005年版，第267页。

"再思"马克思社会解放的革命主体——奈格里政治哲学思想探析

一、列宁论帝国主义

在垄断金融资本瓜分世界的背景下,列宁强调"帝国主义是发展到垄断组织和金融资本的统治已经确立、资本输出具有突出意义,国际托拉斯开始瓜分世界、一些最大的资本主义国家已把世界全部领土瓜分完毕这一阶段的资本主义"[①]。列宁对帝国主义的分析是通过对鲁道夫·希尔佛丁和卡尔·考茨基的研究而进一步确立起来的。鲁道夫·希尔佛丁认为当资本通过对帝国主义的世界市场进行扩张时,便会涌现出巨大的阻力来防止在资本主义生产过程中的不同机构和部门之间利润率的均衡化。列宁认同鲁道夫·希尔佛丁的这一基本论点。资本主义的稳定发展是依赖于均衡发展的经济条件,例如,同一资本有着相同的利润,同一工作有着相同的工资和剥削,同一件商品有着相同的价格等。但帝国主义的发展打破了这种均衡化的趋势,它以机械的方式建构起适应资本主义发展的国家和地区,并将权力分配给各国家的代表(寡头),这种权力的分配形式阻碍着利润率的均衡发展,阻碍了资本主义调解世界发展的可能性。由各国家寡头统治的世界市场要实现利润率的均衡发展是一种无法实现的幻想。列宁认为资本已经进入到寡头统治的新阶段,这将导致均衡发展的危机和各种矛盾的尖锐化的到来。

考茨基认为资本主义可以取得世界市场的政治与经济的一体化发展。他认为在帝国主义发展的冲突过后,便可以产生出一个全新的超越帝国主义的和平资本主义发展阶段。在此阶段,资本主义的寡头可以联合成一个独立的世界托拉斯,使用一个全球化的资本来取代以各国家为基础的金融

---

① 《列宁专题文集(论资本主义)》,北京:人民出版社2009年版,第176页。

资本的竞争。考茨基想象在未来的发展阶段，资本取得了一个和平的吸纳方式和革命方式；在这种和平的方式当中，寡头和各国统治者都在一定程度上可以决定全球利润率的均衡化发展。列宁赞同考茨基提出的资本发展的趋势理论，不同国家的资本将走向国际合作的领域，甚至联合成一个独立的世界托拉斯。但列宁对考茨基的这一提法总体上是持批判态度的，他认为考茨基的立场是一种乌托邦式的空想。考茨基用和平的帝国主义前景来否定目前现实世界中存在的诸般阻力。列宁谴责他是更具破坏力和极其反动的，他认为与其等待一种和平的未来帝国主义的到来，不如就对眼前资本的帝国主义采取行动，这才是革命者应该做的，而不只是空想一个和平的超帝国主义的到来。

列宁在研究和分析了几位学者的提法后，拒绝了他们提出的政治立场。尽管他同意希尔佛丁由众多寡头统治的世界市场的新趋势的观点，但他不同意众寡头可以在一定的程度上决定全世界利润率的均衡化发展。列宁强调在资本主义发展的过程中会有许多的复杂矛盾涌现出来，而革命者不得不行动起来。革命政党的任务应是深化并干预发展之中的客观价值；革命者的职责应该是对每一个将要有效的帝国主义利润率均衡化企图的反抗，因为均衡化的帝国主义将会增强资本主义的实际力量。列宁对帝国主义提出了严厉的批判，并将其与马克思主义中关于危机的潜在革命性的观点相联系。列宁认为"帝国主义不可避免地将崩溃，而资本主义将被转化成它的反面，这一切都远在一个世界性的托拉斯形成之前，远在'超帝国主义'的世界范围内的各国金融资本的合并发生之前。"[1] 列宁从理论到实践对帝国主义进行了彻底的批判，他深刻地认识到帝国主义中所出现的矛盾，并在工人阶级的发展实践中抓住了摧毁资本主义的现实力量，他认为

---

[1] ［美］迈克尔·哈特、［意］安东尼奥·奈格里：《帝国》，杨建国、范一亭译，南京：江苏人民出版社2005年版，第269页。

斗争和革命能够推翻帝国主义的统治。

列宁对帝国主义的批评是最值得深入思考的，他将主权和资本主义的发展结合到统一批判的视角下，他比任何马克思主义者都更清晰地预见到一个超越帝国主义的新阶段。列宁深刻地认识到现代欧洲的许多民族国家利用帝国主义，将各国家内部的政治矛盾转移到自己国家的边界之外。帝国主义来帮助民族国家去解决阶级斗争造成的不稳定性后果，其自身的目的是维护国内的主权和秩序。由现代的民族国家，到帝国主义国家的演化，是现代国家演化的一个构成性阶段。在这一构成性阶段的每一点上，各个国家都会创造新的方法建构统一的民意。帝国主义国家不得不将大众及其自发的阶级斗争内化为帝国主义的意识形态之中，它将大众被迫变成民族。列宁把帝国主义理解为一种在霸权主权的基础之上，来阐释帝国主义政治的结构性及其所产生的集权主义后果。列宁认为，帝国主义用循序渐进的动力消除掉资本主义发展的内外界线，他批判资本主义对现代主权的危机，认为随着第一次世界大战的爆发，帝国主义的现代主权已经导致民族国家之间的强烈冲突和危机。

随着商业保护性关税和专营权的逐步出现，帝国主义开始对他的有限疆界进行强化，同时也阻碍或引导着经济、文化和社会的交流。列宁相信帝国主义的垄断阶段是资本扩张的全球表现，但帝国主义的实践方式——殖民统治已经成为阻碍资本发展的绊脚石。他充分意识到，随着资本主义的不断扩张相对于垄断阶段的发展必然会在帝国主义阶段成比例地衰退。帝国主义束缚了资本实践的发展，造成了疆域之间的内外区分，阻碍了资本主义的发展和资本主义世界市场的实现。资本最终会清除阻碍其发展的帝国主义，摧毁限制其发展的疆域界限。

从列宁对帝国主义的分析和批判中，可以进一步引出帝国的概念。列宁关于世界革命实践和政治上的论点虽被击败，但他对帝国主义的批判与分析是具有重大理论价值的。从列宁的理论中可得出：反动的因素就是革命的因素的革命主义的思想。"要么是世界共产主义的革命，要么就是帝国，而且这两种选择之间有着深刻的类比。"①

二、马克思对资本主义的深入批判

马克思生活在一个不同于文艺复兴和宗教改革的全新时代，即"资本的时代"，他在批判资本的同时，也指出了资本对于现代世界的奠基性作用："只有当生产资料和生活资料的所有者在市场上找到出卖动力的自由工人的时候，资本才产生；而单是这一历史条件就包含着一部世界史。因此，资本一出现，就标志着社会生产过程的一个新时代。"② 资本不仅作为现代世界的历史性奠基，也为全世界的社会政治、经济、文化制定方向。现代世界是以资本为其奠基的资本主义世界。资本成为现代社会中的一束"普照光"，它作为支配一切的权力基础。马克思认为现代世界的重要支柱便是资本，它是以资本为原则所进行的统治。资本具有强大的扩张力，依其本性不断地把自己扩张到世界的每一个角落，从而确立起对现实世界的普遍性统治。资本冲垮一切国家的疆界迫使这些民族国家在内部推行以资本为根基的现代文明。

马克思明确肯定了资本原则的伟大历史意义，他充分肯定在不到一百年的时间里，资本创造了巨大的社会生产力，它所创造的数量远远超过了以往一切时代的总和。马克思正是在这种肯定中构成了对资本主义的高度批判，他牢牢地抓住了资本原则的历史前提和根本，以此构成对资本原则之内在性的彻底批判。马克思对资本主义的批判是一种深入到资本主义经

---

① [美]迈克尔·哈特、[意]安东尼奥·奈格里：《帝国》，杨建国、范一亭译，南京：江苏人民出版社2005年版，第272页。

② 《马克思恩格斯全集》第23卷，北京：人民出版社1972年版，第193页。

"再思"马克思社会解放的革命主体——奈格里政治哲学思想探析

济内部的深刻批判,他深入分析了资本主义社会中的资本原则所具有的颠倒黑白,混淆是非的力量。资本可以把现实世界中的一切都还原为一种价格,使得具有价值意义的一切都在价格面前消失匿迹了。在资本统治一切的社会生活中,所有丰富的社会价值都被还原为以价格为其唯一衡量标准的框架之中,马克思深入描述为:"我是什么和我能够做什么,这决不是由我的个性来决定的。我是丑的,但是我能给我买到最美的女人。可见,我并不丑,因为为丑的作用,丑的吓人的力量,被货币化为乌有了……,货币是受尊敬的,所以,它的持有者也受尊敬。货币是最高的善,所以,它的持有者也是善的。"① 由此可见资本的力量是巨大的,它使得一切价值变成价格,只要支付货币,一切将变成可能。以商品的形式所显现的资本总是以变幻莫测的方式实现着自身,资本在实现自身发的过程中,使得人与人之间除了赤裸裸的现金交易和冷酷无情的利益关系外,再也没有其他别的任何联系了。马克思深入批判资本主义的冷酷无情,是资本使得真正具有价值的东西变成了非价值的存在,而它使非价值的东西以价值的方式显现在人们的面前。

在资本主义条件下,资本的特征是永不停止地让自身加速增值,它具有不断扩展和膨胀的特性,因此它一刻不停地把剩余价值转化为资本,在这样的扩展过程中,资本可以实现自身的不停积累。与此同时,资本自身不停积累的过程,又是一种永不停息地繁殖剩余价值的过程。在资本永不间断的状态下,资本家不能有片刻的停歇,因为任何的停顿都会使得资本衰竭甚至死亡。如果它要保证在激烈的市场竞争中求得发展和不断壮大,就要求资本家不断地提高劳动力。在资本主义社会中,生产力不断革新,这种永无停歇地扩张使得整个社会陷入不安和动荡。在资本主义社会中,不仅表现在生产力的加速革新,也显现出资本使得一切原本固定的关系和

---

① 《马克思恩格斯全集》第42卷,北京:人民出版社1979年版,第152—153页。

观念的动荡，它摧毁了所有的固定性。资本的扩张是以加速度的方式，让它所创造出来的商品贬值和过时为前提条件的，它依靠自身的力量，不停地进行着扩张和膨胀。资本不顾一切地追求着自身的利润最大化，所以它创造的一切物品都必须过时和贬值。资本在转化剩余价值的过程中不停充实和积累它具有的扩张性力量，而这种扩张性的力量必定会带来更多的灾难。资本这种特有的悖论式循环充分说明了它所具有的非理性特征。资本的非理性特征进一步揭示了它的荒谬特征，这种悖论式的恶性循环将会把整个世界带入到一种非理性的虚幻当中。

马克思对现代性的批判是以资本逻辑为基础展开的批判方式，他认为资本逻辑是现代社会中形而上学的典型表现形式。马克思作为现代社会的批判者，它深入揭示出现代社会和形而上学相互关联、相互依存的逻辑脉络。马克思指出在现实社会中资本作为形而上学的典型表现形式，就是使人们的全部现实生活陷入一种抽象的现实关系中，要消解这种形而上学就必须克服这种抽象化的现实关系。马克思认为："这里所说的个人不是他们自己或别人想象中的那个人，而是现实中的个人，也就是说，个人是从事活动的，进行物质生产的，因而是在一定的物质的、不受他们任意支配的界限、前提和条件下活动着的。"① 观念活动来源于人们现实生活的存在之中，但形而上学却把现实生活变成一种抽象化的思维方式。在马克思看来，"个人现在受抽象统治，而他们以前是互相依赖的。但是，抽象或观念，无非是那些统治个人的物质关系的理论表现"② 以理论形态出现的形而上学统治着个人，要消解和克服形而上学就必须厘清形而上学在现实世界中的实际运作形式。在资本主义社会中，形而上学表现为资本的逻辑形式，资本在现实社会中占据统治地位，并致使人们的全部社会生活陷入抽象化之中。马克思指出"社会生活在本质上是实践的，凡是把理论导致神

---

① 《马克思恩格斯选集》第 1 卷，北京：人民出版社 1995 年版，第 71—72 页。
② 《马克思恩格斯全集》第 46 卷，北京：人民出版社 1979 年版，第 111 页。

秘主义方面去的神秘的东西，都能在人的实践中以及对这个实践的理论中得到合理的解决"①。要走出形而上学超越"绝对性"和"非历史性"所笼罩的阴影就必须消解掉形而上学所依赖的世俗性基础。马克思正是通过对资本逻辑及其表现形式的深入批判，进一步揭示出隐藏在其背后的现代性与资本的共谋关系。

马克思对现代性批判的双重维度是以对现代资本的批判开始的，由此引出对现代性形而上学的进一步批判，二者共同构成了马克思主义现代性批判的基石。现代性所展现的统治和控制与资本所具有的统治和专制具有根本性的联系，现代性为资本无止境的扩张和增值提供了思想上的合理性保障，反过来资本为现代性的膨胀提供了生存在社会上的世俗性基础。马克思以资本作为切入点，展开对现代性形而上学进一步的批判。这个双重任务具体体现在马克思的重要著作《1844年经济学哲学手稿》当中，马克思对资本进行彻底批判的同时，也完成了对现代性形而上学的再度批判。马克思深入剖析了国民经济学的基础——异化劳动。通过对异化劳动的分析得出在现代性条件下劳动与资本之间的对立关系。此外，马克思对资本进行批判时也开启了对黑格尔哲学的再度批判。黑格尔所理解并承认的劳动只是抽象的"精神劳动"，在现代资本主义社会中劳动本身是异化和抽象的，并且在现代性的形而上学中得到了清晰地展现。黑格尔把哲学的抽象思维确立为整个世界的基础原则，他运用抽象思维去统治整个现实的感性世界，马克思批判他颠倒了抽象思维和现实的世界及人之间的关系。他把感性的现实世界抽象为理性思维，马克思批判黑格尔没有站在感性的现实世界中，而只是在抽象思维和意识中去统治整个世界。

马克思所立足的新世界观，是从个人的现实的感性实践活动出发的。马克思认为人最根本的存在就是生命的存在，而人的生命存在需要依赖物质生产实践活动作为基础，因此人的最根本活动是物质生产的实践活动。

---

① 《马克思恩格斯选集》第1卷，北京：人民出版社2013年版，第60页。

马克思清楚地意识到现代社会实践显示出其强大的改造自然的力量，但这种强大的力量又具有严重的社会异化性，因此马克思批判现代西方社会只是用理性的方法去描述现代性的缺点，他把对这种抽象社会关系的批判作为现代性批判的核心任务，进一步实现了现代性由绝对化的抽象性转向现实社会生活的实践性。马克思坚持实践是使人的认识得以生产并发展的根本条件，人们应该立足于实践来理解认识和理性。实践是不断变化发展的过程，所以认识也应随着实践的变化而不断变化，没有永恒不变的终极知识和真理。

马克思新哲学的出发点是人类社会。这种哲学立场的根本性转换，使得马克思用新的方法和视角去重新审视现存社会，在历史的必然性与辩证发展的过程中去把握现存社会。马克思在批判旧世界中重新发展了新的世界，"辩证法，在其合理形态上，引起资产阶级及其夸夸其谈的代言人的恼怒和恐怖，因为辩证法在对现存事物的肯定的理解中同时包含对现存事物的否定的理解，即对现存事物的必然灭亡的理解；辩证法对每一种既成的形式都是从不断地运动中，因而也是从它的暂时性方面去理解；辩证法不崇拜任何东西，按其本质来说，它是批判的和革命的。"① 马克思深入批判并在其思想中彻底抛弃了资本主义，但他也指出资本主义社会在它自身所能容纳的全部生产力发挥出来之前是不会自行解体的，新社会的到来需要一个孕育的过程，人类争取自由解放的斗争还在路上，还需要经历许多的发展阶段。马克思对资本主义的深入批判意在消除一切使现实的人的生命陷入抽象化和异化的状态，只有摆脱了这种抽象的形而上学，才能使得被遮蔽的现实的人回到具体性和丰富性中。在当今世界中，只有最彻底的批判才能真正有助于人类社会的未来发展，马克思对资本主义的深入批判为人类超越资本主义指明了现实的批判方向，也为人类重新探索新型现代性社会模式开辟了新的道路。在马克思对资本主义批判的深层旨趣中，他

---

① 《马克思恩格斯选集》第 2 卷，北京：人民出版社 1995 年版，第 112 页。

紧紧抓住了"资本"逻辑的理论线索,进一步揭示出资本主义的根本弊病。

马克思生活在一个不同于文艺复兴和宗教改革的全新时代,即"资本的时代"。马克思所处的"资本时代"包含着两个重要的基本支柱,即现代性和资本。他对现代性的批判正是以这两大支柱作为出发点,且始终保持着一种双重维度的批判。在马克思对现代性批判的双重维度中,提出现代性形而上学与资本逻辑的共谋理论,实现了对现代性形而上学与资本逻辑的双重批判和超越。在全球化的历史背景下,重新思考马克思的现代性视域无疑具有重大的现实意义和理论价值,从而为全人类社会的解放指出了一条可行性的现实道路。

就现代性问题所讨论的范围而言,无论是马克思所处的时代还是马克思之后的现代世界,现代性问题都以隐性的或显性的方式不断显现。现代性已经成为我们这个时代的中轴性的主导话语和焦点性问题。自尼采之后对现代性问题的批判与反思,构成了整个现代哲学的重要组成部分,海德格尔、福柯、哈贝马斯、德里达、卢卡奇等现当代重要的哲学家都分别从各自不同的视域出发对现代性作了深刻的批判,但唯独马克思对现代性的批判最具独创性和彻底性的,他从现实性的视角出发对现代性进行了深入批判。马克思提出改造世界的新方法,超越了以往对现代性理解的狭隘视域,通过对现代性的批判,阐明了西方社会的本质矛盾。马克思对现代性的批判是基于其两大基本支柱——现代性形而上学和资本逻辑的双重维度。正是在这种双重性的批判和超越中,马克思主义达到了新的理论高度,这也有助于我们进一步分析奈格里的政治哲学思想。

(一)现代性的"病理学"剖析

众所周知现代性始于欧洲,随着尼采提出"上帝死了"之后便进入一种"祛魅"的全新时代。现代性一词是在西方的现代化过程中提出来的,它是对现代社会生活的理论反应。但随着现代社会的不断发展,现代性的

第一章　奈格里政治哲学的理论基础

矛盾和弊端逐渐显现出来。自启蒙运动之后，现代性便倡导理性精神至上，启发人们大胆运用自己的理性精神，摆脱自然、社会、宗教等各种外在依附条件，使人们有信心重新获得自由和解放。它坚信人的理性能力将会瓦解宗教、迷信、愚昧和无知对人的理性的压制，科学技术的进步会把人类从压制的危机中解救出来，最终使人们过上一种不同于以往的幸福生活。现代性并没有清楚地意识到现实世界中经济基础的内在性矛盾。它认为人的本质便是理性，并把自由和平等理解为人类的一种天赋权利。因此，它认为理性是无所不能的超级力量，企图用理性代替神性。现代性虽破除了宗教迷信，但它又开启了理性迷信的新篇章。马克思站在批判的角度，提出现代性无止境的谋划：社会中的一切都处在动荡和不安当中，这便是资本主义时代不同于以往一切时代的最本质差别。一切固定的观念和关系都被消解掉了。现代性一方面依赖于资本的无限度扩张，另一方面在进一步地展开过程中表现出对存在者的全面控制和统治。现代性具有一种无止境的推动力量，能够消除一切差别性的内容，能够夷平各种质的力量。它的速度非常惊人，使一切新形成的关系都无法固定，因而它是一种具有普遍性、世界性的扩张力量。正是在这种意义上，现代性关系中的世界才表现为一种强制性的进步力量，也表现为一种普遍性的"祛魅"过程。

现代性作为一种普遍性的"祛魅"过程，它表现出一种以"理性主义"为核心的普遍性世界精神。理性主义者认为人的最基本规定并不是上帝制定的，而是由每个人无所不有的理性来制定的。他们认为人之所以成为人是因为人有理性，人能够通过理性来自我救赎，使自己过上具有理性的幸福生活。在理性面前，无论是什么样的权威都应在理性的"法庭"为自己的存在做出辩护。在现代性所推崇的理性面前，一切都要在理性的"法庭"前受到审判，它承诺通过理性把每个人带向自由和解放。

马克思作为思想史上最早察觉到现代性虚假性的思想家之一，正是在对现代性所承诺的把每个人带向自由和解放的普遍性问题上提出质疑。马

"再思"马克思社会解放的革命主体——奈格里政治哲学思想探析

克思认为这种普遍性的背后隐藏着一种复杂的权力关系,它所体现的是一种特殊者的权力意志。在此意义上,马克思指出现代性是一种借着理性主义幌子的特殊权力,实际上它是一种充满了压制性、垄断性、特殊性和排他性的只属于一小部分特殊者的专制话语。现代性打着普遍性的旗帜却行驶着特殊者的权利,马克思通过批判理性王国的价值基础,揭示了现代性的虚伪面纱。

马克思批判黑格尔哲学中的"理性"价值理想,他认为黑格尔把理性推向顶峰,使理性变为纵横天地之间,统治整个世界的客观性。康德不仅继承了启蒙理性,也对其进行了进一步修正。他认为主体不能无条件地认识外部世界,不能无限制地把握绝对真理。康德认为理性发挥作用应在一定的界限之内,他在提出人的理性运用是有范畴的界限之后,黑格尔则试图把理性提升到一种超人的客观精神层面,用这种绝对化的理性精神来管理现代社会生活。马克思指出,正是这种理性的狂妄使得工人在社会生产中创造的财富和商品越多,他自身就变得越贫穷和廉价。物的增值同人的贬值成正比;"人的社会关系体现为物的社会关系,因此人的存在成为'以物的依赖性为基础的人的独立性'的存在。"① 马克思敏锐地洞察到现代性的虚假性对工人阶级的压制与现代性的理性所承诺的价值理想完全矛盾。工人阶级现实的生活状态恰恰证明了现代性的虚假形象。"劳动为富人生产了奇迹般的东西,但是为工人生产了赤贫。劳动创造了宫殿,但是给工人创造了贫民窟。劳动创造了美,但是使工人变成畸形,劳动生产了智慧,但是给工人生产了愚钝和痴呆。"② 工人阶级在面对现代性的现实世界时,本应该是现代文明的奠基石和创造者,但现代性却使他们变成了现实的畸形存在。现代性所承诺的使每个人都自由和幸福的理性王国只是一

---

① 孙正聿:《"现实的历史":〈资本论〉的存在论》,载《中国社会科学》,2010年第1期。
② 《马克思恩格斯全集》第42卷,北京:人民出版社1979年版,第91页。

个泡沫,这一切的现实都揭露了现代性的虚假。现代性所宣称的普遍性,实际上只是对"资产阶级"的普遍性,而不是对每个个人的普遍性。

马克思在批判黑格尔哲学的过程中进一步揭示出现代性的虚假面纱。一方面,马克思肯定黑格尔对"劳动"概念所做的分析。另一方面,马克思批判黑格尔的"劳动"概念只是一种抽象的思维形式,它割裂了现实中的感性世界,把现实中的劳动抽象为精神的劳动。这种抽象的精神劳动导致了人的现实生命与抽象世界之间关系的颠倒,使得活生生的现实世界变为抽象思维的历史。黑格尔对劳动概念的分析是片面的,他只是看到了抽象劳动,而没有看到现实世界所发生的异化劳动。正是在这种意义上,马克思指出异化劳动的本质:"劳动作为一种异己的东西不依赖于他而在他之外存在,并成为同他相对立的独立力量;意味着他给予对象的生命作为敌对的和异己的东西同他相对抗。"① 在资本主义社会中劳动已经成为一种独立的存在,使得工人阶级的生存状态变为这种异化劳动所压制的对象,而异化劳动本身已经作为一种敌对的和异己的力量与其相对抗。黑格尔哲学所承诺的"理性主宰现实"只是一种适合于资产阶级价值理想的思维方式,并不能对整个的现实世界起到作用。马克思对黑格尔劳动概念的批判,意在指明黑格尔哲学的神秘性无非就是劳动,即现代世界以资本为原则的抽象劳动,马克思认为黑格尔的辩证法最终失去了本应具有的批判性和革命性,而变成为现存世界辩护的保守派。

马克思对现代性条件下的理想虚幻性进行批判,集中体现在对黑格尔哲学的批判中,现代性之中的理性认为它为全人类提供了价值基础,但现实中不过是为人类提供了一个虚假的影像。马克思对现代性的批判采取的是一种反思性的思维方式,他认为现代性所承诺的普遍性和理性并不像它所宣称的那样纯洁和高尚。在现代性承诺的背后,工人阶级的现实状况是:工人越是劳动就越失去现实化,最后工人在现实中被排挤掉,工人生

---

① 《马克思恩格斯全集》第42卷,北京:人民出版社1979年版,第91页。

产的商品越多,他自身占有的就越少,最终他将受到其生产的商品的统治。工人阶级生存的现实状况有力地证明了现代性承诺的虚假性。现代性承诺的理性背后蕴含着一种非理性主义的特殊权力关系,它体现的只是一少部分特殊者的利益关系,事实上它是一种充满压制性和专制性的权力系统。人们自以为获得了一个可靠基础的阿基米德点,相反他们只是处于这种基础的虚幻当中,也充分证明了现代人处于一种无家可归的状态当中。海德格尔曾指出是马克思揭露了现代人"无家可归的命运",也进一步表明了马克思对现代性的批判态度。马克思深入诊断了现代性的深层理论困境,对现代性的病理学进行了深入剖析,透过五彩斑斓的社会表象,揭示出了现代社会中人的贬值与资本增值之间的矛盾关系,洞察到人的命运与资本的不可调和的冲突关系。在生命政治的语境中把握资本主义现代性的内涵和特质,可以看出人的生命成为资本权力治理的对象,人被纳入资本增值的同一化逻辑之中,生命的多样性被化约为单一的经济化存在。

(二) 马克思对资本逻辑的深入批判

马克思指出资本对于现代世界的奠基作用:"只有当生产资料和生活资料的所有者在市场上找到出卖自己劳动力的自由工人的时候,资本才产生;而单是这一历史条件就包含着一部世界史。因此,资本一出现,就标志着社会生产过程的一个新时代。"[①] 现代世界是以资本为其奠基的世界,资本成为现代社会中的一束"普照光",它是支配一切的权力基础。马克思认为现代性的重要支柱是资本,只要现代性统治着现实世界,人类所处的时代之现实的独特本质就是以资本为原则的统治。资本具有强大的扩张力,并依其本性不断地把自己扩张到世界的每一个角落,从而确立起对现实世界的普遍性统治。资本冲垮一切国家的疆界迫使这些民族国家在其内部推行以资本为根据的现代文明。

---

① 《马克思恩格斯全集》第23卷,北京:人民出版社1972年版,第193页。

马克思明确肯定了资本原则的伟大历史意义,认为在不到一百年的时间里资本创造了巨大的生产力,且它所创造的数量远远超过了以往一切时代的总和。马克思曾这样评价资本的创造力:"它创造了完全不同与埃及金字塔,罗马水道和哥特式教堂的奇迹;它完成了完全不同于民族大迁徙和十字军征讨的远征"①。马克思正是在这种肯定中构成了对资本原则的重要批判,他牢牢地抓住了资本原则的历史前提和根本,以此构成对资本原则之内在性的彻底批判。本书试图从两方面深入批判资本逻辑的本性。

第一,马克思对资本逻辑的批判是一种深入到资本主义经济内部的深刻批判。他深入分析了资本主义社会中的资本原则所具有的颠倒黑白、混淆是非的力量。资本可以把现实世界中一切都还原为一种价格,使得任何具有价值意义的一切都在价格面前消失匿迹了。在资本统治一切的社会生活中,所有丰富的社会价值都被还原为以价格为其唯一衡量标准的框架中。马克思深入描述为:"我是什么和我能够做什么,这决不是由我的个性来决定的。我是丑的,但是我能给我买到最美的女人。可见,我并不丑,因为丑的作用,丑的吓人的力量,被货币化为乌有了……可是货币是受尊敬的,所以,它的持有者也受尊敬。货币是最高的善,所以,它的持有者也是善的。"② 由此可见,资本的力量是巨大的,它使得一切价值变成了价格,只要支付货币,一切将变成可能。以商品的形式所显现的资本总是以变幻莫测的方式实现着自身,资本在实现自身的同时使得人与人之间除了赤裸裸的现金交易和冷酷无情的利益关系外,再也没有其他别的任何联系了。马克思深刻批判这种冷酷无情的资本逻辑,认为它使得真正具有价值的东西变成了非价值,而非价值的东西以价值的方式显现在人们的面前。

---

① 《马克思恩格斯选集》第 1 卷,北京:人民出版社 1995 年版,第 275 页。
② 《马克思恩格斯全集》第 42 卷,北京:人民出版社 1979 年版,第 152—153 页。

"再思"马克思社会解放的革命主体——奈格里政治哲学思想探析

资本的特征是永不停止地让自身加速增值,它具有不断扩展和膨胀的特性,因此它一刻不停地把剩余价值转化为资本,这样的扩展过程可以实现自身的不停积累。同时,资本自身不停积累的过程,又是一种永不停息地繁殖剩余价值的过程。在资本永不间断的状态下,资本家不能有片刻的停歇,因为任何的停顿都会使资本衰竭甚至死亡。如果要保证它在激烈的市场竞争中求得发展和壮大,就需要资本家不断地提高劳动生产力。生产力在资本的驱使下不断革新,资本永无停歇地扩张使得整个社会陷入不安和动荡。资本的特征一方面表现在生产力的加速革新,另一方面表现在它摧毁了所有的固定性,使得一切原本固定的关系和观念都被摇晃起来。资本的扩张是以加速度的方式让它所创造出来的商品贬值和过时为前提条件。它依靠自身的力量,不停地进行着扩张和膨胀。资本不顾一切地追求着自身的利润最大化,所以它创造的一切物品都必须过时和贬值。资本在转化剩余价值的过程中不停地充实和积累,它具有扩张性的力量,而这种扩张性的力量必定会带来更多的灾难。资本这种特有的悖论式循环充分说明了它所具有的非理性特征。资本的非理性特征进一步揭示了它的荒谬特性,这种悖论式的恶性循环将会把整个世界带入到一种非理性的虚幻当中。在资本的统治下,一切原有的价值基础都被毁灭了。资本虽然在创造财富的过程中充分展现了人的力量,但资本的创造物却如同一匹脱了缰的野马,永不停歇地追求着它想要得到的一切,它摆脱了人的控制,并压制着人们的生活,最终把他们带向痛苦的深渊。

第二,马克思对现代性的批判是以资本逻辑为基础展开的批判方式,他认为资本逻辑是现代社会中形而上学的典型表现形式。马克思作为现代社会的批判者,深入揭示出现代社会和形而上学相互关联、相互依存的逻辑脉络。在资本主义社会中,资本作为统治一切社会关系的绝对存在,它主导着人与自然、人与社会、人与人之间的一切关系,并且构成了全部社会生活的中轴线。资本侵蚀所有的一切,并表现为一种自治的合理性关系。在资本主义社会中，资本构成了全部社会存在物的内在根基，所有的社会存在物都必须在资本面前证明自身存在的合理性目的，否则它将失去存在的意义。

在现实社会中资本作为形而上学的典型表现形式就是使人的现实生活陷入一种抽象的现实关系中，要克服这种形而上学就必须消除这种抽象化的现实关系。马克思认为："意识在任何时候都只能是被意识到了存在，而人们的存在就是他们的实际生过程。"① 观念活动来源于人们现实生活的存在之中，但形而上学却把现实生活变为一种抽象化的思维范式。在马克思看来，"个人现在受抽象统治，而他们以前是互相依赖的。但是，抽象或观念，无非是那些统治个人的物质关系的理论表现。"② 以理论形态出现的形而上学统治着个人，要消解和克服形而上学就必须厘清形而上学在现实世界中的实际运作形式。在资本主义社会中，形而上学表现为资本的逻辑形式，资本在现实社会中占据统治地位，并使人们的全部社会生活陷入抽象化之中。首先，资本成为现实生活中的绝对权力关系，并操纵一切社会生活，消灭掉一切社会生活中的差异性和丰富性。其次，资本具有操作一切的力量。它可以颠倒是非，把丑的变成美的，把白的变成黑的，把懦夫变成勇士。最后，资本是一种企图维护其永久地位的非历史性保守力量。资本表现为一种社会关系的逻辑结构，在这个种逻辑结构之下，资本家作为资本人格化的代表，把以资本为逻辑的社会宣称为理性的完美世界。

马克思认为，"社会生活在本质上市实践的，凡是把理论导致神秘主义方面去的神秘的东西，都能在人的实践中以及对这个实践的理解中得到合理的解决。"③ 要走出形而上学超越"绝对性"和"非历史性"所笼罩

---

① 《马克思恩格斯选集》第1卷，北京：人民出版社2013年版，第72页。
② 《马克思恩格斯全集》第30卷，北京：人民出版社1995年版，第114页。
③ 《马克思恩格斯选集》第1卷，北京：人民出版社2013年版，第60页。

的阴影就必须消解掉形而上学所依赖的世俗性基础。站在实践的立场上，解构一切具有"绝对性"和"非历史性"的形而上学，通过揭示资本逻辑与形而上学之间的真实关系，进一步消解以资本逻辑为根基的形而上学。马克思正是通过对资本逻辑及其表现形式的深入批判，进一步揭示出隐藏在其背后的现代性与资本的共谋关系。

（三）现代性与资本的共谋

马克思对现代性批判的双重维度，是以对现代资本的批判开始，由此引出对现代性形而上学的批判，两者共同构成了马克思现代性批判的基石。现代性所展现的统治和控制与资本所具有的统治和专制具有根本性的联系，现代性为资本无止境的扩张和增值提供了思想上的合理性保障，反过来资本为现代性的膨胀提供了生存在社会上的世俗性基础。由此可以得出，现代性与资本是一种彼此支持的共谋性关系，现代性是资本的理论纲领，资本是现代性的现实表现形式，在现代性得以发展的现实世界中，现代性与资本之间有着最本质的内在联系。

当今世界现代性与资本的共谋关系已经揭下了其神秘的面纱，越来越清晰地展现在人们的面前，因此对现代性的批判深度就制约着对资本的深度批判，反过来对资本的深度批判也制约着对现代性的批判深度。马克思深入地揭示了现代性的基本特征，即现代性以资本的增值为基础，从而全面展开对存在者的控制和统治，以发展自身的过程。资本最具基础性的存在方式就是永无止境的增值过程，这种增值的力量就来自于对现代性的不停谋划之中。资本与现代性所抽取的共同本质具有巨大的力量，并成为消灭各种内容的力量，它可以消除所有的差异性，从而发展成为一种普遍性的扩张性力量。马克思基于现代性与资本的共谋关系，把对现代性和资本的批判统一起来。

马克思指出，资本具有消除一切差异性的强大力量，它使得一切固定的东西都动荡起来，使得一切社会关系都不断地进行着革命，资本不断增值的特点决定了它不停扩张和膨胀的欲望。资本不停地把剩余价值转化为资本，进而实现资本自身的不断积累。资本在积累的过程中总是吞噬一切特征和差异性，使得它自己成为现实统治的唯一绝对存在。马克思用资本作为切入点，进而展开对现代性形而上学的批判。这个双重任务明确体现在马克思的重要著作《1844年经济学哲学手稿》当中，马克思对资本进行批判的同时，也完成了对现代性形而上学的再一度批判。马克思深入剖析了国民经济学的基础——异化劳动。他通过对异化劳动进行剖析，分析出现代性下劳动与资本之间的关系。异化劳动即生产出私有财产，为现代以资本为根基的世界奠定了基础。也就是说，以异化劳动为前提的国民经济学遵循着现代性形而上学的基本原则。

马克思指明了异化劳动的现代性形而上学本质，异化劳动作为现代性形而上学的奠基，使得这种异化的、抽象的劳动具有了意识的力量。马克思对资本进行批判的同时也开启了对黑格尔哲学的再度批判。马克思指证黑格尔哲学的神秘性便是劳动，一种现代世界以资本为其奠定基础的异化劳动。马克思认为黑格尔哲学充分展现了资产阶级的思想原则，它以意识形态的方式展现出了现实世界中并不存在的价值理想。黑格尔所理解并承认的劳动只是抽象的"精神劳动"，在现代资本主义社会中劳动本身是抽象和异化的，并且在现代性的形而上学中得到了清晰展现。黑格尔把哲学的抽象思维确立为整个世界的基础原则，坚持运用抽象思维去统治整个现实的感性世界，马克思批判他颠倒了抽象思维和现实的世界及人之间的关系，错把感性的现实世界抽象为理性思维；批判他没有站在感性的现实世界中，而只是在抽象思维和意识中去统治整个世界。

黑格尔把现实化的矛盾抽象化为观念中的矛盾，企图通过抽象化的观念来消解现实中的矛盾，这不仅无法解决现实社会中的矛盾，且是一种对现实社会矛盾的回避。马克思之前的现代性企图建立一种永恒不变的资本主义理性王国，它的立足点是"市民"社会，它受到资本家眼界的局限性限制，因此只能是一种解释世界的哲学。马克思基于改造世界的新世界观，不仅超越了以前现代性的狭隘视域，也揭示了现代西方社会的内在矛盾，进一步预示了改变社会实现全人类解放的历史必然性趋势。

马克思所立足的新世界观是从现实生活中个人的感性实践活动出发的。马克思认为人最根本的存在是生命的存在，而人的生命存在需要依赖物质生产实践活动，因此人的最根本活动是物质生产的实践活动。马克思清楚地意识到现代社会实践显示出其非常强大的改造自然的力量，但这种强大的力量又具有严重的社会异化性，因此，马克思批判现代西方社会只是用理性去描述现代性的缺点，他把对这种抽象社会关系的批判作为现代性批判的首要任务，实现了现代性由绝对化的抽象性向现实社会生活的转变。马克思坚持实践是使人的认识得以生产并发展的根本条件，人们应该立足于实践来理解认识和理性。实践是不断发展变化的，所以认识也应随着实践的变化而进一步变化，没有永恒不变的终极知识和真理。

人的实践活动不仅同自然发生关系，也同其他人发生社会关系，人是通过与他人的关系而结成一种社会性的关系进一步实现对自然的改造。但在资本主义社会中，科技常常被异化为社会中少数人发财致富的手段。劳动是本应属于人的现实活动，但在资本主义社会中劳动的现实性和人的现实性一同丧失了，由此可见，在资本主义社会中，异化劳动不仅是其赖以存在的基础，也是其无法跨越的内在矛盾。在马克思看来，只有改变资本主义的生产关系，才能最终消除劳动的异化，使人类重新获得真正的自由解放。

马克思新哲学的出发点是人类社会。这种哲学立场的根本转变，使得马克思用新的方法和视域去重新审视现存社会，从历史的必然性与辩证发展的过程中去把握现存社会。马克思超越旧世界秩序的思考范围，致力于改变这种扭曲的社会关系。马克思在批判旧世界中重新发现了新世界，

"在对现存事物的肯定理解中同时包含对现存事物的否定理解"①。马克思深入批判并在思想中扬弃了资本主义,但他也指出资本主义社会在它自身所能容纳的全部生产力发挥出来之前是不会自行消灭的,新社会的到来需要一个孕育的过程,人类争取自由解放的斗争还在路上,还需要经历许多的发展阶段。

对马克思来说,现代性的批判是一个双重性的任务,是不能够彼此分离的。马克思对现代性批判的深层理论旨趣已经表现出来:在现实世界中,资本与现代性相互依存、相互支撑,形成一种深层的共谋关系,正是在这种共谋关系中,现实的感性的人被抽象所统治。马克思对现代性批判的双重维度意在消除一切使现实的人的生命陷入抽象化和异化的状态,只有摆脱了这种抽象的形而上学,才能使被遮蔽的现实的人回到具体性和丰富性中。在当今世界中,只有最彻底的批判才真正有助于人类社会的未来发展。马克思对现代性的双重批判为人类超越资本主义指明了现实的批判方向,也为人类重新探索新型现代性模式开辟了新的道路。在马克思对现代性批判的深层旨趣中,他紧紧抓住了"资本"逻辑的理论线索,进一步揭示出现代性的根本弊病,因此在建构当代的现代性语境中,马克思对现代性批判的视域,具有重大的理论价值和现实意义。正是这种独特的批判视角使得马克思无法跨越,在当代世界依然具有重要意义。

三、帝国:重现马克思对资本主义的批判

黑格尔认为,每一个人都应该是他所属时代的产儿。哲学也不例外,它也属于自己的时代。对于每个哲学家来讲,最大的愿望莫过于成为自己所处时代的预言家。奈格里站在当代全球化资本主义的大背景下,试

---

① 《马克思恩格斯选集》第 2 卷,北京:人民出版社 1995 年版,第 112 页。

"再思"马克思社会解放的革命主体——奈格里政治哲学思想探析

图重新构建马克思主义对资本主义的内在性批判,从全球化资本主义发展的进程中寻找一种新的可以超越资本主义的因素。奈格里把马克思主义的解放政治学与后现代主义的解构政治学相结合起来,提出了不同于帝国主义的新概念——帝国。帝国的提出超越了现代西方马克思主义的理论困境。

齐泽克论述道:"哈特与奈格里将全球描述为一种暧昧不明的'去地域化'过程:高歌猛进的全球资本主义席卷了社会生活的每个角落,深入到每个领域的最私密处,提供了一种潜在的动力,这种动力也不再与以前一样,苦于父权制或其他等级结构之上,它带来的是一种流动和杂交的认同。另一方面,一切重要的社会关系的破坏也拧开了魔鬼的瓶盖:资本主义体系在全球的胜利导致了它比任何时候都更脆弱。马克思的那句古老的断语至今仍然有效:资本主义自身就是它的掘墓人。"[1] 奈格里强调帝国正在创造一种全球化的、新的压迫和剥削形式,同时它也作为自己的掘墓人正在形成。

在过去的几十年中殖民制度已被废弃,资本主义的世界市场和一个超全球化的趋势已经形成,全世界政治、经济、文化都被卷入全球化的浪潮之中。这种新的全球化既不是传统意义上的帝国主义对外扩张,也不是自由主义所鼓吹的无疆域资本的自由流动,它作为一种全新的后民族国家主权形式被称为帝国。与马克思所处时代的自由竞争资本主义一样,它既不是绝对的善,也不是绝对的恶,它是一个充满矛盾和冲突的权力结构,帝国主权将带来新的压迫和剥削,但它也孕育着新的革命和解放的力量。

奈格里基于他所处的历史时代的基本特征,提出了符合这一时代的理论概念——帝国。帝国作为一种全新的全球政治秩序,表现出全球资本主义的扩张性,民族国家疆界的消失以及新的超国家的机构和权力已经形

---

[1] 汪行福:《帝国:后现代革命的宏大叙事》,载《当代国外马克思主义评论》,2007年第1期。

成。帝国将各民族国家和超民族国家重新组织在一个单一的逻辑统治之下。帝国作为一种新的全球政治秩序的描述，应该被认为是属于国际关系和地缘政治的研究范围，但它真正的意义却只有放在马克思主义的解放政治学中才能得到充分的阐发。在此意义上，奈格里把帝国视为一种后帝国主义的资本主义和帝国主义理论。

由列宁对帝国主义的批判可以得知，帝国主义是以非帝国主义为其发展的基础，因为只有把非帝国主义范围内的资本转化为帝国主义的合理内核，才能加强帝国主义的进一步发展。在此意义上，帝国主义是一种超越国界主权的，全世界范围内的普遍性扩张。随着帝国主义的广泛式扩张，它在全世界的范围内无处不在，而这种无处不在的主权形式走到了极端，由此便产生了新的主权概念。这种新的主权形式有着不同的内容和形式：首先，帝国是属于后现代范围之内的，帝国主义是属于现代范围之内的。其次，帝国的发展不建立权力的中心，也不依赖于固定的土地，而帝国主义有寡头作为其权力的中心，它的扩张并不像帝国一样无边无界。最后，帝国是一种非中心化的统治路径，在全世界的范围内不断扩展，没有一个固定的中心领域，它不断加强对全世界的整合。这与帝国主义有很大的差别。在全球资本主义的大背景下，由帝国主义到帝国的转折中，其最为根本的是，各国家疆域之间的界线变得越来越模糊，它产生出一种全新的主权形式，即生命政治形式。在经济技术如此发达的当今世界，它不仅生产出商品，也生产出一种主体形式。在这种无固定疆界和等级结构之中，一切都是具有差异性和流动性的。

从帝国主义到帝国的巨大变革中，可以在马克思的《资本论》中找到两种不同的吸纳形式：形式吸纳和实质吸纳。马克思对帝国主义的批判，有助于更好地理解由帝国主义到帝国的这种实质性转变。形式吸纳指的是资本对一种非资本主义的吸收，资本运用自己的权力使非资本屈服于它的

"再思"马克思社会解放的革命主体——奈格里政治哲学思想探析

统治。实质吸纳是指一种绝对的权力,它放眼权力本身,并把非资本主义的资源和人口纳入资本的范围内,也把资本主义本身作为其整个社会权力的对象。"资本主义是'第一种不能靠自身生存的经济模式,它需要其他经济体制作为一种中介和土壤。'资本是这样一种机制,若不能持续越过疆界,接受外在环境的滋养,便不能维持自身的生存。"①

帝国形成在一种没有边界、没有中心的由权力和反权力所构成的网状结构之中。它是一种扩展和稳定权力的网状模式,它不同于列宁所指的帝国主义的征服、屠杀、暴力和殖民的血腥统治,但也不能否认帝国扩张的同时不包括剥削和压迫,可见在残暴程度上二者属于不同的概念范围。奈格里认为在帝国主义向帝国的转变中表现出了历史的进步性,就像马克思所指出的资本主义是取代专制封建社会的进步一样。马克思对资本主义的批判是最彻底的,特别是对资本主义的剥削和压迫以及劳动异化理论等,但马克思并不否认在其特定的历史条件下资本主义比以前的一切社会形态都更具优越性。在资本主义之前的社会是一种等级分层森严和落后愚昧的前资本主义时期,最终是资本主义终结了这种封闭的落后的观念和生活方式,资本主义在现时代下生产出了新的革命力量和社会物质条件。马克思正是在这种肯定中构成了对资本主义的重新批判,他牢牢地抓住了资本原则的历史前提和根本,以此构成了对资本主义的深刻批判。但在帝国所处的时代条件下,资本对人民的压迫和剥削将变的更加隐蔽和深化。在这种压迫和剥削的帝国主权下,会产生更加分化的贫富差距。从后现代的角度来看,穷人是永恒的后现代者。穷人的形象代表着一种流动性和差异性的主体,它横越两端,是一种无处不在的主体。

---

① [美]迈克尔·哈特、[意]安东尼奥·奈格里:《帝国》杨建国、范一亭译,南京:江苏人民出版社2005年版,第262页。

在具有差异性和流动性的全球化条件下,从事生产的主体是谁?在生产的过程中是谁受到压迫,但仍在欲求?是谁沦落为贫穷但本身却拥有无比强大的力量?马克思形容这些穷人"像鸟儿一样自由",是在帝国中生出的革命主体。在此意义上是民众把帝国召唤出来的,帝国是民众所批判的对象。

帝国作为一种"自在的善"在消解和埋葬殖民主义和帝国主义时发挥了巨大的作用,但帝国本身所建构起来的压迫和剥削比以往的旧权力关系更加的野蛮和猖狂。"现代性辩证法的终结并未带来剥削辩证法的终结。今天,几乎人类的全部要么被吸纳入资本主义的剥削之网,要么屈服于它。"① 帝国的出现并没有带来压迫和剥削的消解,反而在爆炸性地膨胀。进入帝国的世界,人将终结对世外桃源的追求,而敢于直面一切现存关系。帝国不只是生产出了它的主权和霸权,也同时也生产出了它的掘墓人。

四、福柯:一种对资本主义的新思考

追溯生命政治概念的最初伊始,可知他并不是伴随着人类社会始终的存在,17—18世纪生命政治才开始出现,它的诞生经历了一个过程。福柯并非是生命政治概念的创始人,但生命政治学作为系统的学术概念被阐释无可厚非始于福柯。福柯在《必须保卫社会》中,揭示出政治权力直接作用于生命的操作:"生命政治学与人口有关,人口作为政治问题,同时作

---

① [美] 迈克尔·哈特、[意] 安东尼奥·奈格里:《帝国》,杨建国、范一亭译,南京:江苏人民出版社2005年版,第57页。

"再思"马克思社会解放的革命主体——奈格里政治哲学思想探析

为科学和政治问题,作为生物学问题和政治问题,我认为是从这个时候开始的。"① 可见,生命政治不同于传统社会中的君主权力,君主权力很少承担或不承担生命的责任,相反它通过行使生杀权力使人"死"来证明其权威性。生命政治则通过管理人口的生命,使人能够"活下来",通过对生命的规训和人口的管治来运作。生命政治概念有广义和狭义之分。广义的生命政治是指不仅关注整体人口的状况,还包括对每个人的身体的规训和管治,如对个人身体某方面能力的提高或某些部位的矫正等。狭义的生命政治是指人口的生命政治,比如关心人口的死亡率、出生率等问题。福柯所讲的生命政治概念大部分都是狭义的生命政治,即关注整体的人口状况,而不是针对每个人的生命政治。在学界福柯的生命政治学具有很强的解释力,它有助于进一步理解奈格里生命政治学的意义。

福柯认为在某种意义上,生命政治的诞生伴随着权力主体的多元化,那种固化的权利关系被打破,即主权者与被统治者之间的关系。权力不再被主权者所垄断,每个人既是权力的主体,也是权力的客体。这种颠倒就把权力从否定性转化为生产性力量。马克思在充分揭示出劳资关系时,提出一个十分具有启发意义的概念"自由个性",人们互为权力的主体,真正变为权力的主人,实现真正的"个性自由",并且以此来共同应对共同的人类性问题。这种新的治理方式不同于资本逻辑所理解的具有支配性和控制性的活动,而是人们互为主体,共同决策解决问题的活动。用个性自由的方式来看待生命政治,就有可能消解掉发挥震慑和否定性功能的权力,走出资本逻辑生命政治再生产的循环模式,人的生命有可能实现充分个性自由的发展,这里的"个性自由发展"就意味着人的自由全面发展。

---

① [法]福柯:《必须保卫社会》,钱翰译,上海:上海人民出版社2018年版,第269页。

第一章　奈格里政治哲学的理论基础

这种途径就是通往马克思所指出的自由人联合体的过程,人们各尽所能各取所需,每个人的自由发展都是他人自由发展的条件并不是障碍。这条道路是马克思所提供的超越资本逻辑生命政治的路径。

在福柯看来,资本主义发展的一个重要因素便是资本主义生产方式与生命政治的一致性。福柯指出:"这一生命权利无疑是资本主义发展的一个必不可少的要素。如果不把肉体有控制的纳入生产机器之中,如果不对经济过程中的人口现象进行调整,那么资本主义的发展就得不到保证。但是资本主义的发展要求的更多。他要求增大对身体的规训和对人口的调节,让他们变得更加有用和驯服。它还要求能够增强规训各种力量、能力和一般生命的权力手段,而不至于使得他们变得更加难以驯服。"① 可见,资本主义生产方式下的生命政治学是以规训出顺服且有用的主体为目的,资本权力的腐蚀揭示出生命权力对生命本身的规训和调节。就其实质而言,生命政治是一种资本主义的治理术或统治术,它确保了资本主义社会的平稳运转。

德勒兹提出"控制社会",意指一种信息时代的社会,它持续不间断的控制过程。在控制社会中,每个个体都可以被理解为多元性的,每个人都是可以自由行动的个体,同时又被一种精确化的信息数据所控制和管理,放任消费、娱乐狂欢、个人自由变为正义本身。资本主义自由治理术是用最小的政治和成本投入,来获得最大治理效果为其所遵循的根本治理原则。"自由主义是每时每刻制造自由、激起自由并产生自由的,当然还伴随着约束和制造成本问题。"② 就此而言,资本使其寄生的社会机体本身

---

① [法] 福柯:《性经验史》,余碧平译,北京:人民出版社2005年版,第91页。
② [法] 福柯:《性经验史》,余碧平译,北京:人民出版社2005年版,第91页。

成为一个必须存活且时刻处于风险当中的机体。资本使得社会生产中的每个环节都紧密地联系在一起，使每一个环节必须以另一个环节为存在条件，让社会机体的"暂停"都变为社会难以承受之重。社会资源的配置已经全面被资本所渗透，因此维持整个社会机体运转的根基只能依赖资本的存在，终将使得社会机体存在于风险之中。整个社会被资本所主导的现代生产活动"绑架"了，社会机体必须按照资本的指示进行生产活动，并迫使整个社会不断为其付出巨大代价来满足其要求。可见，自由主义治理方式的悖论就是典型的自由与危机共存。一个完全被"资本"逻辑所"绑架"的社会，它既不能选择安全的生存，更不能选择死亡。这种社会机体必须通过资本运转来维持自身在危机中的存在，这本身就是在加剧风险。福柯认为，"生命政治与人口有关，人口作为政治问题，同时作为科学和政治问题，作为生物学问题和政治问题"①。现代国家权力的表现特征是生命政治，它将人作为"人口"来进行治理，将政治权力直接作用于"使人活"，即保护共同体成员的生命的治理方式。现代国家的社会机体已经发生了重大转变，即从领土国家到人口治理的转变。当人被理解为有一定供求关系时，"人口"就成为现代政治的治理对象。例外状态的开启，人最重要的不仅仅是作为一个享有自由权力的公民，而是被当作需要被保护的有生命的生物。

马克思在《资本论》中指出："工人阶级中就业部分的过度劳动，扩大了它的后备军的队伍，而后者通过竞争加在就业工人身上的增大的压力，又反过来迫使就业工人不得不从事过度劳动和听从资本的摆布。工人阶级的一部分从事过度劳动迫使它的另一部分无事可做，反过来，它的一

---

① ［法］福柯：《生命政治的诞生》，莫伟民译，上海：上海人民出版社2018年版，第83页。

部分无事可做迫使它的另一部分从事过渡劳动,这成了各个资本家致富的手段。"① 这些"人口"被突显,意味着他们作为劳动力被归入资本权利体系,且早已存在于社会风险之中。因此,这些"过剩人口"被资本权力所支配,又通过这种"暂停"威胁着他们的生命。我们不能将这种"过剩人口"简单地归咎于对生命体的威胁,应深入剖析,其背后的深层次原因,以厘清现代生产活动对生命政治的规训与管治。

例外状态开启后,数字信息的介入起到了重要作用,系统性地提升了"安全技术"下的人口治理。这里所指的人口并不是抽象意义上的人口,而是一个现实且具体的人口。在信息时代的当下,现代社会机体的有效治理,与数字信息技术的发展紧密相关。同时,人口的生命政治出现,它关注整体人口的状况,对人做出全方位的分析——与人相关的喜好、消费、习惯等因素,这些数据的精准分析,蕴含着对每个人的掌控。在数字信息时代的当下,生命政治学关注的对象成为"人口"之后,西方社会的人口统计学成为显学。在生命政治与技术政治的双重推动下,使"人口"发生了重要变化,即"肉身人"转向"数字人"。在现代西方社会,"人口"相对于任何权力机构都变得透明。在日常生活中,大数据可以精准采集人们的相关数据,例如,商业机构通过数字信息点击率可以掌握消费者的消费层次、喜好、需求等,根据数据分析向消费者精准推送广告。在此之上,大数据将消费者变为透明体,其目的是实现一种精准化的分析管控模式。对个体而言,信息技术便捷了人们的生活方式,但也为这些机构提供了各种信息要素,使个体在不知不觉中成为透明生命。也就是阿甘本所言的例外状态下无任何保护的"赤裸生命"。在资本主义条件下,人口统计学的治理模式将人变成了透明生命。

---

① 《马克思恩格斯文集》第 5 卷,北京:人民出版社 2009 年版,第 733 页。

"再思"马克思社会解放的革命主体——奈格里政治哲学思想探析

奈格里在《帝国》之后,将生命政治生产的概念回溯到福柯那里。奈格里将福柯的生命政治和生命权力作为思考"新的主权方式"的理论基础。奈格里指出:"福柯的著作,让我们认识到新权力范式的生命政治本质。生命权力是一种从内部来管制社会生活的权利形式,来从属于他,解释他,吸纳他,重新表述他。"① 可以说,奈格里对生命政治生产的解读是建立在对福柯生命政治概念的基础之上。因此,我们有必要回到福柯。福柯指出:"这个新的非惩戒权利的技术运用的对象(与针对肉体的惩戒不同)是人的生命或者说,如果你们不反对,他不是针对肉体的人,而是活着的人,至少,如果你们同意,针对类别的人。更精确地说,惩戒试图支配人的群体,以使这个人群可以而且应当分解为个体,被监视、被训练、被利用,并有可能被惩戒的个体。而这个新建立起来的技术,也针对人的群体,但不是使他们归结为肉体,而是相反,使人群组成整体的大众,这个大众受到生命特有的整体过程,如出生、死亡、生产、疾病等等的影响。因此在第一种对肉体的权力形式以后,有了第二种权力形式,不是个人化,而是大众化,如果你们同意,他不是在人——肉体的方向上,而是在人——类别的方向上完成的,在18世纪进行的肉体人的解剖政治学以后,在同一个世纪末,出现了某种东西,它不再是肉体人的解剖政治学,而是我所说的人类的'生命政治学'"②。在此意义上,这对于理解奈格里的生命政治学十分重要。

在现代资本主义背景下,奈格里所提出的生命权力仍然是资本权力,资本以生产和金融为核心机制,这种机制将人们的活劳动全部吸纳进来,并使人从属于这个机制。在生命权力之中,人们不再是单纯的人,而是变成了资本统治之下的"人力资本",他迫使人从属于资本的规则。可

---

① Michael Hardt, Antonio Negri, *Empire*, Cambridge MA: Harvard University Press, 2000, p.24.

② [法]福柯:《必须保卫社会》,钱翰译,上海:上海人民出版社1999年版,第229页。

见，奈格里不仅赋予了生命权力新的意义，也将其打造为生命权力的对立面。奈格里认为，生命权力代表着资本的暴力，意味着将人作为人力资本，即工人之间的协作关系。奈格里认为与其说资本提供协作，不如说是剥夺协作，这才是剥削生命政治劳动的核心要素。这种剥夺不是发生在个体的工人身上，而是发生在社会劳动身上，以信息互动、网络交往、社会符码、语言创新以及感受和激情的形式表现出来。在社会生产中工人协作生产出一般智力，在资本的生命权力作用下被资本家剥削，将人们在情感、交往和语言中形成的一般智力劳动占为己有。奈格里认为，在生命权力之下，被剥夺的是生命政治的生产，这便是资本的生命权力对协作产生的一般智力劳动的剥削，因此，要反抗资本主义的剥削就需要从资本主义那里夺回"生命政治"的主动权。奈格里认为，在资本的生命权力之下，劳动者的生命政治生产是作为"人力资本"起作用的，劳动者只是资本装置下的零部件。因此，奈格里提出的策略是出走，一旦出走，在新的条件下实现的生命政治生产，所产生的不再是"人力资本"，而是劳动者联合起来的自治的"诸众"，这是一种新的主体性生产，也是让主体重新摆脱外在控制的生产，从而重新让主体获得了新生。只有理解了福柯生命政治的历史发展谱系，才能比较准确地理解奈格里生命政治思想的深刻内涵。

福柯对生命权力的理解集中在规训政权、构建权力和权力网络应用。奈格里认为这种权力与其说是在压制，不如说是在生产主体。他认为福柯的生命政治权力的他者不仅反抗权力，而且寻求摆脱权力的自治。奈格里强调福柯的生命权力主要集中在操控生命权力的基础之上，权力通过对人口的管治得以运用，例如管理人口的健康和再生产能力等。奈格里将生命视为反抗力量，作为一种寻求另类存在的生命力量，可以反抗并寻求社会解放的另类模式。今天我们不难发现，控制着一般智力劳动的生产，不仅是资本主义的生命权力，也不仅是金融化的资本权力，还有数字和算法的权力。总之，资本主义的强大并不在于他们用金融控制的手段，更可怕的是数据库和核心算法也被资本家所控制,在此意义上"再思"马克思社会解放的新革命主体具有重要意义。

第三节 重构存在的本体论基础

奈格里对传统本体论持批判的态度,具体表现在两个方面:消解和重构传统本体论。他认为传统本体论无视和遮蔽了内在性和差异性,因此,发现并如实描述内在性和差异性才能对传统形而上学进行彻底批判,从而克服传统形而上学的同一性和超验性,最终实现人类解放和人类的自由全面发展的最高价值理想。奈格里在内在性线索中确立了政治本体论的理论实质,并赋予革命主体性的基本属性,最终将主体性和内在性紧密连接起来。他所确立的政治本体论中的非连续性、不确定性、内在性和差异性等,都将批判直接对准传统形而上学的同一性、超验性、抽象性和先验性。这些方面都表现出传统形而上学与资本主义的政治配置相同构的特征,因此奈格里对传统本体论是持批判态度的。在这一观点上阿尔都塞与奈格里相似,他认为近代以来的主体性哲学全部是资产阶级的意识形态,"所有意识形态都通过主体这个范畴发挥的功能,把具体的个人呼唤或传唤为具体的主体"[1]。在这里主体只是被传唤的主体,它只是意识形态的臣民。事实上,奈格里对近代以来主体哲学所具有的欺骗性进行思考时,进一步诠释了马克思对资本主义社会表面看似充分自由所显现的物化状态的真切表达,"在资产阶级社会里,资本具有独立性和个性,而活动着的个

---

[1] 陈越:《哲学与政治:阿尔都塞读本》,长春:吉林人民出版社2003年版,第264页。

人却没有独立性和个性。"① 近代以来的主体性哲学充分肯定了资本主义优于传统社会的进步意义，也处处彰显了人的自由新和创造性。但这种主体性哲学却使作为统治主体的个人重新变为被统治的客体，使人的全部生活的物化和异化成为近代人们生活的全部。但近代哲学并没能对这种被资本主体哲学所主宰下的人类状况进行批判和澄清，而是使其上升到哲学的形而上学层面去掩盖现实中所发生的事实，不断编造所谓主体自由至上的神话。在此意义上，奈格里重构存在的本理论基础，既表现出与传统本体论的根本决裂，又力图在无产阶级的革命政治学中重构存在的本体论基础。

一、奈格里与传统本体论的决裂

奈格里认为形而上学所表现的时间性等同于生产性，生产性等同于劳动。这里关注的不再是日常生活的物理学范畴，而是进入了具有政治性特征的本体论范畴。奈格里认为，只有积极地解决事物的生产性问题，才能最终确立主体性的时间观念。"通过固守于具体，我坚持在生命和斗争的开放和表层上，反抗形而上学神秘实体之斗争的表层和开放。就其作为我对新存在集体的、生产的和创构的创造基础而言，时间是我生命的具体现实。在唯物主义的，动态的和集体的实践范畴之外，是不可能思考革命的。时间既是一个视域，也是一个尺度。它已经被构想成剥削的量的尺度；现在它能够被当作变化和替代选择的质的尺度。反动的神秘主义总是围绕时间之非现实性和对它们的剥削建构自身——革命则诞生于创构性的时间现象学的道路。"② 由此可以得出，时间性既关注人的生命实质，也确立了无产阶级与资产阶级在政治语境中的对抗模式，并指向自由和解放的

---

① 《马克思恩格斯选集》第1卷，北京：人民出版社1995年版，第287页。
② Antonio Negri, *Time for Revolution*, New York: Continuum, 2003, p.21.

"再思"马克思社会解放的革命主体——奈格里政治哲学思想探析

革命政治学。

在奈格里看来,马克思所创建的时间观不同于以往的任何形式,时间不仅内在于阶级构成之中,也构成其自身存在的基础。"时间是创构性的;它是创构的时间,是构成的时间,因而这个范式也是本体论的。"① 在此,时间等同于整个生命过程,一切存在都被卷入生产关系之网,使其变成劳动产品——时间性的存在。工人的劳动和生产过程被无限地时间化,使其最大限度地占据了存在的空间维度,充分表现出资本主义社会制度的发展对生命的全部侵蚀。马克思彻底颠覆了时空关系,时间变成了整个生命运行的唯一维度,空间被时间化和能动化,创建了时间实现自身的条件。

马克思对形而上学的批判不同于分析哲学、语言哲学等现代西方哲学,现代西方哲学试图通过对语言的分析与批判来消解形而上学。马克思对形而上学的终结是深入到形而上学的背后来揭示传统形而上学在现实的生活中得以存在的社会历史性根源,试图通过深入的分析来对此进行消解,充分实现对传统形而上学的批判。

在《1844年经济学哲学手稿》中,马克思对黑格尔的辩证法进行了批判,并进一步揭示了黑格尔哲学深藏的形而上学本性。马克思认为黑格尔哲学的批判因素是一种隐蔽的,自身还不清楚的、神秘的批判,这种隐蔽的、神秘的批判,指的就是黑格尔辩证法理论背后深藏的形而上学阴影。"黑格尔的虚假实证主义或他那只是虚有其表的批判主义的根源就在于此。"② 马克思认为黑格尔辩证法的批判性最终导向了"非批判的实证主义"。在《德意志意识形态》中,马克思更进一步对传统形而上学提出了批判。正是在这部著作中,马克思把自己的哲学与传统形而上学彻底划清了界线。"德国哲学从天国降到人间;和它完全相反,这里我们从人间升

---

① Antonio Negri, *Time for Revolution*, New York: Continuum, 2003, p.35.
② 马克思:《1844年经济学哲学手稿》,北京:人民出版社2000年版,第109页。

到天国。这就是说,我们不是从人们所说的、所设想的、所想象的东西出发,也不是从口头说的、思考出来的、设想出来的、想象出来的人出发,去理解有血有肉的人。我们的出发点是从事实际活动的人,而且从他们的现实生活过程中还可以描绘出这一生活过程在意识形态上的反射和反响的发展。"① 在马克思看来,感性世界的变化是通过现实的物质实践的进一步发展而得来的。马克思反对从意识出发,并把意识看做是活生生的个人。人们应从"从现实的、有生命的个人本身出发,把意识仅仅看做是他们的意识"②。马克思认为这个前提是非常重要的,人们一刻也离不开"现实"这个前提。因此,"道德、宗教、形而上学和其他意识形态,以及与它们相适应的意识形式便不再保留独立性的外观了。它们没有历史,没有发展,而发展着自己的物质生产和物质交往的人们,在改变自己的这个现实的同时也改变着自己的思维和思维的产物。"③ 马克思提出是生活决定着人们的意识,而不是意识决定着人们的生活。可以看出马克思对形而上学严厉的批评。马克思反对那种虚幻的、离群索居的传统形而上学状态,在马克思所说的现实生活面前,一切形而上学的幻想终止了。

马克思对形而上学理论批判最深刻的重要文献当属《哲学的贫困》,他以"政治经济学的形而上学"为题,深刻分析和批判了蒲鲁东的政治经济学的形而上学,"假定被当做不变的规律、永恒原理、观念范畴的经济关系先于生动活跃的人而存在;再假定这些规律、这些原理、这些范畴自古以来就睡在'无人身的人类理性'的怀抱里。我们已经看到,在这一切一成不变的、停滞不动的永恒下面没有历史可言,即使有,至多也只是观念中的历史,即反映在纯粹理性的辩证运动中的历史"④。马克思认为形而上学的理论根源就在于通过抽象的方法,把一切都置换成逻辑的范畴,并

---

① 《马克思恩格斯选集》第1卷,北京:人民出版社2012年版,第152页。
② 《马克思恩格斯选集》第1卷,北京:人民出版社2012年版,第153页。
③ 《马克思恩格斯选集》第1卷,北京:人民出版社2012年版,第152页。
④ 《马克思恩格斯选集》第1卷,北京:人民出版社2012年版,第227—228页。

"再思"马克思社会解放的革命主体——奈格里政治哲学思想探析

把这种形而上学的方法运用到政治经济学上。从上述马克思重要著作中的确凿文本根据里可以看出马克思对传统形而上学理论彻底的批判态度。他认为传统形而上学产生的根源在于使得现实生活中的人陷入抽象化的社会关系当中,所以人们要克服和消解这种抽象化的现实力量和社会关系。

马克思创立的历史唯物主义宣告了传统形而上学的终结。他主要是通过对黑格尔哲学的批判发起的,但在对黑格尔哲学的深入研究中,马克思认为费尔巴哈有效地批判了形而上学。一方面马克思肯定费尔巴哈对批判形而上学所做的理论贡献。费尔巴哈比"纯粹的"唯物主义者有很大的优点——他承认了人是"感性对象"。另一方面,马克思指出了费尔巴哈忽视了应从人的实际活动出发去把握人与世界的对象性关系,而不只是诉诸人的感性直观当中。在《关于费尔巴哈的提纲》中,马克思认为:"从前的一切唯物主义(包括费尔巴哈唯物主义)的主要缺点是:对对象、现实、感性,只是从客体的或者直观的形式去理解,而不是把它们当做感性的人的活动,当做实践去理解,不是从主体方面去理解。因此,和唯物相反,唯心主义却把能动的方面抽象的发展了,当然,唯心主义是不知道现实的、感性的活动本身的。费尔巴哈想要研究跟思想客体确实不同的感性客体,但是他没有把人的活动本身理解为对象性的活动。"① 在理解现实世界的三种不同的方式中,马克思批评费尔巴哈还不如唯心主义,他只是从客体的、直观的形式去理解,而不是把感性看做是实践的人的感性活动。马克思批评道:"当费尔巴哈是一个唯物主义者的时候,历史在他的视野之外;当他去探讨历史的时候,他不是一个唯物主义者。在他那里,唯物主义和历史是彼此完全脱离的。"② 这说明费尔巴哈把人只是看做"感性对象",而没有看做"感性活动",他仅仅把自己停留在理论的领域,而不是从现实的社会出发,他没有把人理解为现实存在着的、活生生的人,而是

---

① 《马克思恩格斯选集》第1卷,北京:人民出版社2012年版,第133页。
② 《马克思恩格斯选集》第1卷,北京:人民出版社2012年版,第158页。

把人理解为抽象的个人。只有把人的感性活动理解为感性世界的深层基础，才能正确的按照事物本来的面目来理解事物。费尔巴哈早期就提出了对形而上学的批判，但他只是注意到了感性世界，虽然他把形而上学的命题颠倒过来，但这仍然是一个新形式的形而上学命题。由此可见，一切的旧唯物主义的感性世界及感性直观都不能克服超验的形而上学，只有马克思的历史唯物主义能够真正地直面感性活动本身。

在马克思看来，形而上学产生于在现实的生活中，使人的个性生活陷入抽象化的现实力量，这是形而上学的根本原因。因此在消解形而上学时，首要的是要消解掉这种根本弊病，即这种抽象化现实力量。形而上学是一种"颠倒的思维方式"，它使得现实的生活抽象化，使现实的个人受抽象统治。现实的个人总是被一种理论形态的抽象的社会关系所控制。随着历史的发展，在不同的历史时期会表现出不同的社会关系形态，因此形而上学理论的现实变化也是不同的。当现实生活中的某种力量占据社会关系的统治地位时，这种抽象的理论形态就会变为某种现实的力量，使现实的个人的生活陷入一种抽象，它可以表现为"资本的逻辑""权利的逻辑""技术的逻辑"等多方面的因素，这时形而上学就在现实生活中占据主导地位并现实地运作起来。

消解形而上学就是要摆脱这种对人的抽象的统治，消解掉一切使人的生命陷入抽象化的社会力量。人应该是现实的、活生生的、自由的个人，应摆脱和克服这种被形而上学所遮蔽和阉割的人的活生生的具体性和现实性。马克思作为现代社会的批判者，对这种抽象的社会关系进行了最彻底的批判。从马克思对社会关系的三种形态说来看，他以"资本"作为切入点，展开了对现代社会形态的深入分析。马克思认为"资本"这种社会关系在现代社会对人的全面统治中深刻地体现出了这种根深蒂固的形而上学性。现代"资本"作为最高的社会关系，它统治着人与世界、人与人，以及人与社会的全部关系。"资本"作为社会关系的轴心和最高统治，一切现有的社会力量在它面前都必须证明自身存在的合法性，否则将丢失其存在的必要性。马克思认为"个人在这里也只是作为一定的个人互相发生关系。这种与人的依赖关系相对立的物的依赖关系也表现出这样的情形：个人现在受抽象统治，而他们以前是相互依赖的。但是，抽象或观念，无非是那些统治个人的物质关系的理论表现。"① 资本的这种绝对性、唯一性，使现实中的一切事物都丢失了灵光，它揭示了在人与人的关系中的那种物与物的关系，抽掉人的一切丰富性，它控制着人和社会生活的全方面，把现实的一切关系都变成所谓的交换价值；它具有控制一切、扭曲全部的魔法。马克思这样论述道："我是一个邪恶的、不诚实的、没有良心的，没有头脑的人，可是货币是受尊敬的，因此，它的占有者也受尊敬。"② 货币作为最高的统治可以改变现存的一切关系，它的魅力就是把丑变成美的，把卑贱变成尊贵，把懦弱变成勇士。马克思深刻地描绘出这种资本逻辑所遵守的原则，这也是形而上学的基本原则。

在形而上学与资本逻辑的同构关系中，可以清晰的看出，这二者背后的深层理论关系是：资本作为形而上学的现实表现形式，表现为一种对现有一切的控制和统治，在现实社会中表现出无限的扩张性和膨胀性，而形而上学作为资本的深层理论内核和理论纲领，二者紧密相关构成整个现代社会的核心统治力量。

马克思认为形而上学是一种超感性的世界，是统治和主宰感性世界的力量，这里所谓的形而上学已不仅指传统哲学中所谓的"始基""理性""上帝"，而是把形而上学的范围扩大到如资本逻辑、权利权威、道德法则等。马克思认为这种资本逻辑是一种使人陷入抽象化的统治力量，批判形而上学的根本目的是要摆脱这种抽象的统治力量，从而拯救人的生命的多样性和丰富性。那么，如何改变这种被资本逻辑扭曲的这种现实关系？马

---

① 《马克思恩格斯全集》第30卷，北京：人民出版社1995年版，第114页。
② 马克思：《1844年经济学哲学手稿》，北京：人民出版社2000年版，第143页。

克思认为在资产阶级社会中，资本具有独立性及个性，而活生生的个人却没有独立性和个性。要摆脱"抽象对人的统治"，寻求人的生命的丰富性，就必须祛除掉一切使人的生命陷入抽象化的"形而上学的恐怖"。

形而上学的资本本性就在于从形而上学的角度出发来为资本进行辩解。奈格里十分反对这种公开为资产阶级辩护的本体论，它使本体论封闭在某种超验的、绝对性的机制之中。他立足于事件的直接性，进一步揭示历史性的动态创建过程和特殊性力量的内在展开。他认为这种重构的本体论在资本主义之外，是一种对生命和政治之可能性的寻求。奈格里充分分析了实质吸纳阶段的时间和创构时间的对抗性，进一步证实了无产阶级革命时间的充足创建性。资本主义的统治机制是指在一种平衡和合法的封闭时间之内，即绝对的社会循环的零度趋势；无产阶级的自由性空间是指一种多元的、对抗的、生产的和创构性的开放时间，这两种不同的模式表现出巨大的差异性和对抗性。在此基础上，资本主义和无产阶级的时间可以表现为以下几种不同的创构过程：

第一，以集体时间作为切入点。资本主义通过体系内部的重构对集体时间进行分解，进一步实现资本体系的调解原则，最终将本体论时间归结为一种可操控的时间。资本提前占据整体社会空间，通过对时间的抽象化来建构。社会劳动力构成了社会工人的时间模式的基础，是一种从资本剥削中的集体性解放过程。

第二，在对抗中界定生产时间。剩余价值生产的时间表现为一种价值——命令的时间模式，它致力于最大限度地发挥和体现资本的命令和剥削功能。无产阶级自主性的建立表现在生产合作的时间当中。剩余价值生产的时间与无产阶级生产合作的时间处在一种绝对对立的状态之中，自由时间及对工作的拒绝使无产阶级的生产时间逐渐表现为自我价值稳定的结构。资本将时间性等同于命令，政治经济学语境中的时间建构了资本——命令——统治的本体论宣传，"它是对被体验为对抗的真实时间的否定，或者是在形式上的辩证图式中对它的化约：周期和周期的发展，市场和计划——即在周期的发展中，时间依据经济空间秩序的准则，被设置在形式中。"① 资本把自身呈现为一种体系和尺度，它使整个存在都遵循它的价值——命令。在资产阶级意识形态中，时间作为一只隐形的手，立足于抽象的同一性基础，并将自己转变为权力统治的机器。在资本主义体系中，经济决定的二元论被消除，进一步证实了资本主义价值——命令体系的一元论基础是时间的零度化，即试图把所有冲突都化为零，彻底消除革命的潜在性，最终确立其自身地位的唯一性和决定性。由此可见，资本主义体系时间的维度是封闭的、等级的、调节性和同一性的。无产阶级则表现出集体性，生产性和建构性的时间维度，它是多样性和不可替代性的革命视域。这种二元对抗的局面并不会永远和谐存在，而是为了最终颠覆资本主义的同一性哲学，并进一步界定无产阶级自主性的多样性空间。因此，时间认识论的二元对立并不是一种单纯的对立，而是使其在创建性时间的过程中让其运行起来的维度。

第三，资本主义的时间表现为资本主权与国家——宪政命令的组织化中，进一步使资本主权的时间模式固定化、永恒化，最终取消集体性和生产性维度，根除时间的对抗性和流动性，以实现资本主义的极权统治。无产阶级的自我价值稳定表现为全球工作日的工人时间向新制度性所涌现的无产阶级自主性的转变。无产阶级所创建的时间是一个全新的本体论线索，它把革命的主体性变为转型中的流动体系。无产阶级反对把时间归结为生命之上的命令。奈格里认为阶级斗争的时间既表现为否定性，也表现为预示性。

第四，资本主义的时间维度充分表现出对时间之本体性的全面侵蚀，相反，无产阶级的时间维度伴随着对立的逐渐加深而表现为革命主体性的内生性力量。在这个意义上资本主义和无产阶级的时间维度恰好回答了一与多的形而上学命题。无产阶级充分释放了生命时间革命性的总体力量，

---

① Antonio Negri, *Time for Revolution*, New York：Continuum, 2003, p.107.

它不是被剥削时间的剩余物，而是最终摧毁资本主义社会的革命性力量。无产阶级具有生产的性质，它不仅拒绝资本主义命令体系对整个社会生活的全面侵占，而且解构时间的零度化价值体系，从拒绝工作到自我价值稳定，整个过程的发展都表现为主体性的确立过程。对奈格里来说，假如本体论封闭在某种超验的维度之中，它将失去所有革命的可能性，因此他提出与传统本体论的根本决裂，进一步建构一个全新的本体论基础。

二、奈格里对传统本体论的重构

奈格里消解以超验性为目的的传统本体论是要批判传统本体论的静态抽象存在。他意在取消抽象的形而上学构架和传统本体论中的超验实体、本质、基础，并通过批判传统形而上学的隐性政治机制，从理论特性中将其与资本主义紧密结合起来，为彻底扫除现实中存在的资本主义遗毒开道。奈格里致力于揭示形而上学与革命政治学之间的对抗性关系，并且始终把以主体性创造的本体论视域置于当代资本主义社会和工人阶级斗争的机制当中。他试图为无产阶级革命找到新的实现机制，其政治本体论的逻辑与内在性紧密相连，并且以内在性和创构性的语境为逻辑构架，以主体性的创构本体论为根基，旨在取代传统本体论中的超验实体。

奈格里指出，历史并不是一个固定的、静态的或已经实现了的目标。卢卡奇强调，历史就是人的具体生存方式的不断发展及变化的过程。奈格里强调这种动态化的本体论基础彻底颠倒了传统本体论的静态存在方式。社会关系和历史结构是一种不断变化和建构的动态性过程。在马克思思想史中，奈格里与卢卡奇在逻辑脉络上表现出一定的相似性，因其都实现了马克思主义本体论的转向，并且二者都关注人的实践活动与社会关系的内在性联系。"全部只有在社会存在中才能形成和发展的人的实践总体的活动过程，其形式都是以当时的社会发展方式和社会经济为基础；其特征的形成也由它们决定，在它们的推动下，普遍的个人生活才能够获得自身形式以内容的能动发展。"① 由此可见，以客体的相互作用为基础的能力活动绝不是抽象的物质实体。人及其社会历史活动的对象性形式来自于人的社会实践能力实际地参与了自然历史过程。人不仅解释世界，也改变世界，这个改变是本体论上的飞跃，人所创造的社会历史过程是主客统一的辩证过程。劳动作为社会存在的本体论基础，是连接社会和自然之间的中介性力量，它把人所具有的生物性存在转变为社会性存在，即手段和目的，合规律性与合目的性的统一性过程，劳动也创造出特定历史时代的实践需要和理论需要，最终将社会存在和自然存在区分开来。

劳动的目的性超越了对自然物的设定，随着社会历史不断发展变化，它也逐渐开始关注"一群人的意识"，表现出人与人之间的社会性关系。劳动超越了简单的因果性，它与人的社会性紧密连接在一起，充分表现了主体性的维度。劳动把原本不以人的意识为转移的客观性改变成被其操控的进程，并且按自己的愿望对其实现改造，进一步使主客体达到一种辩证法的统一性过程。

奈格里重构政治本体论的逻辑基础是以福柯和德勒兹为代表的，他认为晚期福柯对主体性的讨论使认识沦为创构性的存在，在上帝死后让人们又一次看到重生的希望。德勒兹以尼采的权力意志和永恒轮回作为其理论基础，进一步确立了多样性的综合性原则。前者作为差异性和多样性的因素，后者则代表着生成性原则和多样性的最高形式。他们始终代表着差异性和多样性，强调事物的未生成样态，它的过程既无起点也无终点。事件代表着差异性，并且它不断向差异性和可能性发展，总是表现出多样化和偶然性的分离和统一的过程，其差异性的开放过程是对差异性的肯定过程。这种差异性表现为无等级、无中心、非人称的偶然性和差异性的游牧事件，它表达了绝对的内在性。这种差异性和内在性是无固定性、不断生

---

① 宋晓杰：《政治主体性、绝对内在性和革命政治学》，北京：人民出版社2014年版，第141页。

成和游牧式的，是反二元构架的，它拒绝抽象的超验性实体的存在，强调一种非目的论的反思及经验层面的不断面向未来的自由生成过程。奈格里以福柯和德勒兹为基础，以差异性、内在性、开放性取代传统本体论的超验性、同一性、封闭性。他对形而上学的超验论、实体轮和目的论持批判态度，从根基处为自己的政治本体论奠定了基础。

对奈格里而言，斯宾诺莎对马克思主义起到了重要的补充作用。斯宾诺莎否定一切超验性和同一性实体，他更加注重存在自身的内在性张力。据此，奈格里提出了一种模式，即"反司法主义"，它不包含任何先验之物，强调建构过程的自行相识。与此相反的概念为"司法主义"，即神学的或先验的方法，强调一种自上而下的超验设定。二者的对抗性充分表现出超验哲学与平面哲学的不可通约性。在《神、人及其幸福简论》中的幸福并不表现为超验性的内在力量对整个世界的创造，而是朝向一个内在性的运动过程。由此可见，斯宾诺莎确立了一个内在性的创构本体论，他为整个世界的创构性确立了体系，将形而上学中的多样性转化为伦理生活的多样性。奈格里以解读斯宾诺莎为主要线索，表现出对其政治本体论的基本特征的论证：内在性的引入动力和对抗的创构性本身论，它摧毁超验的调解，将否定式的激进性和肯定式的自由解放充分结合起来，只有现实性、创构性、实践性才能解释，存在和真理之间的相互作用。这表达出一个全新的本体论视域，也是一个不断跨越限制的激进革命图式过程。斯宾诺莎哲学的革命性最终将指向共产主义哲学，它的本体论只能是共产主义的谱系学。绝对是对自身力量的保护和生产性的同一发展。作为一种绝对的民主，应将社会中的所有力量都自下而上地从平等中发展起来。由此可见，传统本体论与奈格里所建构的政治本体论的差异表现在：超验性的同一性权力与内在性的创构力量，先验同一性哲学与差异性哲学，资产阶级的统治秩序与共产主义的自由解放是一个二元对立的本体论对抗形式。奈格里充分肯定他所建构的政治本体性，因为它超越权力的调解机制，最终是走向历史连续性的创构性力量。

"再思"马克思社会解放的革命主体——奈格里政治哲学思想探析

奈格里并未全盘否定传统本体论，他试图调和理性与偶然性，目的性与开放性之间的对立性关系，并重新建构传统本体论。他认为本体论的建构应该放在一种新的后结构主义理论当中，它不是一种关于起源和奠基的理论，它应该是一种沉浸在存在以及存在不断创建的理论过程之中。奈格里认为存在的概念应通过追问主体被如何建构为权力主体、知识主体、道德主体，所建构的属于人类的历史本体论和社会存在的谱系学之中。他将本体论作为革命主体性的激进话语，可见主体也具有创构性，且这个创构过程可以从本体论的形式中得到认证。这种主体性的创构性本体论是借助于主体性欲望的涌现，被现实化为一种新的政治哲学。这种新的政治哲学依据对民主、自由、创造性的持续征服而重新获得斗争的需求。奈格里所创构的本体论是民主的发展，民主是本体论的实践和指导路线。

奈格里指出本体论应该代表着一种唯物主义意义上的批判，并以主体性的创构力量作为其基本特征。建基于朝向未来的唯物主义，应该拒绝任何超验性的实体和终极性的原因。未来的本体论视域应该是一种创构性的话语和行动，它拒绝任何封闭性的等级空间，表现出一种自由的生成状态。奈格里把这种本体论的重构理解为一种资本主义统治之外的、积极寻求替代性的社会形势。

奈格里建构的政治本体论是以差异性、内在性、主体性为构架的后现代政治理论。它以内在性创构的革命政治哲学为基础，是一个以非连续性、开放性、不确定性为根基的激进模式，最终表现为一个以活劳动、唯物主义批判、共产主义为基础的激进革命政治哲学。奈格里立足于反基础主义和本质主义的后现代立场，拒绝以内在本质和超验目的论来定位本体论，试图恢复其不确定性、内在性、非连续性的面向。奈格里通过对传统本体论的重构，最终打破将历史归结为静态抽象存在的形而上学构架，重构了将历史归结为不确定性的动态过程，可以说，奈格里重构的本体论不是空洞的能使，而是以现实为其根基的激进政治纲领。

第四节 《资本论》与生命政治的内在关联

20世纪以来，特别是近些年来在欧陆哲学中生命政治成为日益产生重大影响的新理论。生命政治作为一种通晓社会和人的新理论范式，可在马克思主义理论中确定其理论位置。马克思作为现代哲学的起点，通过对资本主义的批判开启现代哲学的思维方式。奈格里指出："马克思的《资本论》是我们最基本的观点，是所有的研究和著作中最重要的、永远不可绕过的基础。在《帝国》写作最初的构想当中，《资本论》就是我们最主要的出发点，要回答的问题就是如何展现和剖析这样一个现象，即在新的时代背景下，资本主义怎样实现对全球的控制。"① 在资本主义批判语境中，生命政治在马克思的理论基础上联合当前的资本主义现实，对现代社会做出了更加细致的分析，以生命政治的形式凸显出人的存在方式。马克思在《资本论》中写道："在资本主义生产中，发展劳动生产力的目的，是为了缩短工人必须为自己劳动的工作日部分，以此来延长工人能够无偿的为资本家劳动的工作日的另一部分。"② 资本家通过规训雇佣工人来实现惩戒和调节生命，这种典型的生命政治在《资本论》中体现得淋漓尽致。生命政治触及《资本论》中被边缘化的赤裸生命，揭示出资本技术和生命权利装置所产生的巨大力量和微观权力。在此意义上，《资本论》凸显出现代社会的生命政治学。

当代生命政治学始于福柯，他首次将生命政治定义为一种全新的权力

---

① 张一兵等：《照亮世界的马克思》，上海：上海人民出版社2018年版，第84页。

② 《资本论》第1卷，北京：人民出版社2018年版，第373页。

"再思"马克思社会解放的革命主体——奈格里政治哲学思想探析

技术。福柯认为要深入分析生命政治，实有必要从概念源头入手。他指出生命政治这个概念并不是自古就有，它是伴随着现代性而出现的一种全新的政治形态，生命政治的实质是指掌控生命的权力，即对生命的规训和宰治。福柯认为在专制社会时，生命政治是指"让人死或让人活"的权力，专制的君主掌握着让人生或死的权力，这种权力只有在行使生杀大权时才会实施生效，这种权力只能在君主可以杀人时才有效果。伴随着资本主义社会的不断发展，一种新的生命政治权力出现，以资本对雇佣劳动的宰治和规训为基础，内在地蕴含着生命技术控制及其微观权力运作的现代政治治理方式。福柯之后，阿甘本重构了生命政治概念，他认为："在现代时期的肇始处，自然生命已经开始被纳入国家权力的诸种机制和计算之中，政治转变成生命政治"①。阿甘本用赤裸生命来重释生命政治，揭示出主体权力使赤裸生命成为常态的状态，人的政治权利被彻底剥夺，并可随意被合法的宰治过程。

从福柯提出生命政治理论，到后来的阿甘本、埃斯波斯托、奈格里等对生命政治学的诠释，都较少在西方激进哲学的语境中使用马克思主义哲学的话语方式，似乎马克思与生命政治之间没有直接相关的理论基础。但随着资本主义社会的出现，以资本对劳动力的统治为主线，从根本上实现了对所有人的全方位控制，现代社会对整体人口的规训和宰治最终得以形成。马克思曾在《资本论》中深刻地指出："资本是死劳动，它像吸血鬼一样，只有吮吸活劳动才有生命，吮吸的活劳动越多，它的生命就越旺盛"②。在马克思思想理论中，生命政治作为一种理解社会和整体人口的新理论范式具有十分重要的作用。为了更准确地理解马克思与生命政治的内在关联，有必要回溯到马克思对资本主义的深入剖析中。马克思对资本的

---

① Agamben, *Homo Sacer: Sovereign Power and Bare Life*, Stanford: Stanford University Press, US: 1998, p.3.

② 《马克思恩格斯文集》第5卷，北京：人民出版社2009年版，第269页。

批判内含了现代社会生命政治的理论潜能,二者之间的内在关联在马克思的著作《资本论》中体现得十分清晰。

一、资本产生微观权力体系

全球资本主义新时代到来之际,在数字资本主义、金融资本主义、信息资本主义等资本主义的新发展形势下,马克思的思想理论仍然保持着强大的解释力。马克思在《资本论》中指出:"资本是不管劳动力的寿命长短的。它唯一关心的是在一个工作日内最大限度地使用劳动力。它靠缩短劳动力的寿命来达到这一目的"①。资本支付劳动力的工资看似是一种等价交换,实则是通过资本所具有的支配性对劳动力进行的控制。资本家对劳动者的健康和寿命是漠不关心的,他只关心其资本增值或资本的扩大再生产。不言而喻,资本家对劳动者的生命本身起着控制与支配的绝对作用。马克思深入分析了资本主义社会发展的一般规律,并在《资本论》中揭示出工人的悲惨遭遇。资本家支付给工人的工资只能维持工人自身生存以及工人再生产的最低生活资料所必要的劳动报酬。通过对马克思"资本"概念进行深入分析,可知资本必然蕴含着生命政治权力。

正如在《资本论》第二卷的开端,马克思指出:"不占有生产资料的人民大众,劳动者,和占有生产资料的非劳动者互相对立"②。《资本论》中凝结了资本主义社会发展的一对基本矛盾:资本家和工人。资本家在市场上通过货币购买到工人的劳动力,当劳动力变成商品时,资本便拥有了对劳动力的支配权。劳动力作为商品不是抽象的共相,而是在哲学框架内所表达的抽象中的具体。在现实生活中人并不是商品,人只有进入到资本

---

① 《马克思恩格斯文集》第5卷,北京:人民出版社2009年版,第306—307页。

② 《马克思恩格斯文集》第6卷,北京:人民出版社2009年版,第40页。

"再思"马克思社会解放的革命主体——奈格里政治哲学思想探析

主义社会的普遍交换中才被作为商品。由此可见,人是否被称为商品在于他的关系性存在方式,当现实中的人被转变为商品时,就彰显出资本主义社会对人带来的种种压抑。从生命政治的角度看,人变成商品这一事实表明资本对人具有支配权力,在现实生活中表现为资本家对工人的控制权和支配权。

在生命政治的意义上,资本家作为人格化的资本,使得资本和劳动之间的关系体现为资本家和工人之间的剥削关系。资本为了无限度地扩大再生产赚取更多的剩余价值,便像吸血鬼一样,不停地吮吸"活劳动"才能使自己生存,才能使它的生命更旺盛。因此,在资本逻辑的支配下,资本扩大再生产的欲望膨胀到极致,对"活劳动"的剥削也表现为"吸血鬼"似的无止境。当劳动力成为商品时,资本便形成了支配权力,在现实社会中表现为资本家对工人的支配权力,此时的资本家不仅具有经济权力,而且具有政治权力。资本只有对工人进行宰治,才能促使他们高效地创造剩余价值,进一步实现其自身的增值。在《资本论》中工人声称:"他们宁愿劳动10小时而少拿些工资,但是他们没有选择的余地;他们有很多人失业,有很多纺织工人被迫去做零工,如果他们拒绝延长劳动时间,别人马上就会把他们挤走。所以,摆在他们面前的问题是:或者把劳动时间延长一些,或者流落街头。"① 工人唯一的收入来源便是出卖自己的劳动力,如果他不想被饿死,他就不能离开资本家对他的宰治,这显示出资本主义社会的生命政治。生命政治作为一种治理方式,表现为资本对劳动力本身的规训与控制,更意味着劳动力被转变为一种可操控性的生命。此时,生命与权力形成一种对抗性关系,生命被权力宰治,同时权力也遏制着生命所具有的创造力。

福柯作为现代生命政治哲学的开创者,揭示出生命政治是一种伴随着现代性而出现的全新政治形态,其核心特征表现为生命权力,即对生命的

---

① 《马克思恩格斯文集》第5卷,北京:人民出版社2009年版,第329页。

宰治和规训的权力。生命权力不同于传统社会中的至高权力，生命权力并不旨在"让人死或让人活"的权力。至高权力属于一种暴力，它以死亡来威胁生命，用特权的形式将他人的生命占为己有，这种权力表现为"权力—暴力"的形式。福柯的生命政治开启了现代治理范式的新转换，传统社会中"让人死或让人活"的暴力权力已日益消失，取而代之的是一种全新的生命治理技术，即规范性的规训生命和对生命的宰治技术。

生命政治是一种以生命权力为主导形式的统治模式，它高举着让社会正常运行的招牌，对社会中每个人的生命实行控制的微观权力。"这一生命权力无疑是资本主义发展的一个必不可少的要素……它要求增大肉体的规训和人口的调节，让它们变得更加有用和驯服"。① 福柯对生命政治形成过程的描述，体现出他对"规训权力"和"调节生命"这两种微观权力的考察。

规训权力对个体的政治干预采用微观技术的手段，将微观技术直接渗透到人的身体和日常生活中，用"纪律"制造出驯服的、可控的、可驾驭的肉体。与传统社会中的统治权力对个体的恐怖惩罚不同，规训权力把人当作可以分割的部分，并对其进行规训控制，从人的身体、睡眠、生活等方面来掌握它，通过规训、控制、改造等方式，最终达到驯顺个体的目的。规训权力通过微观技术来建立一种关系，使得社会中的每个个体在变的更加顺从时，也变得更有用。"如果说经济剥削使劳动力与劳动产品分离，那么我们也可以说，规训强制在肉体中建立了能力增强与支配加剧之间的聚敛关系"。② 由此可见，规训权力与马克思对资本主义社会的分析具有内在的一致性，规训权力从不同视角深入分析了马克思的经济剥削理论。规训权力使个体的能力不断增强，从而使劳动产品生产得更多，最终

---

① ［法］福柯：《性经验史》，余碧平译，上海：上海人民出版社2005年版，第91页。
② ［法］福柯：《性经验史》，刘北成、杨远婴译，上海：三联书店2003年版，第156页。

使剥削的程度变得更加严重。

随着现代资本主义社会的不断发展，政治权力逐渐被经济权力所取代，经济权力成为现代社会的权力核心。可见，资本权力决定着现代社会的微观权力结构。资本最直接的权力体现为购买力，当资本家购买到劳动力这一特殊商品时，便形成了对劳动力本身的支配权，资本家的购买力转变为对劳动者的支配权力，此时的资本权力转化为一种普遍性的规训权力。资本家得以维持其剥削本质的重要条件是提高劳动者的生产效率，最大限度地实现资本增值，但只有工人能在生产过程中创造资本增值，因此资本家只有对工人采取规训与调控措施，才能进一步使工人驯顺，从而实现自身的增值。资本家通过对工人的剥削实现资本的增值，他们制定各种规则和纪律来监督工人，通过一种"零敲碎打的方式"发挥作用。资本的规训权力使资本家对工人的支配和监督变得合法化和规范化，资本家对工人的监管和支配是隐而不显的。只有劳动者成为商品时，资本的增值和扩大再生产才成为可能，资本主义社会的生产关系才得以形成。资本家购买工人劳动力后，资本才有权力去支配和监管劳动者，这种支配关系表现为一种软暴力，它构成了一种新型的社会生产关系。奈格里和哈特在《大同世界》中指出："资本和法律的关系确立了吊诡的权利结构，这种结构既极为抽象，同时又非常具体……资本主义财产确立了对劳动进行剥削的具体条件。"[①] 现代社会中的资本已从经济性概念转变为政治性概念，资本所具有的购买力已逐步转化为规训力，成为现代社会中的普遍权力，资本家为了实现资本的增值，用纪律将工人规训为驯服的肉体，从而实现自身的增值。

生命权力是让人活着的权力，它要尽可能地摆脱死亡对生命的威胁。

[①] ［美］迈克尔·哈特、［意］安东尼奥·奈格里：《大同世界》，王行坤译，北京：中国人民大学出版社2015年版，第17页。

它否定死亡，因为个体的死亡意味着摆脱了权力的控制，也意味着权力对人操控的失败。生命权力把人归结为具有整体性的大众，肉体被置于整体性的生物过程是对整体化的调节，它以"调节生命"和提供"安全"为名义，表面看似维护生命的安全与正常，实则是对生命的规训和宰治。"生命政治学只关心生命，它所有的统计的数据、治理的行为，仅仅只有在个体的生命存在下才具有意义。那么，生活的性质问题被彻底还原了，我作为一个积极生活的个体，在人口统计学和生命政治层次上，与监狱中正在服刑的个体没有太大区别。我们都被还原成人口统计学上的那个消极的生命性的1，我们只有作为这个消极的1，对于政治才有意义。"[①] 福柯将批判的矛头直指资本主义社会，他与马克思进行着同样的事业。生命权力并不是对生命的保卫，它只是名义上负责人的整体安全，实际上它是将人作为抽象的人口来对待，它保留了传统社会"让人死"的权力，只是它对其进行了包装，让人难以察觉，以一种隐蔽的方式来维护资本主义社会的整体性安全。生命权力从来没有放弃对人的操控，它对人的肉体、精神、生活的方方面面进行控制，并且已经彻底地深入到社会的各个领域，用调节的方式来维护资本主义社会的总体安全。

二、异化劳动产生赤裸生命

无论是在资本家对工人的规训还是宰治中，都表明在资本主义社会中劳动与生命政治之间具有密切关系。马克思在黑格尔对劳动概念理解的基础上，对劳动概念进行了深入解析。一方面，马克思肯定了黑格尔对劳动概念本身的理解，即人的自由自觉的活动是劳动。另一方面，马克思批判

[①] 蓝江、董江平：《生命政治：从福柯到埃斯波西托》，载《哲学研究》，2015年第1期，第112页。

"再思"马克思社会解放的革命主体——奈格里政治哲学思想探析

了黑格尔的劳动观念,指出在资本主义制度下劳动的否定方面,即异化劳动。马克思在批判资本主义社会时,揭示出异化劳动在资本主义社会中的基础性作用。异化劳动深刻揭示出在资本主义社会下,资本家对劳动者的宰治和摧残,为批判当代资本主义提供了理论性基础。马克思所批判的异化劳动同时变现为"异化的物化",它的具体改变方式是,人的客体化和物的主体化过程。人作为物的创造者,在现实生活中却被物的权力所支配,工人生产的劳动产品反过来成为压榨和奴役工人的力量,进一步使自由自觉的劳动变为被迫强制的不自由的劳动。然而,马克思的异化劳动理论不仅是对资本主义社会批判的理论基础,同时也可作为生命政治学批判的理论源头。

在《资本论》中,马克思指出:"资本主义生产方式使劳动条件和劳动商品具有的与工人相独立和相异化的形态,随着机器的发展而发展成为完全的对立。"① 马克思通过对异化劳动概念进行考察与分析,深刻地揭示出在"物与物的关系"下遮蔽着"人与人的关系"。在《资本论》中,马克思指出,商品起初看上去是一种简单而平凡的物,但是通过对商品的分析,你会发现它是一种很奇怪的东西。"但是桌子一旦作为商品出现,就转化为一个可感觉而又超感觉的物……从它的木脑袋里生出比它自动跳舞还奇怪得多的狂想。"② 商品的神秘属性不是来自于它的自然属性,而是来源于它的交换价值的社会属性。劳动产品一旦被作为商品,就表明人们在普遍的交换中被异化为"物与物"之间的关系,便形成了人的存在方式为"以物的依赖性为基础的人的独立性",异化劳动揭示出人被物的权力所支配。马克思把自由自觉的劳动同异化劳动进行了区别,前者是自由自觉地创造性活动,而后者是一种被资本所控制的"自我折磨"的劳动,劳动者

---

① 《马克思恩格斯文集》第5卷,北京:人民出版社2009年版,第497页。
② 《马克思恩格斯文集》第5卷,北京:人民出版社2009年版,第88页。

在这种劳动中丧失了基本的创造性活动,而资本家试图强化并维持这种异化劳动。随着机器化大工业体系的逐渐确立,在生产领域机器的短暂影响变成了长期影响,于是同机器竞争的工人变得更加贫困,资本借助机器进行自身的增值时,工人是被动和毫无办法的。在机器大工业体系中,整个生产过程独立于工人而存在,此时的工人被当作活的"附属物"被动地并入工厂中。从前在工厂手工业中,是工人利用工具进行生产劳动,现在则变为工人服待机器。从表面上看,工人的劳动被机器所替代,实则机器并不能使工人真正的摆脱劳动,而是使工人变成了生产过程的旁观者,使工人的劳动变得毫无意义和价值。工人作为站在机器边上的旁观者并不是指他们脱离了资本的控制,反而表现为工人丧失支配权和主动权的附属状态。

在资本主义社会条件下,工人彻底被资本权力所宰制,变成机器体系生产过程中的旁观者。在机器体系自动化过程中,工人不过只是整个生产过程中的一个中间环节,工人变为机器体系中的一部分,同时也成为资本的组成部分,此时资本作为支配工人的"死劳动"同工人对立起来。"工人要服从机器的连续的、划一的运动,早已造成了最严格的纪律。"① 在生产领域,工人只是服从机器的附属物,工人已经不再作为一个积极行动的主体而出现,反而越来越表现为服从的客体,和冰冷的机器几乎毫无差别。资本主义的生产方式,抹杀掉工人的能力和创造性,将劳动力同质化为可以衡量的量的关系,过滤掉工人自由发展的创造性和潜能,生命政治的实质就是使有创造力的劳动者被规训为服从资本权力的"死劳动"。

奈格里的生命政治学是对现代资本主义社会中生命政治的剖析和揭示,是对马克思批判资本的继承和延伸。从生命政治本身来看,资本主义

---

① 《马克思恩格斯文集》第 5 卷,北京:人民出版社 2009 年版,第 473 页。

"再思"马克思社会解放的革命主体——奈格里政治哲学思想探析

社会对人的宰治和规训主要表现为两个方面：一方面，它使用暴力来实行统治，例如，警察、军队、法律等；另一方面，它在人口、健康、安全等领域实行"安全技术"管理。可见，在日益"文明"的外表下，现代性的国家治理术已经全面渗入到社会生活的细微处，通过"治理术"的政治权力控制人们的生命。但现代性的国家"治理术"并不关注个体生命，它只是通过"安全技术"等调节杠杆对社会中的总体生命进行干预、调节、维护的生命权力。让生命政治在学界绽放异彩的则应属当代意大利政治哲学家阿甘本，他深入剖析了资本主义国家具有"例外状态"的决断权，并将这种"例外状态"常态化，使被压迫者从毫无政治权利保证的"赤裸生命"变为现代资本主义国家的"神圣人"。只要资本主义结构不发生变化，生命随时会被赤裸化，被资本任意规训和宰治，使其沦为赤裸生命。

现代资本主义社会中，资本规训对劳动者的宰治已经转化为一种新的权力治理术，其范围也已经超出工厂的生产领域，延伸到社会的全部领域，特别是脑力劳动中的智力劳动领域。知识和技能转化为资本的支配权力，而体力劳动则仍然被资本所监督和宰治。"生产过程的智力同体力劳动相分离，智力转化为资本支配劳动的权力，是在以机器为基础的大工业中完成的。"[①] 但无论是智力劳动者还是体力劳动者都被纳入资本主义权力体系之中。现代资本主义社会使"企业"变为生命权力的运行之地。美国学者乔纳森·克拉里发现，现代资本主义在征服了人类社会的所有领域之后，开始将其征服的欲望指向人类的睡眠。资本家为了赚取利润，延长劳动时间，将运用资本主义的生命治理征服人类的睡眠。这是赤裸裸地偷窃劳动者的休息时间，最大化地争取利益的表现。克拉里将之称为24/7模式，意指缩短人的睡眠时间。现代资本主义国家使人们将全部精力投入到

[①] 《马克思恩格斯文集》第5卷，北京：人民出版社2009年版，第487页。

资本机器的永恒运转之中。现代资本主义机器使工作日与非工作日的区分日益模糊，如果人们希望自己不被排斥，沦为一个悲惨的赤裸生命，他们就必须臣服于资本主义机器的规训和宰治。人们只能按照机器制定的标准日复一日、年复一年的生产，机器的生产并不意味着资本家对工人的规训和宰治的缓解，情况反而愈演愈烈。

在《资本论》中，马克思就提出了资本主义社会中机器对人的标准化，或者对人强加必须遵守的纪律，对工人实行监管、支配和干涉。在资本主义治理中，工人的身体和潜能被严格规训，被迫生产出适应资本机器的产品。劳动合同进一步使资本对工人的管理和支配变得合理化、公开化、合法化。相反，任何不适应机器生产的个体都将被排除在外，变成赤裸生命。在《资本论》中机器大工业作为资本主义社会体系的基础，马克思揭示出资本主义社会剥削工人的疯狂行为。资本主义社会创造出一种"兵营式的纪律"，并将这种纪律发展成完整的工厂制度。为了使工人能够听从机器支配，从而将自身并入机器中，资本家对工人制定了最严格的纪律。纪律对工人的支配，是要激发出工人的积极性，它通过微观技术建立一种关系，使工人发挥其更大价值时也变得更加顺从，从而因更加顺从变得更加有用。此时，资本主义社会变成一个规训社会，工厂旨在通过机器来创造驯顺的工人，从而实现对人的更全面、更隐蔽的规训和控制。

在资本主义体系中，资本权力通过量化的方式把人的全部生活纳入资本之中，使工人服从工厂的管理制度。"奴隶监督者的鞭子被监工的罚金薄代替了。"[①] 资本家的惩罚已经简化为罚款，工人犯法也许比守法对资本家更有利。资本主义社会具有独特的生命治理技术，它使得工人的生命被调节和控制。资本家只提供给工人维持最低生活成本的基本工资。随着科

---

① 《马克思恩格斯文集》第 5 卷，北京：人民出版社 2009 年版，第 488 页。

学技术的飞速发展，资本家对工人本身的技能要求越来越高，如果工人无法适应资本主义生产，将会彻底沦为赤裸生命。在《资本论》中，马克思用政治经济学批判的视角切入资本主义机器体系，将工人纳入资本权力的机制中，并使工人顺从地并入到机器生产中的各个环节。原本应该作为主体对机器进行操作的工人，被机器所"操作"，沦为机器的附属物。只有符合机器运转的工人，才能成为机器的零件，那些不适合服务机器的工人则被抛弃到机器体系之外，沦为赤裸生命。在资本主义社会，劳动作为内在自我否定的辩证法并不是哲学逻辑的思辨，而是现实的历史过程。现代西方马克思主义的广义批判理论进一步推进了劳动异化、数字异化、技术异化、生命异化等理论的凸显，其理论基础是自由的自我否定性，也就是人所创造的物反过来对人的否定和剥削现象。以福柯和奈格里为代表的生命政治学对资本主义现代性的生命政治技术和权力控制体系的揭示，是对资本主义现代性的当代反思和理论自觉。

三、《资本论》中的生命治理机制

生命政治学中治理机制是一个重要范畴，从治理的视角揭示《资本论》中的生命政治是厘清生命权力理论的重要步骤，同时也是思考《资本论》中的生命治理机制的重要线索。统治与治理有着本质性的差别，前者意指君权或主权，并且它要求所有臣民无一例外都要遵守律法和法律，要服从主权；后者指权力对人的治理方式，这种全新的治理权力不再将其作为外在的力量，而是渐渐内化到全部社会生活之中。在《资本论》中，马克思通过揭示资本主义体系下的机器大生产对工人生命的规训，深入揭示出生命政治学意义上对全球资本主义的扩展、资本主义社会的发展、资本家对工人的操纵等对资本主义社会进行了全面分析。因此在《资本论》中探索生命治理机制的运行方式及其时代内涵,对分析当代资本主义具有十分重要的作用。

在全球资本主义社会中,经典马克思主义理论依然保持着强大的解释力。在《资本论》与生命政治的关联中揭示资本主义社会权力体系与机器技术的合谋,便形成了对整个社会的调节和控制。在资本主义国家,资本权力既维护资本主义的生产关系,也维护资本主义社会的全部社会基础,它直接渗透于人们的生存和生命,即人口的数量、家庭生活、健康与安全等社会领域,在进入到生命政治治理后,它将以新政治话语为标准,把人们纳入资本主义社会中,以隐蔽的控制和规训方式支配着人们的生活,并且使人们很难察觉和感知。生命政治学深入分析了看似安稳的社会表象下运行着复杂的微观权力体系。从现代生命政治的角度分析《资本论》,可以看出机器大工业生产创造出某种现代生物学意义上的标准,只有达到这些标准,工人才能契合于机器大生产的运转,才有机会成为机器的"附属品",如果不能臣服于机器,则将被抛出机器的生产环节,最终成为赤裸生命。"机器不仅是一个极强大的竞争者,随时可以使雇佣工人'过剩'……机器成了镇压工人反抗资本专制的周期性暴动和罢工等等的最强有力的武器。"[①] 马克思以批判的理论视角揭示出资本主义社会先验结构的压迫性和统治性。《资本论》中的生命政治不仅揭示出资本主义社会的压制和剥削,也深入分析出资本主义社会中存在的微观政治权力。

马克思所处的时代,生命政治意义上对工人的操控仅仅局限于机器大工业生产中的生命政治的治理机制。随着全球资本主义的不断扩展,生命政治的治理已从机器领域延伸到人们的日常生活中,如消费方式、社交方式、休闲方式等生活方式都发生了深刻变革。在生命政治的治理过程中,

---

① 《马克思恩格斯文集》第5卷,北京:人民出版社2009年版,第501页。

"再思"马克思社会解放的革命主体——奈格里政治哲学思想探析

国家权力开始采取直接规训的方式介入到人们的日常生活。福柯将这种生命政治治理称为安全范式,即人们自觉地选择了这种安全范式的生命政治治理方式。例如,去医院体检时,医生会建议吃一些含有微量元素的营养品,这些并不是医生强制人们去接受的,但事实上人们很愿意自由地选择去补充这些微量元素。然而,一种安全范式的生命治理机制实现了对人的治理,在这种自由选择中人们成为生命政治自愿的治理对象。生命政治治理机制已经突破了强制性阶段,人们逐渐适应了安全范式下的生命政治治理模式。生命政治治理在根本上是生物性和政治性的,人们的身体和生命都被纳入生命政治治理机制中,它从肉体到精神都对人们实施了全方位的操控和介入。

在今天资本主义时代里,网络技术和信息技术的高速发展使得科学技术的创新在提高人们生活水平的同时,也产生了技术异化。虚假信息、网络安全、不良信息等,都揭示出技术对个体生命的操纵和控制。这些看似平常的社会表象下,是复杂的微观权力体系。生命政治治理机制中的微观权力深深地根植于社会关系之中,如情感关系、经济关系等。微观权力无处不在,它不仅存在于战争、暴力、革命之中,也存在于人们的日常生活中,以一种隐性的方式将人们编织到微观权力的牢笼之中。不同于传统政治权力采取暴力和镇压的方式,它采用一种让人们更容易接受的新手段,并将其贯穿于人们的日常生活中。这种微观权力体系将产生出现代社会的悖论:权力使用的合理化和正当化,将使社会越来越平等,使人们越来越自由;但现实中,不过是为了更好地运用权力,利用了个人的自由和主体地位使微观权力无处不在。

科学技术是一把双刃剑,它在不断助推社会加速发展的同时,也带来了许多新的社会问题。在移动网络和信息技术流行的时代里,新科技革命已经全面而深刻地改变了人们的日常生活,人们的消费方式、工作方式、沟通方式等都发生了深刻的变革,特别是在科技依附于资本主义逻辑体系之中,技术异化的发生是不可避免的。人们越是依赖科学技术,就越难将自身从至高权力下解放出来,从属于资本逻辑的科学技术就表现为强化个体对生命政治的臣服,每个人都潜在地成为赤裸生命。最早从形而上学的维度开展对技术批判的当属海德格尔,他认为现代科学技术使得存在者被思维规定牵制,从而使自身被分割和宰治。科学技术作为主体性力量强制人们对其臣服,人们失去和科学技术之间的自由关系,相反,被科技"座架"了,使得存在的意义被遗忘和遮蔽。只要人和技术的关系得不到变化,生命随时会被技术宰治和捕获,这会使生命随时被赤裸化。

现代资本主义社会刻意创造一种具有永久性的紧急状态,以维护整体生命安全的名义任意干涉人们的生命,甚至是随时可将其转化为赤裸生命。任何美好的承诺,如自由、平等、民主等都不会到来,只是将保卫生命和"紧急状态"逐渐变为常态。生命政治学的技术批判有其独特的理论价值,它揭示出生命和权力视角下的异化状态。在技术和资本的双重"座架"中,人类很难诗意地栖居在大地上生活。现代社会生命政治对人的生命的规训和宰治,在《资本论》中获得了完全的意义,为当代资本主义批判提供了新的观察视角。在此意义上,《资本论》揭示出生命政治学的现实意义。

第二章　奈格里政治哲学的内在逻辑

在全球化的资本主义时代，如何寻找社会解放的新革命主体是本书需要探讨的一个重要理论问题，而探讨前首先要确立这个问题的理论实质。奈格里正是借鉴了马克思对资本主义社会的内在性批判，希望通过对全球化进程中生产方式的不断变化来寻求一种后现代社会的解放方法。非物质劳动概念的提出和发展是马克思主义哲学研究中最值得关注的问题之一，以此问题作为基础来解读马克思政治经济学批判是一个重要的关键点，因此这个重要的理论问题被再一次重新提出。奈格里以非物质劳动理论作为前提，希望通过对非物质劳动的深入研究，来克服西方马克思主义批判理论的困境。非物质劳动理论的提出凸显了全球化背景下，资本主义社会中劳动范式的新变化，这种劳动范式的转变也给我们提出了新问题：第一，劳动范式的转变会产生怎样的新劳动形式？第二，既然劳动范式发生了根本性的变化，那么剥削方式是否也会随之发生改变？沿着这一思路奈格里对当代资本主义社会的剥削方式进行了充分阐释，通过对非物质劳动概念的解读，他进一步揭示了蕴含在货币背后的社会关系。奈格里坚持把社会物质生产与阶级斗争在历史过程中的基础作用，将马克思政治经济学中的货币系统地阐释为一种货币政治学，深化了对货币权力的认识。本章试图以非物质劳动概念的提出为起点，探讨当代马克思主义哲学对非物质劳动概念的界定，以及由此形成的劳动和剥削的新关系，从而形成新的政治经济学批判视野。

第二章　奈格里政治哲学的内在逻辑

第一节　自治主义的大众哲学：从一般智力到非物质劳动

当今世界中的每个人都处在忙忙碌碌的生活之中，车水马龙的街头巷尾，单调的机械化劳动，不断更新的物质或非物质产品，所有的更新和变化都意在表明全球化的资本主义世界正在发生着前所未有的新变革。这种新变化深刻地反映出全球化资本主义社会生产方式和劳动方式的新形势，奈格里认为，"我们仍处在转型的过程中我们不再处于旧的阶段，然而也尚未置身于新的阶段。"① 奈格里从马克思的立场出发，提出"非物质劳动"概念，相比马克思的"一般智力"劳动这个全新的概念还有待澄清，它只是表明全球资本主义转型的一种趋势。"非物质劳动"概念的提出标志着全球化的劳动范式发生了根本性的变革，与此同时他致力于消除资本的时间——空间界限，更加充分地暴露出资本的天性。全球化资本主义的到来，标志着非物质劳动逐渐取代传统工业社会物质劳动的重要地位，这种新的劳动范式构成了一种实质意义上的新霸权形式。

本节通过对非物质劳动的理论来源作进一步的分析，试图厘清全球化资本主义劳动范式的新变化，以及这种新形势的劳动将会给世界带来什么样的新变化和新潜能？"非物质劳动"概念的提出引起了学界的广泛争论，如何界定非物质劳动概念的真实内涵，将有助于人们进一步理解新形势下的劳动范式。非物质劳动概念仅表明了经济转型的一般趋势，因此它还不够充分和完善，应进一步对非物质劳动概念进行反思和深化。奈格里深入

---

① ［美］迈克尔·哈特、［意］安东尼奥·奈格里：《大众的历险》，载《国外理论动态》，2005 年第 8 期。

"再思"马克思社会解放的革命主体——奈格里政治哲学思想探析

分析这个新概念,试图使其更加丰富完整,实际上它更应被称为一种生命政治的劳动形式。近年来,随着资本主义经济危机的不断爆发,重新反思劳动过程中所发生的新变革已被提上日程,以非物质劳动为主导的政治经济学批判又重新获得了新的活力。这不仅与马克思政治经济学批判中的劳动概念在当代的发展密切相关,也与当代全球化的新经济发展密切相连。因此,必须站在当代资本主义社会历史范式的层面对这种新变化进行解读,如果想绕开非物质劳动概念直接进行解读恐怕是不可行的。

一、非物质劳动的理论来源

奈格里站在新的历史时期,反观马克思主义研究的一个重要主题:"试图理解近些年劳动实践的变化方式,以及新形式的劳动可能带来什么样的新的,更大的潜能。"① "非物质劳动"作为一个具有代表性的概念已经成为马克思主义哲学研究的热点学术问题。"非物质劳动"作为这个时代劳动的新范式,具有很高的学术价值,但对此新范式的理解则喜忧参半,因此本书认为有必要对"非物质劳动"概念作进一步的学术考察,以便揭示其真实意义。

奈格里在《帝国》一书中以非物质劳动作为其政治哲学基础的核心概念,并对此进行了充分的探讨和深入的研究。他认为非物质劳动是在后福特制下发展出来的全新劳动范式。他不仅分析了非物质劳动的含义,更为重要的是他深刻揭露出隐藏在其背后的非物质劳动者(被重组的劳动者)所面临的生存境况。他们生活在一种被压迫的状态,这是一种对人类主体、自由、民主、个性发展的新压迫形式。非物质劳动概念最早是由意大利自治主义学者马乌里齐奥·拉扎拉多(Maurizio Lazzarato)提出的:"界

---

① *Paolo Virno and Michael, eds, Radical Thought in Italy: A Potential Politics*, Minnesota: University of Minnesota Press, 1996, p.5.

定工人阶级的技术和主体——政治内涵的学术努力得出了很多思想成果，非物质劳动概念就是对这些成果进行综合分析之后所得出的初步结果，这一概念可以被界定为生产商品的信息和文化内容的劳动。"① 但这一概念的提出并未能彻底厘清对非物质劳动概念所作出的详细定义。奈格里在《帝国》一书中也指出了这一定义的模糊性，他认为该定义遗漏了"情感"这一重要内容，因此只是表现出"饶了生态权力新理论框架所具有生产动力的表皮，难以深入其肌理"②。由此可以看出，拉扎拉多的界定并不充分。奈格里认为所谓的"非物质劳动"是指一种对信息、技术、智力、文化以及服务性和情感性的劳动，它不仅生产一种商品，同时也生产一种社会关系。奈格里强调："大多数服务的确以信息和各种知识的持续交换为基础，既然服务的生产导致缺失物质的和耐用的物品，我们将这一生产所涉及的劳动定义为非物质劳动——即生产一种非物质商品的劳动，如一种服务，一个文化产品、知识或交流。"③ 奈格里对非物质劳动概念的分析比拉扎拉多更丰富、更具体。

奈格里把非物质劳动分为两种主要形式：第一种形式是指信息、智力或语言的劳动。比如，计算机工作，符号和分析的工作，解决问题，语言沟通等。这种形式的非物质劳动产生观念、符号、代码、语言等产品。第二种形式是指情感劳动。这里的情感不仅指精神，也包括肉体。奈格里在《狄奥尼索斯的劳动》一书中首次对非物质劳动进行了说明："伴随着工厂模式的普遍化而来的，是劳动过程的本性和特质方面的变化。更准确地说，我们社会中的劳动正在转向非物质劳动——智力的、情感的劳动，以

---

① 许纪霖：《帝国、都市与现代性》，南京：江苏人民出版社2006年版，第139页。
② [美] 迈克尔·哈特、[意] 安东尼奥·奈格里：《帝国》，杨建国、范一亭译，南京：江苏人民出版社2008年版，第32页。
③ [美] 迈克尔·哈特、[意] 安东尼奥·奈格里：《帝国》，杨建国、范一亭译，南京：江苏人民出版社2006年版，第283—284页。

"再思"马克思社会解放的革命主体——奈格里政治哲学思想探析

及技术——科学的劳动,靠机械装置维持生命的人的劳动。"① 奈格里以非物质劳动为视角透视劳动的变化过程,以此重新反思资本主义经济的内部矛盾,从这一概念出发对于发展马克思主义哲学具有重要学术价值。

马克思认为资本主义生产劳动的主要目的之一是要在交换关系中发展出更多的经济权力。以劳动价值论为起点,马克思对资本主义的生产劳动进行了深入解析,揭示出劳动的二重性。马克思指出,具体劳动是指通过对物的特性和形态的改变来满足人类的物质生活资料的劳动;抽象劳动指的是,无差别的一般人类劳动,它以交换的形式来实现对其他人的统治权力。劳动不仅创造出能满足人类需要的物质生活资料,而且也在交换中产生出实现的权力关系。马克思政治经济学批判的对象是古典政治经济学,他虽然肯定了古典政治经济学所创立的劳动价值论,但他也明确指出是其使资本主义的交换关系打上了资本的标志。马克思指出,生产资料的分配过程直接决定了生产的内部结构,以及产品的分配和交换。资本主义的私有制使资本和劳动真正对立起来,少数的资本家控制了绝大部分财产,而绝大多数拥有劳动力的劳动者却只能通过出卖自身的劳动力在交换过程中仅获得一些维持自身生存的基本条件。资本的价值来源是建立在对雇佣劳动支配之上的,资本家通过对劳动者的支配生产出他所需要的剩余价值,资本家进一步通过无偿占有剩余价值的方式来增强对劳动者的支配和统治。资本永无止境地加强对劳动者的剥削,也将会不断地激化资本与劳动之间的矛盾关系,并进一步激化生产的社会化与生产资料的私人占有之间的矛盾关系。首先,随着生产条件的不断改善和社会化程度的不断加深,资本主义的生产出现相对过剩,从而导致经济危机的出现。第二,资本积累的不断加强,使其对劳动力的支配变得更加收紧,劳动者生产的产品越多,反而离自己的劳动果实越远,这将激起劳动者的不满和反抗,并将矛

---

① Micheal Hardt, Antonio Negri, *Labor of Dionysus*, Minneapolis: University of Minnesota Press, 1994, p.10.

第二章　奈格里政治哲学的内在逻辑

盾指向资本主义生产资料的私有制。马克思完美地将历史唯物主义和政治经济学结合在一起，进而揭示出资本主义经济危机的周期性，资本主义社会内部的矛盾必然性，资本主义最终必然被社会主义所取代等。马克思完成了政治经济学的重构，并使其成为致力于人类解放的重要篇章。

马克思政治经济学批判的主要目标是资本主义的物质生产劳动，但他也曾把"服务"这一概念引入经济学领域。马克思解释道："这种劳动的特殊使用价值在这里取得了'服务'这个特殊名称，是因为劳动不是作为物，而是作为活动提供服务的。"① 这里的"服务"区别于一般意义所指的物质劳动，马克思认为"服务"应分两种：第一种服务生产商品，如画家的画、书法家的字，作家的书等都可以完全脱离艺术家而存在。第二种服务是"不留下任何可以捉摸的，同提供这些服务的人分开存在的结果"②。这种生产与服务是同时进行的，如相声艺术家的表演、歌唱家的演唱等。可见，马克思所提出的"服务"概念已经和非物质劳动概念具有了相似性。奈格里指出："非物质劳动几乎总是跟劳动的物质形式联系在一起的……我们应该强调的是所有非物质生产中的劳动者保留着物质性——就像所有的劳动一样，它既指涉我们的肉体，也指涉我们的精神。它的非物质性是指其产品而言的。"③ 这里奈格里明确指出了非物质劳动只是针对劳动产品而言，但它不仅生产物质产品，同时也生产社会关系。奈格里认为这一概念的提出能清晰地显示出经济趋势的变化，但他也承认这一概念还非常模糊。

奈格里指出："在这一意义上，我们意识到非物质劳动是一个非常模糊的概念。它或许更应该被解读为'生命政治劳动'这样一种新霸权形式，也就是说，这种劳动不仅生产物质产品，而且还生产社会关系，甚至

---

① 《马克思恩格斯全集》第26卷，北京：人民出版社1972年版，第435页。
② 《马克思恩格斯全集》第26卷，北京：人民出版社1972年版，第436页。
③ Micheal Hardt, Antonio Negri, Multitude, New York: The Penguin Press, 2004, p.109.

在最终意义上还生产社会生活本身。"① 奈格里精准地捕捉到社会关系和社会生活的基本问题。他认为在非物质劳动条件下，全部社会生活本身并不仅表现在财富和资本的无限增值之上，也表现为一种能够生产社会主体本身的过程。奈格里强调在非物质劳动条件下，劳动对资本的依赖程度已经大大降低，即劳动者可以直接运用自己的信息和知识来控制整个生产过程，以及所产生出的社会关系和社会交往等，这种新的劳动过程摆脱了资本的控制，资本只能是对其劳动成果进行占有，但并不能直接对劳动者进行控制。

奈格里确认了非物质劳动的理论来源，但他并不满意这一发现。他认为非物质劳动的理论来源具有一个严重的缺陷，它只是一味地强调在生命政治社会的生产过程中的智力以及非物质劳动方面的表现，但对于肉体的生产力和情感的价值方面并没有过多的关注。可见，奈格里关注的焦点并不只是在信息和智力方面的表现，他也更加关注肉体和情感的生产力。

奈格里在《大众》一书中明确指出："当我们宣称非物质劳动正在获取霸权地位的时候，我们并不是说当今世界的大多数工人主要在从事非物质产品的生产。相反，农业劳动仍然保持着数量上的统治地位，这种情况已经延续了许多世纪，全球范围内的工业劳动在数量上也没有下降。非物质劳动在全球劳动中只占一小部分，并且它只集中在地球上的某些支配性地区。其实，我们的观点是非物质劳动的霸权性，就是质的维度而言的，它对劳动的其他形式及社会本身的发展产生了重要影响。"② 奈格里指出在马克思的时代，工业生产在全世界范围内也只占有一少部分，但却一点都没有影响到工业劳动形式对其他劳动形式所进行的霸权统治地位，因此奈

---

① Micheal Hardt, Antonio Negri, Multitude, New York: The Penguin Press, 2004, p.109.

② Micheal Hardt, Antonio Negri, *Multitude*, New York: The Penguin Press, 2004, p.109.

格里指明非物质劳动在当今全球化的进程与其情况相似,并不是在数量上领先,而是在重新建构一种全新的劳动范式。

在当今世界中劳动及全部社会生活正在被信息化、情感化、智能化所改变,已经形成一种新范式的非物质劳动的霸权形式。非物质劳动概念的提出,将有助于本书进一步分析当今世界资本主义劳动范式的转型问题。

二、非物质劳动概念

当今世界的全球化在经济方面表现为非物质化的趋势,这种趋势导致了劳动方式的新变化。资本主义社会生产方式和劳动方式的深刻变革,使得物质劳动逐渐被非物质劳动所取代。这种劳动方式的改变并没有取消剥削的本质,反而使其更加肆无忌惮。如何解读资本主义社会劳动方式的新变?以及对人类社会的影响?关于这个问题的理解和研究一直比较模糊。奈格里的非物质劳动理论对此问题的探索具有重大理论意义。

在《帝国》一书中奈格里指出在过去的几十年间,世界的政治格局和经济格局发生了巨大的变化,帝国以一个全新的主权形式出现在全世界面前,它冲破一切有界限的疆域,有效地控制着全球的合作与交流,已经成为统治世界的最高权力形式。帝国的形式反映在劳动方式的变革上就是工业生产向信息和服务业的转变,同时也是物质劳动被非物质劳动所取代的过程。继《帝国》之后,奈格里十分关注对非物质劳动理论的讨论。他认为:"无论是从系统的生产力的角度还是从反抗帝国权力,寻找替代力量的角度出发,我们都无法想象不把非物质劳动置于帝国的中心。"[1] 奈格里十分认同20世纪时,工业劳动在全世界经济中占有的霸权地位,并使得其

---

[1] [美]迈克尔·哈特、[意]安东尼奥·奈格里:《大众的历险》,陈飞扬译,载《国外理论动态》,2004年第8期。

他劳动方式也同样具有了工业化的因素,如今非物质性的生产也对其他形式的生产构成一种霸权。可见,非物质劳动已经取代了工业劳动的霸权地位。

帝国的实体性生产方式是非物质劳动,它生产非物质性商品,如信息、文化、知识、服务、情感和交流等,但它的劳动过程仍然需要物质。非物质劳动也被称作为"生态政治劳动",帝国以此作为基础来建立一种新的权力范式,即生态政治权力。奈格里使用这个新的概念意在表达这种劳动的产品不只是物质的产品,在这里他特别强调人际关系和生活本身这部分。同样在这种情况下对于政治、经济、文化和社会之间的界限也表现出越来越模糊不清的状态。

奈格里进一步完善了非物质劳动的定义,"即创造非物质性产品,如知识,信息,交往,关系,甚或感情反应的劳动。"① 奈格里把非物质劳动所涉及的劳动产品分为两类:首先,是指信息,智力或语言的劳动。这类非物质劳动产生意识、符号、形象和文本等非物质产品。例如处理问题、解决或分配任务等,非物质劳动的出现使劳动生产发生了均质化。站在历史的角度分析劳动问题,从各种不同的具体劳动中抽象出劳动概念,计算机的发展使得劳动生产变得均质化,劳动者逐渐远离自己的劳动目标,计算机在日常生产中的应用变得日渐普遍,生产过程变为对信息和符号的处理,作为一个核心工具的计算机已使劳动变为一种抽象劳动。其次,它指涉情感劳动,是"生产和操纵情感的劳动"②。其核心在于情感的创造和操控,它生产一种情感的社会网络。它把经济生产与人的情感关系结合在一起,使生活本身变成了一种生产性的生活,并使生产的所有力量都归属于生命政治权利,它使工作时间与非工作时间之间的区分已经非常模糊,生

---

① Micheal Hardt, Antonio Negri, *Multitude*, NewYork: The Penguin Press, 2004, p.109.

② [美]迈克尔·哈特、[意]安东尼奥·奈格里:《帝国》,杨建国、范一亭译,南京:江苏人民出版社 2005 年版,第 36 页。

产和消费过程也是同样变得模糊,劳动工具成了人的大脑和身体,工作地点也不仅仅局限与工厂之中。由此可知,奈格里所提出的非物质劳动概念并不仅仅局限于经济发展的意义之上,它更加关注劳动形态的变革对主体性所产生的影响。

在后工业时代,资本主义的生产方式已经发生了前所未有的巨大变革,奈格里正是对这一系列的变革做出了理论性的高度概括。从马克思劳动过程的三要素划分,即"有目的的活动或劳动本身,劳动对象和劳动资料"①。在非物质劳动过程中,它使劳动本身变得越来越抽象化,以至于资本家已经不能完全对劳动过程进行监督和控制;从前的厂房、原材料和机器这些劳动资料也已经被计算机和劳动者的头脑所替代,劳动的地点也不再固定于原来的工厂;劳动的对象也从以前的直接生产转变为间接生产。在《超越帝国》一书中,奈格里认为在后工业时代,"随着非物质劳动成为价值创造的中心元素,资本积累的性质发生了根本的转变……整个社会都笼罩于资本主义的种种关系之中意味着整个社会生活具有资本主义关系。当我们以马克思主义的观点,将资本看成剥削者与被剥削者之间的关系时,我们的理解是,这里遭受剥削的使命本身。"② 资本的剥削渗透到社会生活之中,解放的欲望表现得如此强烈。改变的不仅是劳动方式,劳动者也发生了根本性的变化,从前的劳动主体(无产阶级)也随着工厂的逐渐衰退而被"大众"所取代。这里的"大众"有别于传统意义上的民族国家概念,由"穷人大众""移民大众""野蛮人大众"等构成,超越了民族国家的限制。新的"大众"站在全球化的视角下,他们是潜在的新革命主体。

---

① 马克思:《资本论》第 1 卷,北京:人民出版社 2004 年版,第 208 页。
② [意] 安东尼奥·奈格里:《超越帝国》,李琨、陆汉臻译,北京:北京大学出版社 2016 年版,第 4 页。

"再思"马克思社会解放的革命主体——奈格里政治哲学思想探析

奈格里为"深化共产主义理论,或者是为《资本论》续写新的篇章"①。与马克思《资本论》的逻辑相似,他的非物质劳动理论重现了资本主义社会发展的内在矛盾性以及无产阶级解放的条件。他试图以马克思的政治经济学批判作为出发点,以重新探索生产和劳动领域为起点来寻找新的解放性力量。从历史的纵向分析可以看出,马克思与奈格里所处的时代不同,因此马克思的"非物质生产劳动"与奈格里的"非物质劳动"在解读方式上完全不同:第一,侧重点不同。马克思侧重于经济学分析,他强调劳动所处的历史形式是能够创造剩余价值。奈格里侧重政治性的解读,他更加关注新主体的生产和建构。第二,解读方式不同。马克思使用历史唯物主义的解读方法,从生产力与生产关系之间的辩证角度出发,以此来把握无产阶级理论。奈格里用后现代主义的解读方式,从生命政治学的角度出发来重建无产阶级理论。可以说,对于革命主体的解放问题,二者从不同的理论视域出发,得出不同的理论分析。

马克思在对资本进行分析时认为,"资本一方面要力求摧毁交往即交换的一切地方限制,征服整个地球作为它的市场,另一方面,它又力求用时间去消灭空间,就是说,把商品从一个地方转移到另一个地方所花费的时间缩减到最低限度。"② 因此,"资本越发展,从而资本借以流通的市场,构成资本流通空间道路的市场越扩大,资本同时也就越是力求在空间上更加扩大市场,力求用时间去更多地消灭空间"③。马克思深刻揭露了在商品的生产、流通、消费等一系列过程中资本所体现的特性,资本正是通过不断地提高劳动生产率,缩短流通时间,扩大消费和流通领域以增加自身的价值增值为目的。马克思在其三大社会形态理论中的第二形态中明确论述

---

① [美]迈克尔·哈特、[意]安东尼奥·奈格里:《大众的历险》,陈飞扬译,载《国外理论动态》,2004年第8期。
② 《马克思恩格斯文集》第8卷,北京:人民出版社2009年版,第169页。
③ 《马克思恩格斯文集》第8卷,北京:人民出版社2009年版,第169页。

道:"以物的依赖性为基础的人的独立性"①,他深刻地揭示了在资本主义条件下人对物的依赖性存在。正是在资本的统治下,人产生了对物的依赖性,这种依赖性将会产生出一种单一化、陌生化和无差别性的个人。"从人与社会的关系说,现代化所构成的最为严峻和最为紧迫的时代性问题是由资本的逻辑所构成的人对物的依赖关系的'异化'问题。"② 可见,资本对人的控制和统治已经使人变成"异化"的个体。

福柯曾多次讨论"规训社会"的概念特点是以警察和监狱这样的暴力统治来保证资本对整个世界的统治。但现如今"规训社会"已经向"控制社会"转变,在这种转变之中资本的控制手段也发生了相应的变化,它通过信息、计算机、广告、情感等软性渗透手段来控制人们的思想和行为。在这种转变中,个人的思维方式、生活方式和生活习惯都已经趋于同一,如全世界都在穿牛仔裤、看美国大片等。资本在不知不觉中塑造出具有同一性的主体。

奈格里准确地把握住当代资本主义社会的生产方式,以信息和非物质化的特征为基础,提出了非物质劳动的概念。这种新劳动范式的提出不仅更加深化了马克思主义政治经济学批判的理论意义,也更加深刻地包含了对人类解放的理想信念。奈格里重现了《资本论》的理论脉络,以资本主义的发展作为无产阶级解放的基础条件。非物质劳动概念已经蕴含着人类解放的可能性和积极性,生产一方面表现出社会的不公平,另一方面也表现出对帝国最有效的对抗性。

三、一种新的劳动范式

伴随着社会生产力的迅猛发展和物质财富的日渐丰盈,人们所关注的

---

① 《马克思恩格斯全集》第30卷,北京:人民出版社1997年版,第107页。
② 孙正聿:《现代化与现代化问题——从马克思的观点看》,载《马克思主义现实》,2013年第1期。

焦点已经从物质生活需求的物质生产劳动,转向满足于人的精神需求的非物质生产劳动。信息和服务在社会劳动中所占的比重也越来越大,因此学界对它的关注度也逐渐提升。不难看出,知识劳动、信息劳动、智力劳动、服务性劳动新劳动形式已被非物质劳动所容纳。奈格里提出非物质劳动这个新概念是为了强调,资本主义社会经济转型的一般趋势,并与工业社会的物质劳动形成对比,如果用生命政治劳动概念来替代非物质劳动可能更精确。其实,这两个概念所蕴含的含义是相同的,只是二者的切入角度有所差异。非物质劳动概念,侧重于强调一种区别于工业社会的经济转型的一般趋势;生命政治劳动概念,侧重于强调一种在社会关系和主体政治维度上的新型劳动范式。这两个概念所表达的含义相同,但所强调的维度不同。对于非物质性劳动的霸权性阐释,奈格里用四个证据来说明这种霸权性的客观存在:

  首先,奈格里认为在全世界的范围内,许多发达资本主义国家都呈现出这样的一种趋势:在信息技术业、服务业、销售业等领域中,非物质劳动已经呈现出一种快速增长的发展趋势,而且它对这些新职业领域来说也是非常重要的。从前的一些物质生产形式,如工业生产和农业生产已经逐渐被转移到次要的地位。上述趋势充分地表明全球性的劳动和分工是与非物质劳动的霸权性相关的。奈格里并不是要强调物质劳动的减少,他只是表达了发达资本主义国家正出现的一种趋势。客观地说,在资本主义社会中确实出现了非物质劳动增长与物质劳动减少的客观趋势,即便有些学者认为全球范围内的物质劳动并没有减少,也不足以构成对奈格里的反驳。

  其次,非物质劳动所创造的财富已经显示出非物质劳动的特有样态。一些非物质商品,如著作、版权、专利等私有财产已被列为法律保护的范围之内。需要特别强调的是,非物质劳动使资本的剥削方式也呈现出转型的趋势。资本通过著作、专利等方式对非物质劳动成果进行占有和窃取,这充分地体现了资本剥削方式的转型,以及这种新剥削方式的逐渐强大。

第二章 奈格里政治哲学的内在逻辑

再次,非物质劳动形式的影响力也在不断加大。如今,非物质劳动对其他劳动和生产的影响已经变得越来越大,使其他一些劳动也具有了非物质劳动的某些特性。信息、知识、情感、语言、沟通等要素被引入某些生产领域,传统的劳动和生产方式正在被逐渐替代。奈格里特别强调,"不断地广泛应用计算机已逐步趋于对劳动实践和关系以及所有的社会实践和关系进行重新定义。"① 由此可见,非物质劳动对其他劳动形式的影响在逐步扩大。

最后,非物质劳动已经扩散到生活的每个角落。"这是一种霸权性生产方式所拥有的最彻底的角色:根据它自身的景象来转型整个社会,这种趋势不是任何的统计数据所能把握住的。事实上,对这种趋势真正的证明在于生产越来越具有了生命政治的特征。"② 因此,社会中很多传统性的结构已经开始转向为具有非物质劳动的霸权性力量。

奈格里在充分论证了非物质劳动的霸权概念之后,进一步对劳动时间所发生的变化进行了分析。随着劳动形式的结构性变革,劳动的概念具有了各种不同的特征:劳动时间与非劳动时间之间的界限已经变得越来越模糊,例如,在传统的工业社会中,工人的劳动时间全部投入在工厂中,但随着劳动形式的结构性转变(处理问题、创造关系),劳动时间随之也发生了改变,它可以扩展到全部生活领域之中。劳动时间的转变也使劳动成果发生了变化。在工业社会中物质劳动所产生的是生活资料,但在非物质劳动条件下它所产生的是社会生活本身,在此意义上后者被称为生命政治劳动。无论在哪种劳动条件下,资本始终没有放弃生产、再生产和控制的力量,只是在这两种不同的劳动类型下所产生的结果有所不同罢了。在工业社会的物质劳动条件下,资本使活劳动异化成劳动力,并使其生产资本

---

① [美]迈克尔·哈特、[意]安东尼奥·奈格里:《帝国》,杨建国、范一亭译,南京:江苏人民出版社2008年版,第284页。

② Micheal Hardt, Antonio Negri, Multitude, New York: The Penguin Press, 2004. p.115.

和商品。尽管物质劳动条件下的活劳动被马克思称为"造型的火",但其内含的主体性力量并不强大。然而,非物质劳动的出现使现存的一切发生了根本性的变革,"我们的革新与创造能力总是远远超过我们的生产劳动能力,即资本的生产力。正是在这一意义上,我们认为这种生命政治的生产,一方面是无法度量的,因为它无法根据某一固定的时间单位来加以测量,另一方面,它所创造出的价值量,因为资本从来不能征服生活的全部方面。"①

在非物质劳动的霸权条件下不仅劳动时间和劳动结果发生了相应的变化,劳动者之间的相互关系,如互动、沟通、交流、合作也发生了相应的变化。在传统工业社会中,资本为了不断地增加自身的增值过程对劳动者实行压制,使劳动者处在受资本统治的合作关系之中。资本正是对劳动者的合作关系进行着统治,资本家为雇佣劳动者提供生产工具和生产资料,制定具体的合作关系,并强迫劳动者实施他们定制的合作关系,但对于劳动者来说这是一种外在性的关系,在非物质劳动条件下情况发生了变化,劳动的关系发生了改变。在整个生产过程中,劳动者可以不依赖于资本来组织合作关系,其自身可以直接为整个生产过程提供,交流及互动的合作手段。非物质劳动条件下的生产合作关系已经发生了深刻的变革,它既内在于劳动又外在于资本。奈格里非常肯定这种新的劳动关系,但他为此做出的分析还不够全面。

奈格里认为非物质劳动成果具有主体——政治的维度,因而已经超出了资本所能控制的界限。奈格里通过强调非物质劳动产品的特殊性质,证明它已经超越了资本和劳动之间的关系。马克思明确指出:"生产劳动是对劳动所下的同劳动的一定内容,同劳动的特殊效用或劳动所借以表现的

---

① Micheal Hardt, Antonio Negri, *Multitude*, New York: The Penguin Press, 2004. p.146.

特殊使用价值绝对没有任何直接关系的定义。"① 也就是说，无论是生产物质劳动产品，还是生产非物质劳动产品，其劳动的特殊效用对资本来说是不重要的，重要的是这种劳动结果能否为资本提供剩余价值。资本对劳动的剥削是建立在劳动力和劳动产品必须被纳入商品交换关系这一前提之中。无论是物质劳动产品还是非物质劳动产品，如果不将它纳入商品交换关系之中，都是无法被资本控制的。相反，如果它们已经处在商品交换关系之中，那么它们都能被资本所控制。可见，奈格里要论证资本主义的非物质劳动成果处在商品交换关系之外，是极其困难的。

第二节 生命政治：以主体性为对象的政治哲学

分析福柯如何理解生命权力，将有助于研究者在更广阔的语境之中理解生命政治。福柯在写作《规定与惩罚》和《性经验史》的过程中所发展出的权力理论是生命政治哲学的基础性理论。在这两部著作中，福柯的权力概念表现出双重性的意义。他把主要精力集中在权力建筑、政权规训以及权力通过分配所得到的应用。这种权力与其说是一种压制，不如说是在生产主体。在这些著作中，他不断尝试提出异于权力的他者。"反抗"是他经常使用的术语，反抗是附属并从属于其所对抗的权力。奈格里认为权力的他者，是主体性生产的另类模式，它不仅反抗权力，而且寻求摆脱权力的自治。

对福柯权力双重性的理解将有助于本书考察生命权力概念。福柯的研究主要集中在操控生命的权力之上，这种权力通过对人口的管治得以运作，如管理人口的健康、出生率、死亡率、再生产能力等。他坚持将生命

---

① 《马克思恩格斯全集》第48卷，北京：人民出版社1972年版，第54页。

视为反抗性力量，视为追求另类存在的生命的另一种力量。反抗的生命权力在本质上与生命本身的力量截然不同，前者可以定义为掌控生命的权力，后者是生命本身的力量，反抗并寻求主体性生产的另类模式。生命政治是新的主体性的创生，它既反抗，同时又是去主体化的进程。福柯对生命权力的分析不是一种经验性的描述，而是指出权力如何通过主体而运作并围绕主体的运转过程，同时意在阐发另类主体生产的潜在性。自由与反抗是使用权力的前提所在，当人们将权力视为强加在他人身上的行动模式时，可以将这些行为视为强加在他人行为之上的行动时，是一种对他人的治理方式。

20世纪70年代，在发达资本主义国家普遍出现了一种全新的劳动过程被称为：非物质劳动或生命政治劳动。这两个概念指称着同一个对象，但其区别在于所表达的侧重点不同。非物质劳动概念意在表达劳动产品的特殊属性，也为了进一步区分于物质劳动概念。生命政治劳动则强调一种新的劳动形式向外延伸的全面性。在从古希腊哲学到西方传统哲学中，肉体一直被视为卑劣而低下的存在，是尼采开启了"身体"转向的西方传统哲学。福柯以尼采哲学作为其基础，将身体纳入政治的范畴之中，奈格里在借鉴福柯的基础上建立起生命政治哲学理论，他使用生命政治概念表达阶级斗争的客观存在。奈格里认为，大多数后现代主义理论家对当代资本主义的探讨忽视了从阶级为视角进行切入。他认为在资本主义社会中不仅应关注资本统治及剥削的新形势，也应该特别关注对这种新形式剥削的拒绝和寻找一种有效的替代性方案。在现实社会中，人们并没有消解这种对抗性，反而把它扩展到社会的每个角落。阶级和对抗并没有减弱和消失：它被转移到日常生活的每一刻。奈格里认为主体的日常生活是对资本统治的全方位抗拒，表现在事实上的从属过程是一种深刻的对抗，而不是对抗的消解。

第二章 奈格里政治哲学的内在逻辑

一、一种新的生命政治哲学

生命政治不只是断裂，同时也是一种创生过程，从内部发生而来。对生命政治语境来说，应将其理解为自由的行动。生命政治事件所产生的断裂，是创生与真理标准的基础。生命政治的事件可以将生命的生产转变为一种反抗、自由以及创生的行动，这就将我们带回到作为政治策略的主体形象。生命政治在主体性与历史之间，是一种由诸众策略所打造的，由事件和反抗所形成的，由政治决策与身体的建构联系起来的话语所阐释，揭示权力与自由的关系，从而开启另类主体性的生产。

在传统工业社会的物质劳动条件下，整个劳动过程都处在资本的控制之下。整个劳动过程都离不开资本为其提供的劳动工具和生产资料等，不仅如此，资本还为其提供雇佣劳动本身，使整个劳动过程都成为资本价值增值的过程。但在非物质劳动条件下情况发生了深刻变化，资本对整个劳动过程的控制变得越来越弱，甚至它已经游离于生产过程之外。资本已不再是马克思时代所提出的那种有机关系，因为资本越来越外在于生产过程，并且它在这一过程中的功能性角色表现的越来越弱。它只能是借助于具有惩罚性功能的政权和具有掠夺性功能的国家机器，来作用于没收财产的机制以及金融体系等手段，并像寄生虫似的盘旋在其周围。与马克思的资本有机概念不同，非物质劳动条件下的劳动过程不是由资本所创建的，而是由处在资本之外的要素构建的，如民国受教育水平与非物质劳动的发展水平成正比。因为劳动过程中蕴含着公共性，所以资本是无法控制整个劳动过程的。正是在这一点上资本主义产生了危机，所以资本只能利用强制手段窃取劳动果实，并将其转化为私人性。

奈格里基于生命政治哲学的逻辑构建，由非物质劳动转向对生命政治的哲学分析，揭示出帝国统治的内在机制和危机。在《大纲》中，马克思指出随着社会的不断变革和发展，"资本就会违背自己的意义，成了为社

"再思"马克思社会解放的革命主体——奈格里政治哲学思想探析

会可以自由支配的时间创造条件的工具，使整个社会的劳动时间缩减到不断下降的最低限度，从而为全体'社会成员'本身的发展腾出时间。"① 此时财富的积累条件并不是通过劳动，衡量财富的尺度已不再是过去所使用的劳动时间，使用价值的尺度也不再是交换价值作为基础。于是，"财富的尺度不再是劳动时间，而是可以自由支配的时间"②。对此，奈格里认为马克思得出的结论与他对资本和劳动的"形式吸纳"和"实际吸纳"的理解是分不开的。马克思区分了两种不同的吸纳形式，即形式吸纳和实际吸纳。形式吸纳是指资本只是在形式上控制和监督着整个劳动过程，它并没有改变劳动的性质。实际吸纳是指整个劳动过程的全方改革，随着劳动在实际上从属于资本，在生产方式本身中在资本家和工人之间的生产内部中，以及在双方彼此的社会关系中，都发生完全的革命。在此，奈格里强调马克思所区分的两种吸纳形式都存在着严重不足：首先，马克思的区分只停留在物质生产的单一性中，忽视了资本对整个社会的吸纳过程。其次，马克思的区分是把资本以外的异质性空间也归属到资本的统治之下。最后，马克思所指的实际吸纳只停留在物质劳动的基础上，他忽视了资本对非物质劳动的吸纳过程。奈格里认为在后福特制时代，当年马克思所描绘的趋势都已经实现，但他所预料的解放结果和从未被资本污染过的自由空间并没有到来，它所产生的并不是一种对抗和危机，而是一种全新的和更加坚定的权力形式。基于这一点，奈格里提出了全新的生命权力和生命政治理论，揭示了资本主义社会中的内在矛盾和帝国的覆灭之路。

奈格里认为马克思所提出的吸纳理论的背景，是在世界市场尚未形成之初提出的一种对资本和劳动关系的思考。但在今天，世界市场的全面形成之初，一种严格意义上的内外界限已经消失，因此，马克思的吸纳理论

---

① 《马克思恩格斯全集》第31卷，北京：人民出版社1972年版，第103页。
② 《马克思恩格斯全集》第31卷，北京：人民出版社1972年版，第104页。

已经丧失了其合法性的存在依据，应从当下的时代条件出发来建构这两个范畴。奈格里认为：形式吸纳是指资本对非资本的一种吸纳形式；实际吸纳是指在整个资本主义社会中，资本对全部社会生活和人的生命形式的吸纳过程。同样，从物质劳动指向非物质劳动的过程表达着从现代到后现代的转变。奈格里以实际吸纳理论为基础提出了与此相对应的生命权力理论。奈格里指出，在马克思所处的工业社会中，劳动时间与非劳动时间之间具有严格的界限，马克思认为只要劳动者摆脱了资本对劳动时间的束缚和控制，就能够实现从劳动时间向非劳动时间的转变。奈格里指出在当代社会，权力已经延伸到世界的每一个角落，社会已被纳入权力体系之中，权力已延伸到每个人的精神和肉体的最深处。资本已经打破劳动时间与非劳动时间之间的界限关系，并且渗透到人的意识、智力、情感和欲望之中。但奈格里并没有陷入到帝国的生命权力之中，他以自治民主理论作为其理论起点，进一步揭示了帝国内部的危机和灭亡，实现了生命政治的转变。

奈格里深刻揭示了在全球化资本主义社会中，资本对劳动吸纳形式的全面转型。具体表现为由身体吸纳到心灵吸纳的转向，揭示出资本对劳动全方位的控制和统治关系。它不只是肉体上的操控，更为重要的是它深入到劳动者的情感、交往、智力和心灵之中，对劳动者实施了全方位的操控。这种吸纳形式比马克思所处的时代更加全面和隐蔽。奈格里不仅发现了这一变革，而且赋予其独特的哲学意义。

二、生命政治的社会形态和权力范式

奈格里基于后结构主义由意识向身体的转换，将福柯的规则社会与控制社会、生命权力与生命政治作为帝国权力的核心部分。福柯为帝国统治划定了基本的界限：第一，由规训社会向控制社会的全面过渡；第二，生命权力和生命政治相结合建构了帝国主权的最基本形式。在福柯的生命政

"再思"马克思社会解放的革命主体——奈格里政治哲学思想探析

治哲学中,规训社会的核心机制在于对社会空间的隔绝,它是由一系列具有固定地域和主体化逻辑所建构的规训机构,如家庭、工厂、学校、医院和监狱等,并且它们的界限非常清晰,无论谁违反规则,都将受到严惩。福柯认为在规则社会中,规训的作用在于构建起区分正常行为与反常行为的标准,并着力于将人的思想和行为控制在正常的范围之中。奈格里对福柯规训社会的概念进行了创新和发展,他强调规训社会的各种设施复杂而庞大,因而呈现出一个具有多元化和复杂化的社会网络体系。他通过对社会网络体系的强调,排除了福柯对规训社会中权力机制的静态描述。此时,规训社会还不能完全将个体全部纳入生产性的社会实践之中。为了消除权力与个人之间存在的对抗状态,以使个体完全纳入生产性的社会实践之中,就需将生命彻底政治化。最后,奈格里把资本生产与规训社会连接在一起,"在一个规训性的社会中,随着所有生产与再生产的有机系统的发展,整个社会都处在资本与国家的规训之下;而且整个社会逐渐和带着不可抑制的持续性被资本主义生产的标准所单独规训。一个规训性社会因而是一个工厂式的社会。"① 规训社会表现为资本扩展到社会的每个角落,是一种生产与权力,物质与主体的全方面融合。20世纪,规训社会到达巅峰时期,所有处于封闭和禁锢的环境都逐渐陷入危机当中,由此可断定已经进入控制社会,即一种帝国主导的权力体系。

奈格里坦言是福柯使其关注到社会形态由规则社会转向控制社会,他认为是控制社会开启了后现代的大门。控制社会通过对个体的意识和身体的监控作用于人的大脑,并通过社会福利,活动监控等系统作用于个体的身体,因此,与统治要求相符合的接纳或排斥行为越来越内在于个体自身,使得控制表现得越来越具'民主性'。奈格里认为,虽然控制社会较少依靠强制和暴力,但它的控制机制更加地内在于个体的生命之中。福柯

---

① [美]迈克尔·哈特、[意]安东尼奥·奈格里:《帝国》,杨建国、范一亭译,南京:江苏人民出版社2005年版,第285页。

试图把宏观政治转向微观政治，以权力的微观分析取代权力的宏观分析。奈格里在对帝国进行深入探讨时借鉴了福柯这一有别于传统宏观权力的新型微观权力——生产权力，即以主权权力为中心的政治理论权力，探讨了权力作为全部社会关系力量对个体的日常生活及身体的全面监控和规训，使个体的生命和身体完全纳入被权力所控制的政治领域。与传统权力关系相比较，生命权力具有如下两方面特性：第一，它以生活作为其客观对象。生命权力从内部对社会生活进行监督和规范，并不断解释和吸收生活，并对生活做出全新阐释。生命权力的职责是对社会生活的管理进行层层包围。第二，它以个体的自愿遵守和主动接受为根本目的。只有当每个个体都自愿承认，并认为权力是一种不可或缺的力量时，它才能最终实现对全部民众社会生活的全面控制。总之，生命权力是指作用于个体生命之上，并使个体自愿接受和遵守它的管理和引导，最终实现对社会全部生活和生命的有效控制性权力。

福柯的生命政治理论使奈格里深刻地意识到，帝国中蕴含着新权力关系的生命政治形式。福柯认为个体生命成为政治的对象后，政治就变为一种新的权力体系。奈格里认为，福柯已经意识到生命权力要通过生命政治和规训方法来引导社会生活的生产过程。权力已经控制了全部社会生活，并不停对之进行监控、控制、引导和吸纳，并且借助规训方法来控制和治理个体。奈格里生命政治的概念来自福柯，但对此概念的使用和理解上还存在差异。奈格里并不满意福柯对生命权力性质的认定。福柯以尼采的"权力意志论"作为其生命政治理论的基础，但他并没有运用尼采的"超人"理念和身体的生产概念。福柯认为身体进入政治领域后，"权力关系直接控制它，干预它，给它打上标记，训练它，折磨它，强迫它完成某些任务、表现某些仪式和发出某些信号"[①]。在身体和权力的关系体系中，权

[①] ［法］米歇尔·福柯：《规训与惩罚》，刘北成、杨远婴译，北京：生活·读书·新知三联书店2015年版，第27页。

力具有主动的生产性,而身体只具有被动的受动性。

奈格里并不接受福柯对权力具有生产性的认定。他认为:"帝国权力关系所要阐释的基本目标是系统的生产力量,这个系统就是新生的生态政治、经济、制度系统。帝国秩序得以形成的基础不仅在于帝国进行积累和全球扩张的力量,也在于帝国向纵深发展,获得重生,把自身长满世界社会的生态政治空间的能力。"① 帝国权力的不断扩张和发展所产生的政治、经济、制度等并未产生富有生机的本体性,相反,帝国的控制产生了否定和消极,"它构建起躲避规训体制的欲望,并潜在地造就出一大群不受规训的向往自由的人"②。面对权力的控制,个体并不是心甘情愿地接受和消极被动的服从,而是进行着积极地反抗,"人性中存在着永不满足的欲望,不服从,冲破原有社会秩序的欲望,人的本能恰恰就是反抗,革命,不服从"③。与福柯相反,奈格里认为正是生命对权力的反抗,使个体具有了生产力。

与此相关,福柯将生命政治纳入生命权力,不仅会造成对个体生命的压制和控制,也会使个体生命丧失了革命及反抗的可能性。奈格里将生命政治从生命权力中分离出来,使个体恢复了生命政治的主动性。奈格里对生命政治哲学的关注不仅是对资本逻辑的反抗,也是对资本主义社会生产方式的揭露,并从中发掘出革命的潜在性力量。他特别强调生命权力与生命政治之间的联系和区分,不仅仅探讨了生命权力对个体生命的控制过程,而且又把生命权力与生命政治区别开来,从生命权力转向生命政治领域,并从中发现了生命生产的动力因素和革命性力量,保证了个体生命对

---

① [美]迈克尔·哈特、[意]安东尼奥·奈格里:《帝国》,杨建国、范一亭译,南京:江苏人民出版社2005年版,第74页。
② [美]迈克尔·哈特、[意]安东尼奥·奈格里:《帝国》,杨建国、范一亭译,南京:江苏人民出版社2005年版,第294页。
③ 陈培永:《后帝国主义时代的革命主体建构——哈特、奈格里的"大众"理论辨析》,载《理论探讨》,2011年第4期。

帝国权力的反抗。

奈格里认为生命政治哲学是一种反权力和反控制性的创构性政治原则，并且它为无产阶级建立了集体主体性的模式，站在生命政治哲学的非物质劳动视域，可得知生命政治的主体性表现在无产阶级的自由之上。奈格里将马克思的政治经济学引入后福特制的资本主义生产方式后，其结果必然是对阶级斗争的拓展。在后现代社会积累的财富中日益呈现出非物质形态，生命主体的生产已经处在一种社会交往、信息和情感的网络之中，并造就了一个具有强烈欲望且向往自由的主体。生命政治体制下的阶级斗争不同于传统形式，它是一个拥有复杂阶级构成的集体主体性共同联合起来反抗帝国的斗争，这个新的主体就是生成并且颠覆帝国的诸众。

第三节 政治学方法：从生命政治的剥削走向货币政治学

当代资本主义的劳动范式已经由物质劳动转向到非物质劳动，劳动形式的转化带来了新的问题：劳动形式的改变是否影响到剥削方式的转变？沿着这一思路，奈格里对当代资本主义社会的新剥削形式进行了深入探讨，且不同于马克思的解读方式。他不仅深入分析了非物质劳动条件下剥削的新形式，并且把它与帝国的危机和大众的解放与对抗联系在一起。这与他的革命主体政治学所理解的阶级斗争的历史作用有关，因此他特别重视对资本主义社会中剥削方式的解读。奈格里对非物质劳动条件下新剥削方式的分析和解读，不仅有利于学界清晰地理解西方左派关于当代资本主义的学术观点，也有利于研究者从多角度对这一问题进行分析和切入。

由生命政治的剥削范式走向货币政治学的过程，奈格里特别强调货币

"再思"马克思社会解放的革命主体——奈格里政治哲学思想探析

理论在马克思《大纲》中的核心地位,进而将马克思政治经济学中关于货币的理解阐释为一种货币政治学理论。奈格里认为《大纲》是马克思政治思想发展的中心,因此他对马克思"货币章"的解读坚持了社会的物质生产和阶级斗争在历史过程中的决定作用。奈格里通过对《大纲》的政治性解读有意识地、系统地挖掘出货币现象背后所蕴含的社会关系的对抗性;从对货币的批判转向对权力的批判。《大纲》中对货币的批判为我们提供了一个极有学术价值的研究视域。

一、新剥削方式:生命政治剥削

由非物质劳动所引导的劳动范式的转型并没有终结传统剥削方式的存在,相反,在非物质劳动条件下剥削具有了新特征。在《帝国》中,奈格里指出:"说帝国是'自在的善'并非等同于说它是'自为的善'。尽管帝国在埋葬殖民主义和帝国主义的过程中确实发挥了一些作用,但同时它又建立起了它自己的以剥削为基础的权力关系,在许多方面新权力关系比已被摧毁的旧权力关系更野蛮。现代性系统辩证法的终结并未带来剥削辩证法的终结。"[①] 可见,非物质劳动并没有带来自由、平等、共享社会财富的"善",而是以更加强大的力量控制、剥削着民众。财富被控制在少数人手中,民众依然生活在贫困的边缘,贫富差距不断被拉大,剥削的力度不但没有减少,反而在爆炸性地不停膨胀。奈格里试图通过揭露这种新的剥削方式和新的阶级斗争形式,来建构一种有利于社会解放的新革命主体理论。

奈格里认为马克思以工业社会作为背景所提出的剩余价值和剥削理论,已经不足以说明非物质劳动范式中新的剥削形式。奈格里认为非物质

---

① [美]迈克尔·哈特、[意]安东尼奥·奈格里:《帝国》,杨建国、范一亭译,南京:江苏人民出版社2005年版,第2页。

劳动所生产的是信息、情感、合作等内容，这些产品是无法通过计量单位来测量的，因此它不同于传统工业社会所提出的物质劳动产品。在他看来，在当代资本主义社会中马克思的剩余价值及剥削理论需加以修改。在剩余价值的生产过程中，过去在工厂中占据核心地位的是从事生产的劳动者，但现如今这种核心地位已经越来越被信息化、智力化、非物质化的劳动所取代，并且非物质劳动的成果已经超出了资本力量的控制之外，新的政治价值理论把一种新的资本主义价值积累问题推向了剥削机制的核心。在当代资本主义社会中，生命政治劳动所创构的价值是一种政治主体维度上的价值。资本对这种新的政治价值无法控制，因为资本无法控制生活过程的总体。奈格里从生命政治剥削的角度对非物质劳动所产生的成果进行切入，他认为这种成果并不是一般意义所指的商品，而是一种虚拟性的财富。例如，当某人占有了知识、信息的时候，并不影响其他人对此的同时占有，可见虚拟性的财富具有不受约束性的特点。

奈格里将物质劳动和非物质劳动进行对比，分析出两种不同的剥削方式。在物质劳动条件下。首先，资本通过对活劳动的购买把活劳动变为商品（劳动力），一种可变资本。其次，资本把原材料变成不可变资本，最终强迫在工厂中的劳动者按照它所规定的方式进行生产劳动。在某种意义上，资本本身是一种生产性过程，因为它推动了整个劳动过程的不断发展。但在非物质劳动条件下，即使资本家投入很多资金，如果劳动者不具有充分的创造才能也是无济于事，因为在整个生产过程中资本并不起决定性的作用，劳动者才是具有核心地位的生产者。奈格里认为生命政治的剥削是指，在非物质劳动生产过程中所创造的劳动成果被资本所强占的过程。例如，通过对脑力劳动者所生产的专利，即共有之物的占有和剥夺。在整个非物质劳动生产过程中，具有创造力的劳动者处在最核心的地位，资本已经失去了原有的核心地位。因此，资本对非物质劳动成果的占有只是一种处于外在性的占有方式。奈格里指出："通过生命政治的剥削，资本俘获和征用的价值在某种意义上是在外在于它的过程中被生产出来的。

"再思"马克思社会解放的革命主体——奈格里政治哲学思想探析

这就是随着生命政治的生产越来越获得霸权性,经济学家们更喜欢用'外在性'概念来理解价值的增加与减少的原因。"① 在建立了新的价值理论之后,随之形成的便是新的主体性理论,奈格里强调的便是这种政治——主体的解读维度。在政治——主体的维度上,主体已经不再是处于外在性之中,它已经变成最重要的内在性要素了。

非物质劳动生产过程不只是生产非物质劳动产品,也生产具有新诉求的新主体。由此可知,新的价值理论与新的主体性理论是共同存在的。资本不仅对非物质劳动成果进行了剥夺,同时也是对政治——主体所取得的成果的占有。非物质劳动并不只局限于工厂中,它遍布整个社会,例如具有创造力的劳动者也许在睡觉或沐浴时就可以产生出新思想。可见,生命政治的剥削并不仅仅局限在资本家的工厂之中。奈格里指出:"剥削和支配的对象已不再是具体的生产性活动,而是一般性的生产能力,也就是抽象的社会活动和它所具有的包容一切的力量。这种抽象劳动是没有固定处所的活动,然而它非常强大。它是脑和手,灵与肉的无间合作;它是流动中的广大工人的欲望和追求,同时它也是广大智力和情感工作者的智性力量和语言,交往建设。"②

剥削出现的地方必然会有抵抗,因此也会产生危机。奈格里认为,生命政治劳动所指向的并不是传统工业社会中处在工厂里的雇佣劳动,它指向非固定性场所中劳动者的创造能力。可见,资本对生命政治劳动的剥削并不是指传统意义中可以用单位劳动时间来进行度量的经济价值,而是对非物质劳动所创造的共有之物的剥夺和霸占。奈格里所指的共有之物不仅因为它在整个生产过程不受资本所控制,而且因其具有共有性,并且可以

---

① Hardt, M. and Negri, A., 2004, *Multisude*, New York: The Penguin Press. 2009, Commonwealth, Cambridge, Massachusetts: The Belknap Press of Harvard University Press.

② [美]迈克尔·哈特、[意]安东尼奥·奈格里:《帝国》,杨建国、范一亭译,南京:江苏人民出版社2008年版,第205—206页。

在社会网络中进行自由流通，使其共有性变得越来越具体和自由。奈格里认为："与剥削的对抗在全球的生产网络中体现出来，并决定这各个节点上的危机。危机同资本主义生产的后现代的整体共同扩张，这是帝国控制所独有的……随着社会被真正吸纳到资本之下，社会的对抗力量可以在每一时刻，在交际性生产与交换的每个阶段作为冲突爆发出来。"① 可见，资本对共有物的剥削和霸占所引起的反抗，以及由此而引起的危机都具有共有性的特征。这种对抗与危机会随时爆发出来。资本总是希望可以永远对劳动力进行控制，在工业社会中的物质劳动时期这种控制的确占据核心地位，因此在经济危机和灾难来临时，它不但不会被击垮，反而会催生出资本的新积累。但在非物质劳动条件下情况已经发生了很大的变化，资本主义的控制对于生命政治劳动的发展是一种羁绊和束缚，因此资本的控制不但不会使生命政治屈服于它，而且还加重了危机的矛盾。资本之所以无法再对劳动力进行控制，是因为生命政治劳动的整个过程已经超出了资本所能控制的范围。奈格里认为，由于非物质劳动成果自身的特点（信息、沟通、知识、交流、情感），使得资本无法控制和占有。正是在这种无法被控制的情况下，生命政治劳动中才内含着革命和解放的潜能。基于资本逻辑自身所蕴含的内在矛盾，即资本总是强迫劳动者超出他的必要劳动来做剩余劳动。虽然在生命政治劳动下资本无法随心所欲地控制劳动者，但是资本家通过专利等方式对共有之物进行占有，这就可能导致作为大众的新主体的不满和反抗，使生命政治的危机爆发出来。

资本主义的任何控制对于生命政治劳动都是一种压制，资本的控制与生命政治的劳动生产率是相互矛盾的。为此奈格里深入研究了在非物质劳动条件下资本对劳动进行控制的策略。资本通过内、外两种策略对生命政治劳动进行控制。就内部控制而言，资本通过国家来对生命政治劳动进行

---

① ［美］迈克尔·哈特、［意］安东尼奥·奈格里：《帝国》，杨建国、范一亭译，南京：江苏人民出版社 2008 年版，第 370 页。

监管和控制,通过这样的方式对生命政治的劳动过程进行统治和分化。就外部控制而言,资本通过专利、出版等方式对生命政治劳动成果进行占有和控制。金融体系通过对资金的操控,强制对生命政治劳动成果进行私有化。此外,资本主义国家通过对移民政策的设置,以及城乡之间设置的壁垒来阻止劳动者之间进行文化、意识及社会层面的融合。生命政治劳动下的劳动者本应拥有自由的劳动时间,但资本迫使这种劳动进入到一种不稳定的状态,由此来操控劳动者的生产效率,当劳动者进入到一种不稳定的状态当中,他便不是自由的。在非物质劳动条件下,资本设法对劳动进行操控,恰恰跟生命政治劳动相对立。资本的控制只能揭露其自身存在的矛盾性,要想彻底对资本进行批判,必须深入研究其背后所隐藏的货币理论,进一步深化对作为权力的货币政治的解读。

二、货币政治学：从货币批判到权力批判

奈格里认为,在马克思的《大纲》中货币理论占据核心地位,他将马克思关于货币的政治经济学阐释为货币政治学。他聚焦于对货币理论的深入分析,系统地将马克思关于货币的政治经济学阐述为一种对资本主义进行深入批判的货币政治学,并深化了对货币作为权力的进一步认识。货币本身就是共同体,它是一种凌驾于劳动之上的社会权力形式。众所周知,马克思《大纲》的主要逻辑脉络是从对货币问题的论述开始的。货币拥有一种神奇的力量,它能够揭示出蕴含在价值体系中的社会关系。货币直观地揭示了价值在整个剥削过程中的功能,即它可以用作交换,在此基础上价值也可以作为一种指令形式。奈格里认为"货币只有一面,即作为老板的一面"[①]。

---

① [意]安东尼奥·奈格里：《〈大纲〉超越马克思的马克思》,张梧、孟丹、王巍译,北京：北京大学出版社2011年版,第43页。

第二章　奈格里政治哲学的内在逻辑

奈格里强调马克思《大纲》以货币章开篇，因为货币问题在其理论构建中处于核心地位，且"《大纲》是马克思革命思想的顶点"①。在《大纲》中价值规律的表现形式不只是间接的，它还直接表现为是一种剥削的规律。货币作为价值规律的唯一表现形式，表现为一种社会关系的形式。在奈格里看来，"价值——货币难题立即指向对价值的具体化，这一点从未出现在马克思著作的其他地方。从货币——形式到商品——形式，从《大纲》到《资本论》的各种文本，只增加了问题的抽象性与迷惑性。"②货币的抽象性是政治经济学的难点，马克思以商品交换的历史逻辑为起点，进一步揭示出货币的抽象性和迷惑性。货币是价值的外在表现形式，肉眼并不能看到价值，因此只能置身于由货币所构造的商品世界之中，货币以其自身表现了商品的定价。对货币的历史形态分析是为了对危机本身进行分析，马克思在写作《大纲》期间，资本主义世界正面临着严重的经济危机，这突如其来的首次危机使一些学者深思应对的策略。蒲鲁东和达里蒙认为，资本主义危机应该通过对货币功能的改革得到完善。但马克思认为并不是简单地改革，货币本身就暗含着不平等和危机。"马克思注意到，如果货币是一个等价物，如果它有等价物的形式，它首要是社会不平等的等价物。那么，危机并不是来自于平等化的社会中流通的不完善，它也不能被平等的社会中流通的改革所纠正。危机是从生产关系的不平等而来的，只能通过克服这种不平等而被克服。货币隐藏了一个内容，即它是最不平等的，剥削的东西。剥削的关系是货币均价的一个内容，更重要的是，这一内容不能被发现。而马克思揭示了它。"③

---

① ［意］安东尼奥·奈格里：《〈大纲〉超越马克思的马克思》，张梧、孟丹、王巍译，北京：北京大学出版社2011年版，第38页。

② ［意］安东尼奥·奈格里：《〈大纲〉超越马克思的马克思》，张梧、孟丹、王巍译，北京：北京大学出版社2011年版，第43页。

③ ［意］安东尼奥·奈格里：《〈大纲〉超越马克思的马克思》，张梧、孟丹、王巍译，北京：北京大学出版社2011年版，第46页。

"再思"马克思社会解放的革命主体——奈格里政治哲学思想探析

奈格里认为马克思在批判资本主义的基本逻辑时,指出了由货币理论走向剩余价值理论的过程。他强调,"货币是联结整个资本主义指令弧的黑线;剩余价值理论是代表工人的立场并与之相对立的一条红线。"① 在《大纲》中,货币的核心力量处于中心地位,在马克思看来,货币作为价值的独立形式是连接资本主义社会的纽带和中介物。货币作为资本和雇佣劳动的一般形式,显现出资本的统治和控制权力。与此同时,货币也内在的蕴含着资本主义危机的可能性。我们只有从货币这个基础环节出发,才能真实地揭示出隐藏在其背后的资本之谜,进一步厘清资本主义社会赖以生存的社会制度和权力问题,即一切社会都受到货币的支配和控制,资本主义社会赤裸裸地表现为一种权力关系。"这就是货币的压迫。让我们研究它从而毁灭它。"② 奈格里对马克思的货币理论作了政治学解读,并将其诠释为一种货币政治学。

资本主义加强了货币剥削的社会属性。马克思强调货币具有的政治实在性,即货币作为一种先验的、普遍性的社会权力对现实社会及人起到了支配作用。货币的支配性权力是在整个生产商品的过程中发展出来的,随着生产的不断扩大,货币的权力也在不停增长,同样交换关系演变为一种外在于生产者,且不依赖于其的普遍权力。"货币没有造成这些对立和矛盾;而是这些矛盾和对立的发展造成了货币的似乎先验的权力。"③ 货币作为一种价值形式,是不平等的代表,也是权力关系的实质性代表。马克思认为:"毫不相干的个人之间的互相的和全面的依赖,构成他们的社会联系。这种社会联系表现在交换价值上,因为对于每个个人来说,只有通过交换价值,他自己的活动或产品才成为他的活动或产品;他必须生产一切

---

① [意]安东尼奥·奈格里:《〈大纲〉超越马克思的马克思》,张梧、孟丹、王巍译,北京:北京大学出版社2011年版,第88页。

② [意]安东尼奥·奈格里:《〈大纲〉超越马克思的马克思》,张梧、孟丹、王巍译,北京:北京大学出版社2011年版,第50页。

③ 《马克思恩格斯全集》第30卷,北京:人民出版社1997年版,第95页。

第二章 奈格里政治哲学的内在逻辑

一般产品——交换价值,或本身孤立的、个体的交换价值,即货币。另一方面,每个个人行驶支配别人的活动或支配社会财富的权力,就在于他是交换价值的或货币的所有者。他在衣袋里装着自己的社会权力和自己同社会的联系。"①

与传统中从物质生产为出发点来揭示权力对人与社会的角度相反,奈格里以经济分析出发揭示货币权力的基础与前提,而《大纲》本身就具有一种政治性的逻辑。奈格里特别强调《大纲》的基础和中心是货币,而《大纲》对货币的分析不只是从经济学的角度切入,它表现为一种货币政治学。"如果世界市场被认为是资本主义霸权的实现,那么应该在此基础上进行对阶级关系的分析:从这一事实中孕育出来的政治学。因此,从货币到剩余价值——这就是提供阶级武器的政治学途径。"② 奈格里使研究者以政治的维度深入到对《大纲》的理解。

正如马克思所说,货币被作为资产阶级的最高霸权形式,它居于资本主义社会的核心地位。货币的霸权形式和工人的叛乱相并肩,并构成了一种重组的支配性尝试,剩余价值理论正是在此基础上孕育出来的。马克思认为,货币是权力的同义反复,其权力将扩散到世界的每个地方。货币是凌驾在社会及个人之上的普遍社会权力,并且它作为一般财富的个体化,行使了对整个世界的普遍权力。马克思认为,仅从生产的角度来考察生产,在这里货币关系等同于生产关系。奈格里坚持从马克思的生产逻辑出发,揭示了货币的不平等性,并充分展现出其压迫和剥削的实质。但货币制度本身所蕴含的意识形态效应就具有欺骗性,需要我们来破除。马克思强调,"货币关系规定的特点就在于:在从简单意义上来理解的货币关系中,资产阶级社会的一切内在的对立在表面上看不见了,因此,资产阶级

---

① 《马克思恩格斯全集》第 30 卷,北京:人民出版社 1997 年版,第 105 页。
② [意] 安东尼奥·奈格里:《〈大纲〉超越马克思的马克思》,张梧、孟丹、王巍译,北京:北京大学出版社 2011 年版,第 85 页。

"再思"马克思社会解放的革命主体——奈格里政治哲学思想探析

民主派比资产阶级经济学家更多地求助于这种简单的货币关系,来为现存的经济关系辩护。"① 在今天,仍有许多人对货币的理解停留在表层,他们认为货币具有高度的自由性、平等性,并认为现代民主正是对交换价值的直接表现,奈格里特别强调马克思的论述:"交换价值不会发展成为资本,或者说,生产交换价值的劳动不会发展成为雇佣劳动,这是一种虔诚而愚蠢的愿望。"②

在马克思看来,货币"本身就是共同体,它不能容忍任何其他共同体凌驾于它之上"③。奈格里以政治学的角度为出发点来解读《大纲》,他认为其自身蕴含了深刻的共产主义思想。在马克思看来,货币是一种具有内在矛盾性的社会关系,它意味着剥削、控制、危机的可能性,但同时也表现出颠覆与对抗的可能性与必要性,从而走向共产主义。如何走出资本主义社会的货币危机?根本之道是推翻现存的价值规律,摧毁作为资本的货币,只有共产主义时对资本主义社会的全盘否定,我们必须从内部瓦解资本主义,以工人的主体性和革命性作为潜在的财富来颠覆它。奈格里认为,"颠覆的运动力量强大,以至于过渡的形式不是简单的对立,而是建造新主体,并且它有引发大变革的巨大潜力……颠覆是彻底的,绝不允许任何妥协。这是个新主体,丰富而且充实的新主体。"④ 摧毁货币的霸权和资本主义社会的统治需要唤醒无产阶级的反抗力量,实现阶级斗争的对抗。奈格里指出《大纲》的写作目的是发展出一个新的主体,使这个新主体与资本处在一种对抗性关系之中。

---

① 《马克思恩格斯全集》第30卷,北京:人民出版社1997年版,第195页。
② 《马克思恩格斯全集》第30卷,北京:人民出版社1997年版,第204页。
③ 《马克思恩格斯全集》第30卷,北京:人民出版社1997年版,第175页。
④ [意]安东尼奥·奈格里:《〈大纲〉超越马克思的马克思》,张梧、孟丹、王巍译,北京:北京大学出版社2011年版,第208页。

第三章 奈格里政治哲学的核心概念：新革命主体

奈格里由对客观主义范式的批判到革命主体性话语的逻辑体系，彻底颠覆了资本与劳动的力量关系。奈格里批判资本与劳动非此即彼的本质主义思想，重构了资本和劳动的力量关系，并提出了二者对抗的双主体观，以阶级斗争的革命政治学为基础，将其重心结构转向劳动阶级的构成之上。奈格里对传统历史唯物主义的构架持批评态度，他试图超越这种传统构架的束缚，重新解读马克思和历史唯物主义，基于资本主义社会的转型期从新的理论角度赋予马克思阶级斗争理论以新的生命力，并重新唤起对资本与劳动两大主体的深入思考。

奈格里立足于对马克思《大纲》的解读，并通过解构——建构的双重逻辑分析，重新确立起革命主体性的逻辑构架，将分析的视角转向革命主体性的解放和共产主义理论的议题之上，用生命政治学的逻辑分析对马克思的无产阶级理论进行了重构。在帝国主权统治下，诸众作为反抗资本主义统治的全球政治的主体性力量，是受资本统治和控制的普遍大众的新联合体，并生成后现代性语境下的新革命主体。革命主体性概念一直是奈格里政治哲学研究的核心思想。奈格里革命主体性思想的构建是从《大纲》的解读开启的，他认为在这部著作中马克思的革命主体性思想达到了巅峰。他把共产主义的现实根基放在以诸众和共有者为核心的后帝国主义时代的政治解放规划之中。但他所建构的革命主体性仅局限在《大纲》中,他并没有深刻理解马克思对资本主义矛盾的客观分析。

奈格里指出:"我们要认识到,劳动与反抗的主体已发生了深刻的变化。无产阶级的构成已经历了转化,故而我们的理解也必须转变。从概念上讲,无产阶级以成为一个十分宽广的范畴,它包含所有那些自己的劳动遭受直接的和间接的剥削,屈从于资本主义生产和再生产范畴的人。"① 可见,诸众是一种新的无产阶级,而不仅仅是工人阶级。诸众的概念并非只是马克思所指认的产业工人,作为被剥削的无产阶级,它是指整个社会中受到资本压迫的人们。诸众作为社会解放的新无产阶级,并不只是从事物质生产劳动的人。"在帝国的生命政治情况下,资本的生产甚至更多地和社会生活自身的生产与再生产汇合起来。由此要保持生产的、再生产的和不生产的劳动间的区分变得更加困难。劳动——物质的或者非物质的,智力的或者肉体的——生产与再生产社会活动,并在此过程中受资本的剥削。生命政治生产的广阔图景让我们最终认识到无产阶级概念的完全的普遍性。"② 今天,在资本主义生产过程中,非物质劳动力量占据了核心位置,它使分散于社会各个层面的非物质生产的劳动者成为当今社会解放的新主体。也由此,奈格里衡量无产阶级主体的概念,不再是从事传统工业生产的雇佣关系,而是涵盖了一切屈服于资本主义生产关系的分散性劳动时间。

---

① [美] 迈克尔·哈特、[意] 安东尼奥·奈格里:《帝国》,杨建国、范一亭译,南京:江苏人民出版社2005年版,第67页。
② [美] 迈克尔·哈特、[意] 安东尼奥·奈格里:《帝国》,杨建国、范一亭译,南京:江苏人民出版社2005年版,第457页。

第一节 革命主体的生产逻辑：重构资本和劳动的力量关系

奈格里认为在当今世界全球化的资本主义时代中，正统的马克思主义面临着许多急需解决的理论问题，并对马克思的革命主体性问题进行了创造性的解答：重构了资本与劳动的力量关系。正统的马克思主义在分析资本与劳动的关系问题时，总是采取一种同质性的相互依存关系。在某种意义上，资本总是表现为对劳动的统治性关系，即资本通过控制和调节劳动，使其更好地服务于资本。奈格里试图颠覆资本与劳动的关系，重新确立劳动的主体性，并坚持把劳动作为潜藏在资本主义社会中的核心性力量。资本和劳动力量关系的颠倒，使劳动者成为与资本相对抗的力量，并进一步揭示出其所蕴含的革命主体性及社会解放性关系。

一、资本与劳动：对抗性政治的双主体

正统的马克思主义总是以劳动从属于资本的统治为前提条件。但奈格里认为应该持续地关注劳动的力量，并强调社会性自身的维度，因此整个社会关系都处在劳动运行的基础之中。他立足于资本主义社会的转型，以此为背景对劳动进行关注是其理论的中心思想，重构资本和劳动的力量关系也是其政治哲学的核心议题。奈格里认为与传统马克思主义的客观研究范式不同，《大纲》完美地将对资本的客观分析与阶级斗争的主体结合起来，因此他认为《大纲》是马克思革命思想的巅峰之作。但这种革命思想并不是一般意义上的革命政治，它属于一种对抗性的政治哲学。奈格里认为马克思关于资本主义经济学家对劳动的提法是持赞同态度的，即劳动是

"再思"马克思社会解放的革命主体——奈格里政治哲学思想探析

所有社会财富的源泉。由此可见,马克思关注的核心议题并不是冰冷的资本逻辑,而是资本的内在性矛盾,以及资本主义的毁灭之路,这是一种对抗性的政治哲学。

奈格里认为资本是在与工人之间的对抗,以及在压迫和剥削的斗争中逐渐成长起来的,资本发展的核心是对抗。劳动在改造对象的同时,也改变着自身存在的形式,劳动的使用价值变成了资本的使用价值,资本通过工资的形式控制着必要劳动。因此,资本只有完全侵占了整个生产过程时,才能对剩余价值进行量化。但对抗是不能够被量化的,只有剥削才使量化变为可能,并赋予其意义。资本虽然具有自我调节和自主的特性,但在其发展的过程中必然会遭到阻碍和对抗。与正统的马克思主义不同,奈格里认为在不停地扩大价值的整个生产过程中就蕴含着许多不稳定性的因素,并且这些因素具有很强的对抗性。可见,资本只是作为一种关系性的存在主体,并不是唯一的主体。工人阶级的抵抗性被货币以工资的形式神秘化了,并且被资本不断修复。在修复的过程中存在着一个动态性的关系:资本与劳动的力量关系,在资本的压迫下,工人的反抗是不断发生的,无产阶级试图扩展非工作领域。马克思说的特别清楚:"工人参与更高一些的享受,以及参与精神享受——为自身利益进行宣传鼓励,订阅报纸,听课,教育子女,发展爱好等等——这种使工人和奴隶区别开来的分享文明的唯一情况,在经济上所以可能,只是因为工人在营业兴旺时期,即有可能在一定程度上进行积蓄时期,扩大自己的享受范围。"[①] 这意味着工人对非工作领域的扩展和对资本压迫和控制的抵抗,工人的主体性逐渐得到显现。

资本以一种绝对的方式变成了工人的对立面,阶级斗争并不会自我调节。可见,任何关于对抗的学说都与资本紧紧相连。每当对抗发生时,资本制服对抗的全过程不只表现为一种简单地统一过程,也充分表现它自己

[①] 《马克思恩格斯全集》第30卷,北京:人民出版社1997年版,第247页。

第三章　奈格里政治哲学的核心概念：新革命主体

作为一个主体的过程。资本在运转的过程中具有了主体性：资本积累意味着自身增值的过程，并且资本把自我保存的社会代价作为自己的主体化因素。资本在生产和再生产的过程中表现出一种扩张性和控制性的力量。在整个增值过程中劳动被控制，其自治性被极大程度地削减。在增值的过程中，资本具有了控制的主体性。在看似平等的交换背后，资本与劳动相分离：工人在生产中获得了自身的价值，即工资，使得工人可以保存其自身的使用价值。工人以不断再生产进行着回应，即便这一价值被不停地掠夺，工人的全部活动都处在资本家的控制之下。

简单劳动是财富的原材料。马克思认为，"如果工人只需在花费半个工作日就能生活一整天，那么，他要维持他作为工人的生存，就只需要劳动半天。后半个工作日是强制劳动；剩余劳动。在资本方面表现为剩余价值的东西，正好在工人方面表现为超过他作为工人的需要，即超过他维持生命力的直接需要的剩余劳动。"[①] 在剩余价值理论中，剥削力量与创造性力量之间的联系暗示了对作为革命主体的原材料的重新限定。事实上，历史上并不只是表现为资本的发展史，工人阶级的斗争并不总是被消解在资本的总体运行之中，资本并不总是扮演着历史舞台的主角，工人阶级也并不是只充当着历史舞台的配角。资本主义社会的发展伴随着劳动者力量的不断增强，也意味着阶级斗争的激化。可见，在资本最具有控制力的地方，劳动者的力量反而最强大，此时的劳动者已经成长为资本无法克服的力量，他们时刻表达着自由独立的欲望，这是使资本主义社会统治历史的终结性力量。

在新的历史时期，劳动者已表现出生机勃勃的力量，他们不再作为资本主义的消极对象，而将作为新的主体性力量出现。奈格里认为马克思对阶级斗争的切入点是以资本为核心的视角，他仍然把工人阶级的作用归结

[①] 《马克思恩格斯全集》第 30 卷，北京：人民出版社 1997 年版，第 285—286 页。

"再思"马克思社会解放的革命主体——奈格里政治哲学思想探析

为资本主义的理性之上。资本和劳动分别代表着两种完全不同的利益主体：前者不断调整自己的结构化以便在现实中实现自己对工人阶级的统治和征服，后者则不断增强自身的力量凸显其自主性。"资本自身的调解组织旨在依照自身总体化的迫切需要，而瓦解和重构工人阶级的组织，工人阶级的组织则试图瓦解资本主义对工人阶级的系统化，并提升自身动力的、对抗的和自主的组织形式。"① 资本无法阻止工人阶级的政治构成，只能将其设立为一种外在性的对立面，以掩盖自身所具有的内在矛盾。奈格里彻底颠覆了对资本主义所固有的观念，而将分析的视角转移到资本—劳动的对抗性之上。工人阶级把资本主义生产力的发展作为其阶段对抗的根基，工人将打破现有生产过程中的组织形式，重新获得对生产力的占有，进一步实现自身的主体性。对工人阶级主体性的理解不应仅停留在对资本的否定的层面，还应该更加关注其对革命未来的积极筹划之上。

从福特制向后福特制的转型，充分说明资本主义生产方式发生了根本性的变革，资本主义社会的历史发展的核心也已经转移到工人阶级斗争的历史之中。奈格里强调工人阶级的首要性和阶级斗争的核心性，把资本主义社会的历史发展解释为对工人阶级斗争的历史性回应。传统的历史唯物主义不再表现为纯粹客观的社会历史形态过程，而是被阶级斗争的主体性所替代。阶级斗争不再归属于客观层面的社会历史过程，而是表现为历史性发展的决定性力量。

奈格里认为在资本主义社会中对工人阶级的控制和统治已经从形式吸纳过渡到实质吸纳阶段，但仍然不会削弱工人阶级的能动性，相反，工人阶级的联合会更加紧密。在资本越是密集的地方，越是工人阶级更加团结的地方。奈格里强调，如果我们拒绝资本逻辑学派的客观性看法，他们声称资本掌管着一切，对这种说法的拒绝要避免的是把资本简单化的归类于

---

① Mayyeo Mandarini, "Antagonisn, Contradiction, Time: Conflict and Organization in Antonio Negri", in *The Sociological Review*, 2005, p.195.

对象性的主体之路。可见，把资本逻辑学派的看法进行颠倒并不能够解决这一问题。劳动并不只是作为资本主体的唯一对立面，而是一种双面性的内在对抗性过程。如果不伴随着劳动的扩张，资本的扩张便是行不通的，现代资本主义政治斗争呈现出一种资本—劳动的双主体性图景：资本家的发展不能彻底消除劳动主体，因此工人阶级必然出现。如果资本是作为一种主体，工人阶级就必然是作为另一种主体出现的。资本与劳动的对抗过程显现出一种政治性的双主体。

二、资本—劳动：颠覆性与对抗性

马克思的历史唯物主义辩证法之所以能够彻底揭穿资本主义社会的历史之谜，原因在于他深刻指出了资本主义社会中资本对劳动的压迫、统治和剥削，恰恰就在此处蕴含着劳动对资本统治的对抗与颠覆，以及最终实现自由和解放的现实可能性。马克思进一步指出暗含在资本主义社会发展中资本与劳动的对抗性，工人阶级由此发展成具有革命性的力量。从利润率下降的趋势性规律中可以分析出，由剩余价值的生产到利润的生产之间存在着一种对抗性，且这种对抗性呈现出不断扩展的趋势。

利润率的下降趋势表现在以下两方面。一方面，它揭示出资本主义社会的生产过程，要求资本必须含有将资本流通过程中资本社会化所包含的诸多条件，这充分说明资本将对这些条件进行侵占的趋势，而这一过程也是将剩余价值转化为利润的过程。另一方面，它深刻地揭示出从资本到社会资本所决定的新对抗性关系。利润的发展是不断地使自己变得越来越具有生产性和侵略性，这些变化是由劳动的关系所决定的，它表现为既发展又具有毁灭性的特点。利润自身的不断发展显示出它对劳动那种极端和凶猛的征服性力量，也越来越加强了劳动的对抗性。在这里劳动具有支配性的力量，利润的剥削和扩展与生产性的劳动密切相关。利润率的下降趋势充分地表明了劳动对利润的抵抗、资本家与工人之间的对立、资本与劳动的对立过程。从剩余价值理论到利润，可以看出二者既相互区别又相互联系，并且表现出一个蕴含在剩余价值理论中并扩展到全社会性的对抗性力量。

  利润是属于资产阶级的，并且在其发展过程中具有了政治形象，它不仅表现为是剩余价值的量，并且作为社会发展的对抗性，在此意义上它具有政治性的力量。这一过程引出了资本的政治性以及劳动的概念。在这两个对立的阶级中，可以看到两个对立的主体形式。二者表现为一种对抗性的力学结构，作为主体的劳动者即是利润理论的前提条件，又是其发展过程中的必然性结果。奈格里将资本和劳动都作为主体，认为二者都表现出强烈的对抗性关系。奈格里认为《大纲》的写作目的是，要发展出一个与资本的主体性相对立的工人阶级的主体性理论，但是只有在危机出现时，工人阶级才被重视。剩余价值的对抗性支配着资本的增值过程，如果资本的增值过程想扩展到流通领域就必须回到剩余价值过程中。在危机发生时，工人阶级亟须表达自身的主体性，说明工人阶级的对抗性具有统一性的特点。危机的规律性表现在必要劳动和剩余劳动的矛盾性当中。奈格里认为，如果资本表现为一种动态性的"活矛盾"，那么工人阶级就代表着对抗性的力量，也表现为越来越具有主体性的力量。资本的危机表现在对劳动的破坏和贬低，资本为了稳固其统治性和控制性，总是建构各种不同的剥削方式。

  马克思认为"在生产过程本身中，活劳动把工具和材料变成自己灵魂的躯体，从而使它们起死回生，——这种占有，事实上同下述情况相矛盾：劳动是无对象的，或者说，劳动只有在工人身上作为直接的生命力才是现实的；而劳动材料和劳动工具却在资本中作为自为存在的东西存在着。"① 活劳动以一种十分对抗性的方式，反对从死劳动到剥削力量的逐渐深化，它对统治和剥削进行反抗，并将自己作为对剥削和价值的对抗性和

---

① 《马克思恩格斯全集》第 30 卷，北京：人民出版社 1995 年版，第 333 页。

否定性存在。活劳动将承担历史的使命———一种新的革命性的反抗力量。

奈格里强调资本和劳动在流通过程中的对抗性和矛盾性，但他认为更重要的是寻找劳动的本源性力量和工人阶级的自我存在感。马克思在《大纲》中指出，生产劳动创造剩余价值，并使资本无限升值，但价值理论并不能完全揭示其内在机制，必须借助流通领域对其进行充分说明。只有借助流通领域才能揭示资本与劳动之间的对抗性，并进一步指出在劳动中存在的解放性力量。资本利用价值增值过程对劳动者进行统治，并使其成为资本的附属物，资本的统治吞食了劳动的主体性。资本主义社会的不断发展不仅带来了资本的无限增值，也暴露出其内在所蕴含的矛盾性。工人阶级的对抗已经出现在资本之中，并具有无限的解放潜能。奈格里强调："当今工人阶级斗争借以直接攻击剥削体系及其政治体制的过程。资本主义社会发展使工人阶级能够将共产主义战略的多样时刻转变成为一个过程，并将其统一为规划。"[①] 在解构资本的过程中，劳动的反叛性力量不断增强。

资本的特征就是永无止境地不断扩张以破除自身特有的限制，但正是因为其自身所具有的矛盾性使资本主义的灭亡成为必然。正如马克思所说："资本的垄断成了与这种垄断一起并在这种垄断之下繁盛起来的生产方式的桎梏。生产资料的集中和劳动的社会化，达到了同它们的资本主义外壳不能相容的地步。这个外壳就要炸毁了。资本主义私有制的丧钟就要响了。剥削者就要被剥夺了。"[②] 可见，资本主义社会中蕴含着无法消除的内在性矛盾，即资本和劳动，必要劳动和剩余劳动之间存在的根本性对抗关系。资本主义社会发展始终存在着矛盾性，其自身也无法消除，通过对这些固有矛盾进行深入分析，可以揭示出资本主义社会的暂时性。

---

① 宋晓杰：《政治主体性、绝对内在性和革命政治学》，北京：人民出版社2014年版，第30页。

② 《马克思恩格斯选集》第2卷，北京：人民出版社1995年版，第269页。

"再思"马克思社会解放的革命主体——奈格里政治哲学思想探析

劳动作为财富的来源,不只是在生产过程中构成价值的唯一来源,也是对抗资本主义社会极权统治的唯一力量,而且劳动将作为革命性的力量重构资本—劳动的力量关系。奈格里从劳动既内在于资本,又反对资本的逻辑出发,深入探讨了资本与劳动的关系问题。奈格里通过对劳动与价值的动态生产过程进行分析,将劳动的问题归属于工人阶级之根本性的革命政治学,这表达出一种超越资本主义社会结构的全新社会筹划的政治性想象。因此,"在资本主义社会中,劳动指向一个首要的和根本性的替代方案,它既把劳动当作反对资本主义社会的颠覆力量,又是另一社会的命题或断言。"①

劳动作为具有创造性和革命性潜能的主体与资本作为统治性和压制性权力结构的主体,分别代表着两种人格化的主体形式:工人阶级和资本家,这是阶级斗争的初级形式,也是两种主体之对抗性的逻辑原形。奈格里强调工人阶级构成阶级斗争的自变量,而资产阶级只是作为阶级斗争的因变量而存在。他彻底颠覆了资本与劳动的力量关系。劳动绝不是资本的剩余物,相反,在历史发展的过程中资本完全依赖劳动的斗争而存在。可见,奈格里从劳动出发对资本进行重构的决心,并将劳动视为历史运动的根本性动力源。他重构资本与劳动的力量关系,正是以革命性的主体性原则为根本,以阶级斗争为出发点,通过对资本主义社会的对抗与解构,最终创建一种满足于工人阶级自身发展和需求的自由和解放之路。

奈格里对资本进行了全面诊断,"资本充满了问题,传统的疗法无法治愈。无论是私有的、新自由主义的方式(无论是在单边或多边主义的指导下),还是公有的、以国家为中心的方式(凯恩斯的或者社会主义的),都没有产生任何积极效果。事实上,这些指示让事情变得更糟。我们应该竭尽所能地寻找一个新的治疗方案,虽然我们清醒地认识到,对疾病进行

---

① Micheal Hardt, Antonio Negri, *Labor of Dionysus: A Critique of State-form*, Minneapolis. London: University of Minnesota Press, 1994, pp.7-8.

彻底治疗可能会让病人彻底死去，安乐死反而可能是最为人道的结局，但是在接受这个事实之前，有良心的医生还是要不遗余力地进行正确的诊断，然后开出有效的药方。"① 可见，资本并不会长生不老，像其他生产方式那样，资本也会经历出生和死亡。当马克思和恩格斯描述欧洲城封建主义过渡到资本主义时，他们关注的是生产力的变化。当封建主义开始阻碍社会生产力的发展时，资本主义的生产和交换关系就开始出现，新的生产力刺激并带动生产的发展。此时封建社会的所有制关系已经不再适应生产力的发展，它已经在阻碍生产而不是促进生产，它变成束缚生产的枷锁。资本主义生产方式不断地扩张生产力，但最终将会阻碍生产力的发展，从而为下一种生产方式奠定基础。所以，问题不是人们的生活是否比之前变得更加糟糕，而是他们的能力是否能够得到全面的发展。今天，资本主义生产关系日益成为阻碍生产力发展的障碍。资本主义的生产方式并没有使人的创造力得到全面发展。事实上，在全世界范围内越来越多的现象表明，资本主义生产关系阻碍了绝大多数主体的创造力发挥。从资本的视角分析，越来越多的人口正在成为"可以被废弃的对象"。事实上，绝大多数受雇于资本的人口很少有机会去真正发展自己的能力，而是常常被束缚在日常的工作任务当中，这远远不能实现他们的潜能。在生命政治的语境下，这与全面就业没有任何关系，而是与增强人们的创造能力、协作能力、交流能力紧密相关。

奈格里强调资本对劳动的压制和统治，因此工人阶级必须通过抵抗的形式与资本主义进行彻底的政治决裂，才能最终摆脱资本主义的压迫。奈格里对《大纲》的重视原因在于，"资本主义趋势与工人阶级的趋势并存，通过流通而实现的交换关系的扩展与其毁灭并存。社会资本的组成首先是在其社会发展的层面上被统一起来，其次是从其自身的角度，即从其本身

---

① ［美］迈克尔·哈特、［意］安东尼奥·奈格里：《大同世界》，王行坤译，北京：中国人民大学出版社2016年版，第229页。

的物质组成的角度来看,是由于作为工人的联合存在的基础而存在的交换关系的毁灭而凸显出来的工人的阶级性和社会性。因此,我们看到了与资本的总体力量及其扩展形式的对立的爆发:一个新的主体出现了。马克思向我们展示了这一新主体的系谱学。"①

奈格里基于资本与劳动关系的重新定义,将马克思的劳动理论激化为阶级斗争的革命主体性理论,把劳动视为摧毁资本主义的唯一力量和获得自由解放的现实基础。奈格里揭示了资本与劳动关系的对抗性,并彻底颠倒了资本与劳动的力量关系,劳动不再是传统意义上的被剥削和压迫的对象,而是作为一种反抗性的力量主体,最终对资本主义进行解构和摧毁。

三、共同性产生对抗的力量

近年来在欧美流行的公地运动及其相关研究是"共同性"概念及其相关思想得以迅速发展的根本原因。共同性这个概念,多将"the common"翻译为公共资源、公共事务、公地等,指所有人都可以共享的资源,例如空气、森林和水等。对奈格里"共同性"概念的理解有助于我们追寻一种主体对抗性的力量。奈格里认为,物质世界的共同财富包括信息、语言、知识、符号和感受等在内的产生于社会发展进程中而又作为社会交往和再生产的前提。由此可以看出,它不仅囊括了传统自然公地、现代的知识公地,也包括抽象公地,例如,语言和情感也被纳入其中。奈格里的"共同性"概念更加侧重于对劳动和资本关系新形态的探索与分析。

非物质劳动最重要的特征是共有性。共有表现出一种特殊的占有形式,它既不属于资本主义的私有制,也不属于社会主义的公有制,而是共产主义概念之最初意义上的所有人的、每个人的共同占有。共有的基本特

---

① [意] 安东尼奥·奈格里:《〈大纲〉超越马克思的马克思》,张梧、孟丹、王巍译,北京:北京大学出版社 2011 年版,第 163 页。

点表现为，对财富的开放使用以及集体的民主决策。随着劳动者在社会生产中的交往互动越来越频繁，非物质劳动不仅产生了商品，也产生了人与人之间的情感关系，最终生产了人自身，这是一个广泛参与并共同创造的生产过程。因此，非物质劳动既是社会生产的结果，同时也是社会再生产和交往的前提条件，体现出共有性，正是在非物质劳动最重要的特性共有之中，由此奈格里看到了在当代实现共产主义的可能性。

资本主义以生产资料私有制为经济基础，资本逻辑通过剥削和压迫最大程度地将劳动者的劳动产品私有化。相反，在流通过程中非物质劳动产品并不受制于稀缺性和排他性逻辑，也不是有限的消耗品，而是随着广泛的传播和交流，不断提升自身价值的劳动产品。"当我与你分享一个观念或图像的时候，我思想的能力并没有弱化；相反，我们关于观念和图像的交流增强了我的能力。情感的生产、交流的网络以及协作模式直接就具有社会性，并为整个社会所共享。"① 知识和观念传播得越广，受众就越多，这种观念就越具有生命力。这一特征使得非物质劳动与资本逻辑相悖，正是共有性的这些特征有望带领劳动者走出资本主义的牢笼。奈格里认为，以非物质劳动和共有性为基础，预告了未来社会将逐渐建立起使每个人和所有人对生产资料进行共同管理和集体使用的完备机制。总的来说，奈格里寻求一种回归社会内部，特别是生产领域开展未来共产主义的筹划。基于生产资料共用、劳动成果共有，人与人相互交往、紧密协作，人与社会和谐相处，并实现可持续发展等，进一步构筑了共产主义图景。

传统政治观普遍将权力视为统治权，总是致力于为统治权寻求合法性的根基。纵观历史上无数的农民起义、无产阶级斗争，以及其他解放运动，可知权力从来都表现为二元结构，即统治与反抗的共同存在。在当代资本主义社会发展过程中，资本对劳动者的剥削和垄断造成了劳动者的显

---

① [美]迈克尔·哈特、[意]安东尼奥·奈格里：《大同世界》，王行坤译，北京：中国人民大学出版社2016年版，第202页。

"再思"马克思社会解放的革命主体——奈格里政治哲学思想探析

性异化,如模糊工作与休息时间、过度劳动、被迫劳动、缺乏劳动保障等。同时,资本还对劳动者制造了隐性异化,使劳动主体心甘情愿地进入异化状态,使劳动者变得脆弱且"贫穷"。这种"贫穷"既指劳动者被资本压制和剥削,也指人的创造力和潜力的"贫困",特别是政治行动力的弱化,使人陷入到种种生活困境之中,因此,反抗是权力的必然组成部分。奈格里在经历了一系列社会主义运动及意大利自治主义传统运动后,更加强调反抗在权力结构中的决定性作用,并赋予反抗以本体论的地位。奈格里认为,反抗并不等于共产主义,而是走向共产主义的必要条件。其中,奈格里的共产主义筹划是在反抗优先的基础之上,平衡统治与反抗的关系,从而建构一种新型现代权力关系——"另类现代性"。共产主义是对抗的裂变,以形成一种新力量来打破资本主义的权力秩序结构,创造出新型社会关系。

在寻找社会解放的新革命主体方面,奈格里将承担生产与反抗双重任务的革命主体称为诸众。非物质劳动直接产生新的生命形式。资本帝国时代的新主体已经突破社会生产过程中直接被资本家压迫和剥削的传统工人范畴,可以在每一个社会生产和生活的生命政治结构中找到,他们分散于社会生活的各个角落。他们在日常生活中不断增强自身的民主能力,从而实现世界大同。诸众用内在的生命政治去对抗帝国超验的生命权力。奈格里认为,当劳动产品表现为社会关系、情感交往时,经济生产就暗含着一种政治生产能力。这样的劳动形式为自主管理和经营提供了可能性,因为它无须外在权威就可以自主地进行交流与合作,从而生产具有直接民主形式的政治组织。当诸众获得了社会生产关系的民主决策能力时,统一性的政治主权将逐渐失去意义。

在诸众的民主形式之中,生命政治以内在性的方式出场,其中所有的差异性都可直接互动和协调,不再需要外在于社会的政治主权。诸众在非物质劳动领域中,创造出全新的生命政治。非物质劳动的流动性是诸众能够打破特定的地域限制,重新夺取空间促成彼此合作,使自身成为一个自

第三章 奈格里政治哲学的核心概念：新革命主体

由的生命政治存在。非物质劳动弱化了生产与再生产之间的界限，使诸众整日都在从事生命政治的创造。诸众作为社会解放的新革命主体，表现出"游牧式"的革命思想和非统一性的星丛式存在。作为新的革命主体，诸众就是一个可以相互交流的主体，在其中所有的差异性都得到平等的尊重，它使大家可以融洽地共同生活。其中，共同性成为抵抗资本帝国的有效力量。诸众通过普遍的生产、交流、反抗来反对资本霸权的统治和对共有性的私有化，最终实现自我管理。奈格里认为，在非物质劳动条件下，劳动者自身能够开展自主合作，从而摆脱资本的监督和训导。这意味着，诸众是自己的主人，也是新的社会解放的革命主体。这种自治民主体现出一种无层级、无排他性、无霸权性的政治组织形式。诸众在形成决策、生产、交往等行动中，自己是自己的主导者。

"诸众"的行程是以发动更加广泛的政治斗争为前提条件的，这是奈格里根据当下资本主义发展的行动向对社会解放的新革命主体的创造，是试图回到马克思式"宏大叙事"的激进尝试。奈格里以非物质劳动为经济基础，对未来社会的规划，表现出对主体政治的过度依赖，在理论论证过程中存在着对社会现实的片面化和简单化理解。奈格里认为，"诸众"具有自主性以及可共享的共同性产品对资本主义私有财产产生了巨大冲击，所以可以凭一己之力实现对资本主义关系的消解。但现实的问题是诸众在没有统一领导的情况下如何拒绝资本体系下的工作？诸众如何组织大家进行集体出走？劳动者之间的自主性合作关系如何能够逾越资本的控制？诸众如何达到有目的的政治斗争及集体革命意志的形成？以上出现的问题，奈格里并未给出有说服力的回答。马克思指出政治解放并不是人类最终解放的终点，必须以无产阶级的社会解放取代市民社会的政治解放，最终才能实现广大劳动人民、无产阶级及被压迫民族的解放。无产阶级是实现人类终极解放的革命主体，从而把无产阶级与人类解放辩证地联系在一起，超越了空想社会主义关于人类解放思想的抽象空洞。奈格里在寻求社会解放的新革命主体时，忽略了无产阶级联合革命的意义和重要性，忽略了无产阶级只有解放全人类才能解放自己的这一现实。

第二节　社会解放的新革命主体：革命主体的重新界定

资本主义国家是怎样走向帝国之路的？工人阶级是怎样转变为诸众，并生成帝国而又摧毁帝国的呢？奈格里试图以资本主义发展的全过程为视角，对阶级构成进行全面分析。工人阶级不是固定不变的静止状态，他们不停地改变着自己的组织结构，并且不停地反抗、斗争、争取自由独立的主体地位，以此来表达他们是不受统治和压迫的基本力量。奈格里对马克思《大纲》解读的核心思路就是，重建社会解放的新革命主体。在资本与劳动的对抗性关系中，使革命主体的产生具有了可能性，并在资本主义社会的内在矛盾下建构出具有反抗性力量的革命主体。在非物质劳动为主导的时代条件下，革命主体已经发生了根本性的改变：从工人阶级、专业工人、社会工人等不断地表现为阶级构成的动态性过程。奈格里站在全球化资本主义的新时代，提出了反抗帝国统治的新主体——诸众。这一新主体不同于工人阶级、民众、人民等，既具有反抗性力量，又具有理论建构性力量。奈格里深入分析了"诸众"主体，认为他具有对抗资本主义统治和超越资本主义统治的"共有"生产形式，并指出诸众具有摧毁资本的能力，是建构新社会的力量。

一、解构与建构的双重任务

奈格里对革命主体性问题的探讨是对马克思主义哲学理论的新探索，

他认为资本主义社会中存在两种主体：资本和劳动。在西方左派的批判理论中，社会批判者总是从物化现象开始对资本主义社会进行分析，他们始终强调资本逻辑的统治地位，并分析了这种统治所造成的普遍性异化劳动，使整个世界笼罩在"资本的囚笼"之中。奈格里也承认资本的统治地位，但他认为无限度夸大资本的统治只能削弱劳动的主体性，从而使人类追求自由和解放的道路十分漫长。奈格里强调，马克思已经非常清晰地描绘出资本主义社会的总体发展过程是一种资本与劳动的对峙状态。资本控制并压迫着劳动者，使得资本与劳动的对立性局面不断在新的层面被生产出来。劳动与资本的对抗性逻辑发展，最终创造了具有自主抵抗性的主体，即劳动阶级的主体性。在资本的统治和压迫下，劳动阶级的主体性是如何被生产出来的？奈格里深入分析了资本主义社会发展的内在矛盾性，以及工人阶级的对抗性，在此之上他对革命主体的重新筹划源于马克思主义。马克思强调，"一方面，劳动作为对象是绝对的贫穷，另一方面，劳动作为主体，作为活动是财富的一般可能性，这两点决不是矛盾的，或者不如说，这个在每种说法下都是自相矛盾的命题是互为条件的，并且是从劳动的下述本质中产生出来的：劳动作为资本的对立物，作为与资本对立的存在，被资本当作前提，另一方面，劳动又以资本作为前提。"[①] 在资本与劳动的对立过程中，劳动作为资本的对立面存在，在二者的对立过程中，劳动表现为一种主体化的过程。

要理解劳动的主体化进程，就要在资本主义社会的生产过程之中来理解这种对抗性关系。再生产是理解这种对抗性关系的前提条件，如果资本达到了增值和再生产过程的一体化，也就表明对抗过程的再一次出现，这种再生产过程的出现就是革命主体的再现过程。资本与劳动的对抗性逻辑过程并不是出现在一种平面化的直接生产过程中，而是在资本的再生产过程中不停地反复出现，因此这种对抗过程具有多面性。社会关系的再生产

---

① 《马克思恩格斯全集》第30卷，北京：人民出版社1997年版，第254页。

"再思"马克思社会解放的革命主体——奈格里政治哲学思想探析

环节是保障劳动成为主体的重要环节。资本与劳动的对抗性关系无法逃离资本的逻辑,虽然劳动已经成为一种主体与资本相对抗,但这种对抗关系仍内在蕴含在资本的逻辑关系之中。因此,对于何谓资本的逻辑关系,值得深入分析。资本的逻辑是通过矛盾性而全面展开的,资本逻辑的扩张过程并不是单向度的,在其发展过程中劳动的主体性已经显示出来。可见,资本逻辑本身就蕴含着无法克服的矛盾性,并最终体现在资本与劳动二元主体的对抗之中。在资本主义生产领域之中重新筹划革命的主体性力量,是解构和消除"资本主义幽灵"的重要任务。马克思论述道:"无产阶级宣告迄今为止的世界制度的解体,只不过是揭示自己本身的存在的秘密,因为它就是这个世界制度的实际解体。"① 与此同时,在生产领域建构劳动主体,是解构资本逻辑的整体过程。

奈格里把资本对劳动的统治性关系,颠倒为以劳动为主体的再生产过程,强调对资本的彻底解构和劳动主体性的重新建构,并在革命性的力量方面揭示出一个具有建设性的政治实践过程,以实现全世界人民社会解放的革命理想。劳动主体已经成为社会历史运动过程中的核心性力量,虽然它蕴含在资本主义结构之中,但始终作为建构性力量不断对资本进行解构。正如马克思所说:"到目前为止的一切社会的历史都是在阶级对立中运动的,而这种对立在各个不同的时代是各不相同的。"② 以劳动作为主体性和对抗性的存在,它既解构现实中存在的价值,又建构新价值;它既否定现实存在,又重新确立新的存在。解构—建构的双重任务,只能由资本与劳动的对抗性过程以及革命主体性的建构过程来完成。

奈格里认为资本与劳动不仅表现为一种对抗性关系,而且是一种具有差异性的共生性关系,最终劳动将成为人类解放的创造性力量。资本主义社会的统治和压迫过程不仅增强了资本的主体性,也建构了与其相对立的

---

① 《马克思恩格斯全集》第1卷,北京:人民出版社2012年版,第15页。
② 《马克思恩格斯选集》第1卷,北京:人民出版社1972年版,第271页。

第三章 奈格里政治哲学的核心概念：新革命主体

另一主体——劳动主体，进一步形成了在资本逻辑统治下的对抗性社会关系。在此基础上，资本和劳动表现为二元对立的主体，资本无法瓦解无产阶级的独立自主性，在资本生产的过程中劳动主体会不断完善和塑造自身的主体性，并与资本形成一种对抗性关系，最终成为解构资本逻辑的独立力量。

在价值稳定的过程中，资本成了阶级斗争的因变量，劳动才是阶级斗争的自变量，在此基础上在资本主义社会发展中，劳动已经成为具有独立力量的主体，并呈现出革命性。资本主义经济危机的出现，加速了劳动主体性过程的产生。在资本主义社会的整个生产过程中，从生产领域到流通领域都呈现出资本主义生产关系的种种矛盾性，也进一步表现出无产阶级劳动主体的对抗性和自由性，促进了资本主义的解体，奈格里称之为"在危急中显出了灵光的共产主义"。资本逻辑对劳动主体的统治与压迫，使劳动者具有了对抗性、自主性、自治性，并发展成为一种符合时代革命需求的、具有自治性的革命主体，最终形成一种改造现实的革命性力量。但是，不能简单地认为在资本主义社会的发展过程中，劳动主体将轻而易举地对资本进行解构，并把资本与劳动的对抗性关系理解为，一种此消彼长的简单性对抗关系。我们绝不能把"资本"简单地理解为一种物，更应理解为一种关系。资本与劳动的对抗性关系依然存在于资本逻辑的关系之中。总而言之，劳动已经成为主体并与资本相对立和抗衡：首先，体现在资本逻辑本身具有的内在性矛盾之中。其次，劳动主体也只能在资本逻辑所展现的矛盾之中得以确立。可见，资本本身无法消除其自身所具有的矛盾性，正如马克思所述："资本按照自己的本性来说，会为劳动和价值的创造确立界限，这种界限是和资本要无限度地扩大劳动和价值创造的趋势相矛盾的。因为资本一方面确立它所特有的界限，另一方面又驱使生产超出任何界限，所以资本是一个活生生的矛盾。"[①]

[①]《马克思恩格斯全集》第30卷，北京：人民出版社1997年版，第405页。

对资本的解构是对剥削和压迫的摧毁，这是对劳动的释放。奈格里对资本和劳动关系的颠覆是一种自治的、独立的动态过程，对抗性充分释放了劳动主体的自治性和革命性。可见，奈格里以总体解构和建构主体性的方法，将劳动对资本的从属性关系，颠倒为以资本和劳动的对抗性为基础的过程，使劳动主体成为革命和自由解放的新主体，最终实现对资本主义的彻底解构和革命主体的重新筹划。

二、帝国统治内部的抵抗者：诸众

奈格里的革命政治学是一种基于马克思主义理论的逻辑构架而不断展开的过程，但是在对革命主体性的重新界定上，他是"超越马克思"的。在经典的马克思主义理论传统中，资本主义社会的革命性力量是无产阶级，他在这里指向直接参与资本主义生产过程的劳动者。但随着资本主义社会生产方式的不断变革，与之相对立的革命主体也随之发生了变化，因此必须重新定义革命主体。在经典的马克思主义理论中，资本和劳动的关系总是表现为一种相互依存的同质性关系，在资本逻辑的统治之下，劳动表现为一种异化性的存在，并且总是受制于资本的压迫并被困于"资本的囚笼"中。奈格里深入分析了资本主义社会中资本与劳动的关系问题，通过对资本和劳动关系的彻底颠倒，揭示出劳动对资本的对抗性过程。奈格里对劳动主体理论的建构是基于马克思《大纲》的重新阅读开启的，通过对资本和劳动关系的颠倒，将劳动主体从中分离出来。

马克思在《手稿》中处理的是机器、资本、劳动三者之间的关系问题。但在此过程中马克思把机器看作固定资本，将关注的重点放在资本与劳动之间的关系问题上。随着资本主义社会生产的不断发展，工人已经不再是生产过程的主要参与者，一般社会劳动的代表不是劳动，而是资本。可见，"在这个转变中，表现为生产和财富的宏大基石的，既不是人本身完成的直接劳动，也不是人从事劳动的时间，而是对人本身的一般生产力

第三章 奈格里政治哲学的核心概念:新革命主体

的占有,是人对自然界的了解和通过人作为社会体的存在来对自然界的统治,总之,是社会个人的发展。"① 但这种个人的发展并没有带来任何的解放,相反,在资本的统治下,个人的全部时间都变为劳动时间,并服从于资本的统治。马克思清醒地看到,"最发达的机器体系现在迫使工人比野蛮人劳动的时间还要长,或者比他自己过去用最简单,最粗笨的工具时劳动的时间还要长。"② 奈格里再一次充分肯定了马克思已经意识到在资本主义社会中劳动者存在的双重性。首先,"是抽掉了劳动的实在性的这些要素而存在的活劳动(同样是非价值);这是劳动的完全被剥夺,缺乏任何客体的、纯粹主体的存在。是作为绝对的贫穷的劳动:这种贫穷不是缺少对象财富,而是完全被排除在对象的财富之外。"③ 其次,"劳动作为主体,作为源泉,作为所有财富的潜力。"④ 由此可知,劳动具有双重性。

奈格里对马克思《大纲》的解读是具有创造性的。他在人们认为是经济变量的因素中发掘了主体性力量;在资本主义社会发展的新时代中重新激活了马克思主义理论。劳动者作为主体不只是普通的生产者,更是一种与资本相对抗的主体。奈格里在当代全球化资本主义时代重新激活了马克思主义哲学,并从马克思所揭示的资本逻辑的内在矛盾出发,在资本与劳动的对抗性中重构了社会解放的革命主体性力量。资本正是在对劳动的依赖性中赋予了劳动的主体性和优先性,而且资本自身的结构具有矛盾性。奈格里在新时代背景下试图重新发现革命主体,将工人阶级向社会工人的转型揭示出来,并以此重新定义了反抗的主体。

在当代资本主义社会中,劳动者受剥削的范围已经从产业工人扩展到

---

① 《马克思恩格斯全集》第 31 卷,北京:人民出版社 1998 年版,第 100—101 页。
② 《马克思恩格斯全集》第 31 卷,北京:人民出版社 1998 年版,第 104 页。
③ 《马克思恩格斯全集》第 30 卷,北京:人民出版社 1997 年版,第 253 页。
④ [意] 安东尼奥·奈格里:《〈大纲〉超越马克思的马克思》,张梧、孟丹、王巍译,北京:北京大学出版社 2011 年版,第 95 页。

"再思"马克思社会解放的革命主体——奈格里政治哲学思想探析

整个社会,社会工人已经超越了工厂的空间范围,超越了国家的疆域限制,已经扩展到整个社会之中,涉及工人、学生、失业者等社会领域,而且其构成范围仍在进一步扩展,社会的反抗力量也已经从生产领域扩展为整个社会领域。随着资本主义社会的不断发展,国家之间的界限日渐模糊,但资本主义社会并没有实现绝对的统治。相反,反抗的主体力量已经聚集起来,并且活跃在整个社会之中,反抗的主体随着统治结构的变化而变化。

马克思按照工业劳动的标准定义了工人阶级的概念,它仅仅指社会中的产业工人,并不包括从事商业、服务业、信息业等劳动者。随着非物质劳动的出现,传统意义上的劳动者也随之发生了改变,因此以非物质劳动来重新定义社会阶级是必要的。奈格里强调,"我们要认识到,劳动与反抗的主体已发生了深刻的变化。无产阶级的构成已经经历了转化,故而我们的理解也必须转变。从概念上讲,无产阶级成为一个十分宽广的范畴,它包含所有那些自己的劳动遭受直接和间接的剥削,屈从于资本主义生产和再生产规范的人。在过去的一个时代,这个范畴将重心建立在产业工人阶级之上,并一度被实际上纳入后者名下。……时至今日,那个阶级已从我们的视线中彻底消失了。"[①] 取代它的将是一个全新的主体,即诸众,指在社会生产中从事非物质劳动和生命政治劳动的劳动者。诸众不同于工人阶级,是具有差异性和多样性的集合,是与帝国相对抗的新主体。

根据资本主义发展的不同历史形态,奈格里将工人阶级的发展分为三个不同阶段:首先,前福特主义时期的专业工人。其次,福特主义时期的大众工人。大众工人与资本主义的对抗性表现为拒绝工作,并将其权力扩大到整个社会生产之中,最终建构出对一个对资本权力系统的真正替代。最后,后福特主义时期的社会工人。奈格里认为社会工人是一种全新的无

---

① [美]迈克尔·哈特、[意]安东尼奥·奈格里:《帝国》,杨建国、范一亭译,南京:江苏人民出版社2005年版,第67页。

产阶级。随着劳动转移到工厂之外,劳动时间和业余时间的界限就非常模糊了,资本的生产更多地与社会生活所联系在一起,使社会工人每日都处在普遍性的生产之中。非物质劳动条件下诸众作为推翻帝国统治的解放潜能和对抗性力量,能够创造出一个全新的世界。如何定义诸众,且与工人阶级区别开来:第一,在空间结构中的变化,工人阶级的生产劳动是在工厂中完成的,工人阶级在特定的时间和地点从事劳动。但在非物质劳动中,劳动者已经没有固定的工作地点,工作时间与非工作时间的区分越来越模糊,资本对劳动者的剥削已经渗透到整个社会生活中。第二,劳动主体的变化。工人阶级是依附于资本统治之下的劳动主体,是经济范畴下的人格化表现。而非物质劳动者则是经济、政治、文化、社会的综合统一体。第三,生产方式的变化。工人阶级在整个生产过程中处于被动合作,非物质劳动者则表现出自主的、积极的合作与交流,这种主动性已经内在于劳动之中,且外在于资本。

财产规定共和国的主要形式,但诸众因为贫困被规定,所以二者处于对立状态。这种对立,可以用或者贫穷的概念来理解,更重要的是,还应该以生产出的主体性形式来理解。资本主义私有财产创造出的主体性,既是个体性的,又可以联合成一个阶级,从而去对抗穷人(诸众)的社会团体。现代资本主义社会的宪法在个人主义和财产的阶级利益间维持着平衡性的关系。因此,诸众的贫穷不意味着剥夺和苦难,而是确立社会主体性的生产,最终使得政体具有多元开放性,这个政体反对个人主义、反对排他性的、联合起来的拥有财产的社会团体。这里的穷人指的"不是那些一无所有的人,而是那些无视社会秩序或财产、内嵌在社会生产中的广泛的杂多性"[1]。奈格里让穷人的诸众成为资本主义真正有效的对抗性力量。诸众被明确排斥在主流政体之外,它代表社会上地位最低且身无分文的一群

---

[1] [美]迈克尔·哈特、[意]安东尼奥·奈格里:《大同世界》,王行坤译,北京:中国人民大学出版社2015年版,第31页。

"再思"马克思社会解放的革命主体——奈格里政治哲学思想探析

人,但它又是一个开放性的、包容性的社会群体,它的典型特征是社会等级和群体的无限混杂。奈格里认为诸众概念无限大,它所描绘的职业可以视为现代社会工人阶级的雏形,但是诸众与身份高低或财产多少无关。

奈格里指出:"富人一方付诸虚假的普遍性,以财产共和国的伪装去代表整个社会,而事实上其所代表的只是排斥性的身体,其自身的统一性和同质性由私有财产所保障。相比之下,穷人则不是社会某一群体的排他性身份,而是不论身份或财产,以杂多性内嵌在社会生产机制中的群体,因为主体性的开放和多元性而生机勃勃。"① 可见,诸众的存在对财产共和国造成了实质性的威胁。富人痛恨穷人,就好像贫穷是某种内在失败的表现一样,总之,以不同形式表现出对贫穷的痛恨,其隐藏因素是恐惧,因为穷人构成了对财产的直接威胁。在现实中掌权者会采取一系列手段,剥夺穷人的行动、分化穷人,同时也会采取意识形态的柔性方法,去驯化、削解、破坏穷人的力量。在资本主义社会中,活劳动就是物质财富的基本前提。奈格里认为,贫穷和力量的结合就是私有财产的终极威胁。当下的剥削方式不再为生产服务,只是成为支配的工具,生产和生活为流动性和灵活性所支配,资本主义的剥削所带来的不稳定性日益加强。穷人不再臣服于各种不同的生产条件,而是同时被归入生产者的诸众之中。穷人是否领取工资,都不再处于资本主义社会的边缘地带,而是日益进入核心地带。因此,穷人(诸众)就处于革命性改造筹划的核心,这是现代穷人的状态。

奈格里认为,诸众是一个阶级的概念,他比工人阶级这个概念更加宽泛和全面。诸众包括"在家做家务的妇女,服务行业的工人,从事农业的工人、学生、研究者,等等"②。在这些概念中工人常被认为是处于工人阶

---

① [美]迈克尔·哈特、[意]安东尼奥·奈格里:《大同世界》,王行坤译,北京:中国人民大学出版社2015年版,第36页。

② [意]安东尼奥·奈格里:《超越帝国》,李琨、陆汉臻译,北京:北京大学出版社2016年版,第127页。

级概念边缘的,也就是无关紧要的。所以,他强调劳动的新品质,强调生产活动的社会和非物质因素。一种新性质的剥削正在被强加在诸众身上,"如果我们深处被神秘化了的资本现实中,如果我们身处资本对社会的这种真正的笼罩中,那么,我们就必须开创独立于资本主义发展的行动和颠覆的空间。"这里的空间是指资本主义发展之中的对抗性。资本主义的发展是建立在对劳动的剥削以及劳动剥削的矛盾变化基础之上的。是诸众的斗争改变了资本主义和政治制度的控制。随着诸众斗争都不断出现,资本发现劳动权力不能控制在民主国家的框架之内。资本对社会的渗透远比想象的更脆弱。事实上,资本对社会劳动的真正渗透,使对社会每一个层面的剥削的矛盾普遍化。当资本渗透到生命的全部时,生命本身就表现为一种抵抗,劳动和斗争的新形势就表现为主体性的生产。奈格里在《诸众》这本著作中充分论证了诸众主体的内在性与反抗性。分别从本体论和政治性的角度加以阐述。在奈格里看来,诸众是一种具有反抗性和创造性力量的主体,这两种力量的汇聚才具有巨大的革命潜力。每一个诸众主体都具有差异性,并且拥有强烈的力量和欲望。奈格里以诸众的身体潜能为本体论奠定了基础,诸众成为既具有差异性和多样性,又具有共同性的主体。诸众是具有特殊性的个体,又是具有统一行动性的共有观念者。诸众是在特定的历史条件下出现的主体,在当代资本主义全球化的进程中非物质劳动的霸权形式已经出现,诸众便是这一生产形式的产物。可见,在非物质生产过程中,诸众具有了历史性。诸众的解放表现为政治斗争,它需要一个政治性的规划来表达自身。奈格里强调,在资本主义社会中,诸众拒绝服从资本的统治和压迫。

在奈格里这里,重新确认诸众的身份并不是最主要的核心任务,而是要通过这种超出传统工人阶级的定位去寻求社会解放的新革命主体的可能性。诸众的生命政治活动的基础是非物质劳动,它正在创造一种全新的生命政治存在。帝国全球布局让诸众的活动不再受到地域的限制。"诸众劳动的新现象学将劳动揭示成基本的创造性活动,这种活动通过合作超越了强加于其上的任何限制,并不断地对世界进行再创造。诸众人的活动组成了超越标准之上的时间,由此,时间可能被定义成在,'之前'和'之后'间的运动,即构成的一种内在过程的不可测量性的时间的构成。"① 奈格里肯定诸众作为新的政治主体,它的存在决定了全新的反抗帝国的斗争方式。

奈格里认为马克思的《资本论》是以客观主义的范式,用同一性的政治概念来压制多样性和差异性,最终归结为以主权国家为基础的立宪理论,从根本上消除了工人阶级的革命性。相反,诸众则立足于劳动者的多样性和差异性的制宪之上,试图以对抗而非对立,危机而非平衡,主体性而非客观性,重建马克思主义的革命主体政治学。诸众作为帝国统治内部的抵抗者不仅需要以阶级斗争为纲领,而且需要进一步对社会历史性生产方式变革做出分析,并以此为基础提出诸众解放的现实路径。从工业生产到非物质劳动生产的演变体现的是资本无力控制的诸众主体,一种建立于非物质劳动之上能够反抗和建构的诸众出现了。

三、伦理主体建构的现实体现:共有者

奈格里认为诸众在生命政治生产中不只是具有反抗性,还应该具有创建性,即构建一个既反对资本统治又反对国家控制的新主体。资本主义的统治和压迫引发了对抗和不满,愤怒引起了诸众的欲望,由此引出一个问题:诸众的自由和解放意味着什么?在全球化资本主义转型期,诸众代表着共同性的成长,因此它的自由和解放就意味着共产主义。最终奈格里把后社会主义解放的主体,既诸众和共有者,作为共产主义的现实基础。

共有者作为一种实践中的集体性力量,并非具有相似性和同一性,是

---

① [美]迈克尔·哈特、[意]安东尼奥·奈格里:《帝国》,杨建国、范一亭译,南京:江苏人民出版社2008年版,第456页。

第三章 奈格里政治哲学的核心概念：新革命主体

一种能够持有差异性的共同体。奈格里强调目前最重要的前提是"价值的创造和共同性的积累都意味着社会生产力的扩张"。① 可见，社会经济生产已经趋于协作化和一体化的进程。劳动者与雇佣劳动相比更具有技术和能力，生产的商品更加丰富并且具有更强的积极主动性。劳动者并不再教条地学习知识，一味地适应固定的工作需求。相反，他们具有更加丰富的情感、知识、沟通等能力，其生产力也不只是局限在工厂之内。这种全新的生命政治共同体正在逐渐形成一种跨地域、跨职业的新型关系。共有者并不是只生产对资本具有经济价值的商品，除此之外还通过出走的形式，穿过资本主义的豁口，创建一种全新的非资本与劳动关系的生命政治共同体。共有者的出走并不是彻底地断绝与资本之间的关系，而是通过对新的生命政治空间的开创来创构新的社会组织形式。

伴随着社会生产的高度发达，工业资本主义的生产模式逐渐让位于后福特制的生产方式，即信息化、网络化、情感化的劳动形式。这既充分表明了资本对生活的全面渗透，又预示着生命政治的自由和解放的革命图景。工人阶级不断反抗资本的压制，获取自身的主体性，把资本的发展演变成完全取决于工人阶级的生产力量。可见，在后福特主义模式下非物质劳动的生命政治生产以信息的、情感的、非物质的生产为基础，并且不断通过日渐增加的沟通与合作创造出共有者，既是生产的，也是被生产的。新的生命政治共同体反对将共有物私有化，如信息、思想、文化等，从而形成对资本主义的反抗，坚持非生产性产品，如空气，水，土地等自然物的共同享有。生命政治共同体已经超越私有——公有、个人——集体的传统型区分，它指向以个殊性—共同性为核心的生命政治生产，它的生产领域已经跨越了经济和政治领域，进而走向生命政治领域。

奈格里把共产主义和共同性连接在一起，此时共产主义的核心问题已

---

① ［美］迈克尔·哈特、［意］安东尼奥·奈格里：《大同世界》，王行坤译，北京：中国人民大学出版社2015年版，第219页。

"再思"马克思社会解放的革命主体——奈格里政治哲学思想探析

不再是物质财富的问题,取代他的将是革命主体性的刨构力量。资本主义与私有制相连,社会主义与公有制相连,共产主义则与共同性相关。私有化为新自由主义的意识形态奠基,并决定了资本权利对全球经济的控制战略。共同体意指一种伦理统一体,它消除了个体间的差异性,但共同性以个殊性作为其基础,它使劳动得以自由,变成独立生产的领域和个殊性得以合作的领域。共同体是一种被生命政治生产中相互合作的个殊性所重新占有的普遍利益。诸众的生产不被国家的公共利益所控制,它是一种作为诸众民主调控的公共利益。共同性不同于传统主权的逻辑形式,意指一种民主性的主权。同时,"社会的个殊性通过其自身的生命政治活动,来控制那些涉及诸众自身再生产的商品和服务,这将建构一个从公共之物走向共同之物的通道。"①

诸众伦理主体的出现是基于反抗帝国统治的生命政治生产的本体论逻辑,同时也浸润着爱的光芒。奈格里在《帝国》中明确表达了两种基本原则:批判性与建构性的伦理政治。奈格里认为生命政治生产具有一种本体论的基础性作用,它不仅生产出非物质劳动产品和生命性质的社会关系,也生产出新的独立自主性主体和潜在的民主性。生命政治生产表现出主体性与共有物的一体化生产,彼此相互合作,形成一种互惠性的相互关系,但这种互惠性的关系仍然处在资本主义的控制之下,它的潜在性还未完全爆发出来。生命政治生产的现实路径必须体现在对现实化的反抗斗争之中,并在现实斗争中实现一种绝对民主性的规划。生命政治生产的批判性与建构性必须在"爱"的伦理中才能发生。爱,是通向新社会的路径。

奈格里把爱作为社会发展和生命存在的伦理基础。爱具有经济生产的力量,并作为一种生产性和刨构性来建构共有者的情感基础,它具有强烈的凝聚力使人联合起来抵抗一切恶的斗争,建构爱的共有世界。奈格里论

---

① Micheal Hardt, Antonio Negri, *Multitude*: War and Democracy in the age of Empire. New York: Penguin Press, 2004. p.206.

第三章 奈格里政治哲学的核心概念：新革命主体

述道："当我们团结起来，形成一个比任何单一个体都强大的社会体时，我们就是在建构一个新的、共同的主体性。于是，穷人的视角帮助我们发现了我们的出发点：爱是共同性生产和主体性生产的过程。……爱是一种行动，一个生命政治事件，在共同性中得到规划和实现。"① 爱，发挥着重要的作用，它使各种要素凝聚在一起。但资本的力量依然非常强大，使诸众在制度上从属于被支配的角色，更为重要的是资本总是以恶的意识形态去消解诸众的力量，使之变为消极的主体。面对现实的资本主义社会所造成的无力主体，诸众作为一种新的主体性从其中解放出来。诸众消解了无力的主体性，以新的积极的主体性取而代之，并向未来社会走去。资本主义社会为了维护自身的统治地位，为了统治诸众，运用各种手段去剥夺诸众的独立自主性，使其陷入一种被统治、被压迫、被支配的主体性的痛苦之中。奈格里深入分析了资本主义所制造出的、处于危机和被支配的主体性形式：第一种是被负债者，指陷入普遍化的债务之中的人。第二种是被代表者，指在资本主义代议制体系下，被代表者所代表的人民。第三种是被媒体化者，指在发达的信息媒体时代体系下，资本有意识地使用碎片化的信息包围民众，使得他们在大量的"死信息"中很难找到真正具有价值的"活信息"，并使他们沉迷在碎片化的信息中不能自拔。第四种是被监控者，指在当代资本主义社会中，民众的流动性日益增加，对资本来说他们极有可能转化为危险阶级，因此必须把他们置于被统治和服从的境地，使他们处在被控制的状态中。奈格里强调资本主义社会的不断发展将生产由工厂扩展到整个社会，劳动者的工作时间全部被纳入到整个生命之中，非物质劳动生产日益成为霸权。除此之外，资本对劳动者的剥削已由利润为主导转为租金为主导，资本运用金融手段将大多数人都囊括到债务中，使他们陷入债务的普遍化社会之中。可见，劳动者被金融租金这只看不见

---

① ［美］迈克尔·哈特、［意］安东尼奥·奈格里：《大同世界》，王行坤译，北京：中国人民大学出版社2015年版，第142页。

"再思"马克思社会解放的革命主体——奈格里政治哲学思想探析

的手牢牢控制住,如果想要获得自由就必须打破这个沉重的枷锁。

2011年,在北非、中东并扩展至北美和欧洲的广场占领运动中已经呈现出一种在反抗斗争中构建伦理主体性的趋势。奈格里认为,诸众有能力将被资本主义所剥夺的自由夺回来,并颠覆其控制。诸众"有造反的能力,也能颠覆自己的形象转化为有力量的形象……即表现为打破那统治性关系,并推翻那再生产出那从属性形象的过程"①。在此次运动中,诸众从拒绝开始,已经呈现为一个伦理建构性的主体形象,并在此基础上更进一步地发现了自己的力量。奈格里强调,被负债者、被代表者、被媒体者、被保护者等应该联合起来形成"共有者",进一步消解资本主义所造成的"贫乏主体"。诸众作为共有的生产者应肩负起将私有财富转变为共有财富的共有者,诸众是建立政治和民主决策的新社会建构者。总之,诸众在现实的反抗过程中,是真正的伦理建构者。诸众伦理建构的主体——共有者。

第三节 重提《1857—1858年经济学手稿》的必要性:一个开放的文本

马克思曾在《1857—1858年经济学手稿》(简称《大纲》)中预测,随着全球化资本主义社会的不断发展,一种普遍化的智能社会将会到来。20世纪中叶,随着计算机和信息技术的迅速发展,马克思当年的预测已经变为现实。奈格里基于这一现实背景深入分析马克思《大纲》的哲学意义,开启了马克思主义哲学的自治主义转向。奈格里试图走出《资本论》所强调的客观科学性逻辑,重构马克思政治经济学语境中的革命主体性话

---

① Micheal Hardt, Antonio Negri, *Declaration*, Distributed by *Argo Navis Authour Services*, 2012. p.31.

第三章 奈格里政治哲学的核心概念：新革命主体

语在马克思主义哲学中的核心地位。奈格里强调，马克思思想的发展过程不同于从人道主义走向历史唯物主义的目的论，因其以经济决定论的意识形态遮蔽了革命的主体性话语，也不同于科学和意识形态的认识论断裂，因其立足于历史的客观规律忽视了历史的主体性向度。

奈格里将《大纲》作为一个确立革命主体性的文本，是马克思思想体系中具有能动性的核心部分。在《大纲》中包含了革命主体的对抗性逻辑，表征了资本与劳动之间真实的辩证运动关系。同时在《大纲》中，主体性是一个贯穿始终的概念，代表了资本主义压迫下阶级构成的内在对抗性动力，在资本主义社会发展的危机过程中，主体性是源于客观历史所造成的能够颠覆危机的不可动摇的意志。这种斗争的主体性表现为与资本的压迫之间的对抗性关系，是资本压迫的结果，即资本压迫和剥削塑造了社会解放的革命主体。奈格里以对抗性的逻辑去解读马克思的政治经济学批判，就是要重新建构社会解放的新革命主体。奈格里指出，矛盾的对抗性关系充分展现了生命政治学研究的出发点，通过不断地否定对抗性的矛盾关系，最终实现消灭敌人。奈格里重提《大纲》，正是为了批判目的逻辑和客观主义决定论，试图以对抗性、危机性、主体性的逻辑线索重构政治性——主体性话语的逻辑结构。在奈格里看来，《大纲》是批判资本主义社会和构建后现代主义革命理论的关键性文本，标志着马克思思想发展的顶峰，是一篇具有重大历史意义的经典文本。

一、激活革命主体：从客观主义范式走向革命主体性

以往对《大纲》的定义总是将其视为贯穿其他文本的中介环节，却忽视其所具有的突破性、实践性、革命性等重要意义。维果斯基尽管认识到《大纲》中所包含的对抗性和剩余价值理论，但依然将其与苏联教科书对

《资本论》的庸俗理解结合起来,并没有将阶级对抗性普遍化为马克思主义的体系范畴,最终使其终结在封闭的经济理论之中。罗多尔斯基则把《大纲》作为《资本论》的附属物,并未理解贯穿《大纲》始终的阶级对抗性。奈格里以《大纲》为基础对马克思政治经济学的解读是在整体的意义上去重新推进马克思主义的研究方式。在《大纲》中寻找出主体性对抗性的基础,分析了资本与劳动之间的内在动力和现实矛盾,重新确立了以诸众为主体的显性对抗逻辑,从人的主体性出发去寻求社会解放的可能性,从而建构主体自身的存在性意义。

在奈格里看来,《大纲》的核心是"机器片段论",它是一篇类似《圣经》的经典文本。他认为只有从《大纲》出发,才能寻找到超越当代资本主义的可行性路径,建构资本与劳动对立的自治主义理论,在辩证对立中寻求社会解放。在"机器片段论"中,马克思指出,随着资本主义生产方式的发展变化,资本主义的劳动资料,必然会发展为自动的机器体系,资本一旦到达了自动化生产的阶段,一种新的劳动形式将会出现。随着劳动资料转变为机器体系,劳动者也随之转变为这个机器体系的单纯的零部件,劳动过程也只是作为资本增值过程当中的一个环节。马克思认为资本在社会形态上全面夺取了工人的主体地位。但奈格里认为,随着劳动方式和生活方式的不断变化,非物质劳动使劳动者与生产相分离,劳动成为脱离资本限制的自治主体。他指出劳动与生产过程的分离,最终将导致劳动与资本的彻底脱离,一种新型的自治主体同时也被生产出来。劳动不在内涵于资本关系之中,它挣脱了资本的统治,成为与资本对立的自治主体。

在《大纲》中,工人是一个非常重要的阶级概念。它同时意味着资本主义社会中孕育着危机,在《大纲》中工资与工人阶级紧密相连,并且也与革命的主体性问题紧紧相连。可见,《大纲》并不是从文献学角度用来专门研究《资本论》的中介性文本,它作为一个政治性的文本与阶级斗争和革命的可能性相互连接,这种革命的可能性是由"急迫的危机"和工人阶级的共产主义理论诉求相配合的。对《大纲》的解读可以使我们更好地去理解马克思的其他文本,并进一步理解它们之间的关系问题。

奈格里强调在马克思思想的发展史中,《大纲》的方法论占据着重要地位,它首次将唯物主义的方法与辩证现实相结合。这两种力量的综合具有开放性:首先,辩证理性发展到规定性和趋势的关系之中,使抽象性得以主体化,并且为其添加了限制性的条件和历史的能动性。其次,使唯物主义的方法主体化,使其能够面向未来全面开放。在此意义上,《大纲》是一个完全开放的文本,它才是对"自上而下革命"的批判和对"自下而上革命"的确立,并且孕育着旨在解构所有抽象和脱离现实的运动理论的最大潜能。《大纲》构成了一个"多元化"的总体,并不断寻求每个对抗中的关键时刻,在此过程中不断寻求新的叙述方法,并赋予对抗性以新内容。奈格里认为《大纲》的全部现实意义在于其是马克思主义理论发展中的核心基础,使其理论逐渐形成并始终保持着自身的开放性。《大纲》中的方法构成了对抗性的过程,使得阶级斗争的对抗性在此基础上不断展开。它反复强调灾难,并在现实中将其与政治实践相结合,使得工人阶级能够发挥最大的力量对价值体系加以制裁。

在马克思思想发展史中,《资本论》是马克思对资本主义的客观理解过程,《大纲》则是马克思脱离客观主义倾向转向革命主体性的话语体系。《资本论》总是使批判过程简化为客观性的经济理论,使无产阶级的解放路径只能屈从于资本权力的重组,在客观性中否定主体的潜在性和无产阶级的革命政治学。《大纲》则属于实践性的政治文本,它是马克思革命思想在政治上的理论表现,由现实的革命实践构成。奈格里认为《资本论》

的客观化阻碍了革命主体性的生成,马克思革命思想的顶点体现在《大纲》中。奈格里强调《大纲》以革命主体性的理论逻辑为基础,并揭示出资本主义与无产阶级的对抗性本质,"现在,更进一步,这一被资本支配的客体化过程,开始揭示出一个新的工人阶级主体性水平。一个质的飞跃诞生了:工人阶级行动的联合开始变成自我充分的。资本的社会化面临着工人阶级对抗的叛逆"①。奈格里在资本主义与工人阶级的二元对立中,重构了工人阶级的主体性地位。他在对当代资本主义的深入分析中,重塑了工人阶级的主体性及解放的潜能,重新激活了工人阶级的主体性。

二、革命主体性的现实路径:以政治经济学为基础

奈格里对马克思著作的政治性解读体现在他自己的问题意识之中,即革命主体性的现实路径。《大纲》的写作动因和研究方向表现为连续性的逻辑推进过程:从货币分析转向价值分析、从货币转向资本分析、从剩余价值转向社会资本分析、从剩余价值到利润分析、从前资本主义转向流通和社会资本的再生分析、资本和劳动的对抗性分析、资本产生的危机。这七个部分的连续推进构成了马克思《大纲》的逻辑结构。奈格里对马克思的创构性解读体现在《大纲》中,他将马克思的政治经济学分析转化为政治性分析,最终为现实存在提供理论支持。

从生产领域向流通领域的逻辑推进,能够充分地表现出对抗逻辑的不断深化,进一步揭示出构建革命主体性的现实路径。资本家与工人之间表现出危机形式的对抗性,这里存在两种基本路径:第一,价值规律,以剩余价值为基础。第二,剥削规律,在资本的流通和再生产中形成且通向阶

---

① [意]安东尼奥·奈格里:《〈大纲〉超越马克思的马克思》,张梧、孟丹、王巍译,北京:北京大学出版社2011年版,第162页。

级斗争。于是,价值规律和剥削规律分别发展为剩余价值理论和革命主体性理论,从而资本与劳动的对抗性关系表现为以工人阶级主体性路径为基础的共产主义筹划。有关革命主体性的指导线索在的经济不断发展中被发现,从货币、剩余价值、利润和流通到阶级斗争之间的结合,《大纲》充分分析了资本主义生产过程中的主体性,为构建于革命主体性的新路径。这仍然是立足于主体性和政治性的逻辑构架而展开的革命政治学。总之,奈格里对《大纲》的逻辑分析主要围绕以下几个方面:

第一,货币将物所具有的社会属性和自然属性区别开来,在现实中表现为价值和实体相分离,这样的分离将使其处于剥削的对抗的关系之中。"货币有一种益处:能立即呈现蕴含在价值概念中的社会关系的可怕面孔:它立刻显示了价值可以作为指令……货币只有一面,即作为老板的一面。"① 可见,价值规律以货币的形式呈现出阶级对抗的方式且表现为一种剥削规律。货币具有两面性,它既稳定了危机发生的可能性,又表现出隐藏在其背后的社会性对抗关系。以货币为形式的价值规律主要包含三个方面的基本因素:一是货币——价值规律的危机。二是货币——阶级斗争对抗性的危机。以货币形式的价值规律,表现出危机和对抗性的方式。三是货币——社会资本。社会性内含在货币之中,并且预示了资本主义社会的发展方向,在此过程中货币充分表现出它所具有的统治和控制性力量。

货币所具有的统治性权力,代表了资本与雇佣劳动所具有的共同性质。由此,奈格里从货币批判转向权力批判,从货币内含的危机转向对抗性的主体。总而言之,货币蕴含的危机具有向现实性转变的趋势,再一次表现出资本主义社会中两大阶级的对抗性。在货币的具体发展过程中,直接表现出价值规律的危机性,价值规律的运动充满了不确定性,因其受制

---

① [意] 安东尼奥·奈格里:《〈大纲〉超越马克思的马克思》,张梧、孟丹、王巍译,北京:北京大学出版社 2011 年版,第 43 页。

于必要劳动与价值的多元性变化，最终预示了剩余价值理论的基础。

第二，在资本主义社会的剥削过程中确立了剩余价值理论。从货币转向剩余价值的过程中，货币构成资本关系的隐性基础，剩余价值则专注于工人阶级的反抗斗争。剩余价值理论隐约表现在使用价值和交换价值之中，前者表现为工人阶级抽象的无差别的劳动能力，后者则表现出从劳动向资本的转化过程。工人阶级作为所有财富的源泉与作为对象化劳动的分离是根本性的，体现了劳动与资本的对抗性过程，并构成资本主义社会无法解决的固有矛盾。总之，剩余价值理论的主体化进程成为资本主义社会发展的重要规律。

第三，由剩余价值和剥削理论转化为利润理论。在资本主义发展的整个过程中，资本的生产方式渗透到社会的整个领域，资本与劳动的对抗性关系也拓展到社会整体之中。由剩余价值理论过渡到利润理论，旨在以对抗性的理论作为基础重构阶级斗争的运动趋势。利润也具体化为一种社会对抗性关系，并表现为两种主体性的对立过程，即工人阶级对资本主义利润理论的对抗性过程。危机已经蕴含在资本主义社会的发展过程中，阶级斗争则构成资本主义社会发展的根本动力。

第四，由剩余价值理论转向流通理论。将革命主体的否定性转变为积极主动的革命政治学，使革命主体拥有现实的社会基础。奈格里强调，"在阶级斗争的实际层面上，向革命主体的复杂性更进一步。一种实现了马克思的方法论的基础标准的方法，在一种如此主体有效性的方式上抓住了核心关系，以至于我们可以将其看成是真正转变的关键所在。然后，我们所追求的是在剩余价值理论和流通理论之间的途径：主体变得更加现实，更加具体。"[①] 资本要打破时间和空间的限制实现对整个社会的控制，资本与劳动同时进行着社会化过程，社会资本不断地对劳动进行控制和征

[①] [意] 安东尼奥·奈格里：《〈大纲〉超越马克思的马克思》，张梧、孟丹、王巍译，北京：北京大学出版社2011年版，第141页。

服。但资本的征服过程看似发挥了其自身的权力和潜能，实则是在不断设置内在性限制的过程，表现在工人阶级对资本的抗争之中。帝国的形成代表着资本不断突破各种障碍，并操控社会的最大限度，同时帝国的出现也成为革命主体性可现实的基本条件，是社会对抗性过程的普遍化过程。一个全新的工人阶级已经出现，他们超越了传统工厂中的工人，已经扩展为社会领域的社会工人。新的革命主体路径打破了资本对劳动的统治和征服，并使革命的主体性力量充满了活力。革命主体性力量的重新复活是对剩余劳动的否定，并从其内部对资本关系进行瓦解。

奈格里将对资本的客观性分析同主体性分析结合在一起，并将这种对抗性渗入到政治哲学理论之中。在剩余价值与再生产之间，流通与危机之间，资本与劳动之间，发展危机与阶级斗争之间进行各种关联。危机和阶级斗争连接在一起，使对抗变得更加具体，这种对抗性是由历史必然性和坚定的意志所带来的，是构建革命主体性的基本路径。奈格里以政治经济学作为基础对《大纲》进行解读，重构社会解放的新革命主体，将资本与劳动的二元对立逻辑转化为工人阶级的生命政治学，同时以资本在时空中的全面扩张和阶级对抗为基础，重构新的革命主体性力量。奈格里将马克思的政治经济学理论纳入对资本主义生产方式的批判和主体性的建构之上，避免了革命主体的空心化，但过于简化了社会运行的理论机制，带有明显的唯意志论色彩。

第四节　反思奈格里对《1857—1858年经济学手稿》的解读

革命主体性概念一直是奈格里政治哲学研究的核心思想。奈格里革命主体性思想的构建是从马克思《大纲》的解读开启的，他认为在这部著作中马克思的革命主体性思想达到了巅峰，之后马克思晚期的著作过多地强

"再思"马克思社会解放的革命主体——奈格里政治哲学思想探析

调了资本主义的社会关系,进而弱化了主体性思想,是一个主体性没落的时期。奈格里建构的主体性仅局限在《大纲》中,他并没有深刻理解马克思对资本主义矛盾的客观分析。在马克思后期著作中,革命主体思想并没有没落,反而更加深刻地隐藏在对资本主义客观矛盾的批判当中。

在《帝国》及其后续作品出版后,奈格里成为当代最具影响力的思想家之一。奈格里对马克思《大纲》的解读与反思在其作品《〈大纲〉超越马克思的马克思》中得到淋漓尽致的体现,其基本思路是重建新的革命主体,即在资本主义制度内在矛盾中建构新的革命主体。奈格里认为马克思的主体思想只有在《大纲》中得到最彻底、最完整的构建,在这部著作中到处弥漫着主体性味道。奈格里过于强调《大纲》的奠基性作用,使之认为在其之后马克思的其他著作便进入了一个封闭状态,只是一味地强调资本主义社会的客观性矛盾,忽略了主体性问题。本书试图厘清奈格里与马克思"主体性"问题的思路。

一、革命主体是否存在"断裂"

在资本主义统治的现实当中,资本逻辑对人及其全部社会生活的统治构成了"资本的囚笼",资本主义发展到这样一个时刻,使人们感到无力和困惑。但正是在这种困惑之下,奈格里反其道而行之,提出重建革命主体的必要性。人们在资本主义社会中的困惑和资本主义内部矛盾的双重压力下,努力寻求一种可以打破并推翻资本主义的力量。奈格里的这一思想体现在他对马克思《大纲》的诠释当中。1978年春季,奈格里应阿尔都塞的邀请来到巴黎高师作了一系列讲演,最终汇成《〈大纲〉:超越马克思的马克思》一书,这部作品是对马克思《大纲》的政治性——主体性解读。奈格里这部作品的完成得益于阿尔都塞与他的相遇,当时许多人(包括阿尔都塞)都严重低估了马克思《大纲》的学术价值。但奈格里致力于对这部经典著作的创构性解读,"在我对马克思的阐述过程中,1972年之后回到《大纲》无疑是一个重要的时刻"①《〈大纲〉：超越马克思的马克思》的核心问题意识就是革命的主体性问题。奈格里对主体性问题的研究并不是从马克思的文本理论分析走向现实的意大利工人自治运动之中，而是从马克思的理论观点出发，进一步重新分析现有的社会实践活动。奈格里非常重视马克思《大纲》的写作动因，即1857年爆发的经济危机，他认为资本主义的经济危机直接包含了革命的潜能和现实性。沿着马克思的思想路线，奈格里从货币问题开始解读。他认为货币是不平等社会关系的实质性基础，它不仅显示了一种价值形式，也深深地蕴含着社会关系的对抗性。货币本身就是共同体（社会关系），它是凌驾于劳动之上的社会权力。"他在衣袋里装着自己的社会权力和自己同社会的联系。"②

奈格里从对货币的批判转向对权力的批判，他开启了对《大纲》的政治性解读。从货币批判到权力批判，货币本身发生了怎样的变化？此时货币表现为一种具有强大性、能动性和对抗性的权力。奈格里的这一思想深受福柯"生命权力"这个概念的影响，他把这种权力延伸到整个生活中，它渗透到工人的肉体、智力、情感、交往等全部欲望之中，侵入到人的每一个细胞之中。帝国便是由这种生命权力的生产来进一步实现自己在全世界的统治的，在《帝国》中他这样论述到："尽管帝国在埋葬殖民主义和帝国主义的过程中确实发挥了一些作用，但同时它又建立起了它自己的以剥削为基础的权力关系，在许多方面新权力关系比已被摧毁的旧权力关系更野蛮。"③

奈格里认为对马克思方法论的研究必定要对剩余价值理论进行梳理，

---

① ［意］安东尼奥·奈格里：《〈大纲〉超越马克思的马克思》，张梧、孟丹、王巍译，北京：北京大学出版社2011年版，第3页。
② ［意］安东尼奥·奈格里：《〈大纲〉超越马克思的马克思》，张梧、孟丹、王巍译，北京：北京大学出版社2011年版，第53页。
③ ［美］迈克尔·哈特、［意］安东尼奥·奈格里：《帝国》，杨建国、范一亭译，南京：江苏人民出版社2008年版，第47页。

"再思"马克思社会解放的革命主体——奈格里政治哲学思想探析

他对剩余价值的解读使用的是政治性路径,不同于马克思的政治经济学路径。"从货币到剩余价值——这就是提供阶级武器的政治学途径。"① 货币处在资产阶级统治的中心,使得对抗变得越来越清晰。奈格里更加注重意识形态的自主性,与马克思的先验决定论有着本质上的区别。剩余价值理论、剥削理论都暗含着剥削作为一个支配性的政治过程,只有对社会进行普遍性的控制时,才能最终决定剩余价值。"剩余价值社会化后成为利润并不是形式上的,而是一个将剩余价值的矛盾社会化地扩展开来的过程:一个类似在自然界的矛盾,但是更广、更深,也更加具有对抗性。"②

马克思对"资本"的发展趋势作了非常深刻的研究,他认为剩余价值的无限追逐便是资本的本质性表现。站在奈格里的角度,资本在运转的过程中具有了主体性的特征。"资本已经是自我增值的,它将自我保存的社会代价视为自己应得的主体性因素。"③ 资本的扩张性力量不仅表现为一种生产和再生产的过程,也表现为一种总体性的控制力量。资本的增值是一个连续不断的过程,它无限度地增值永不停止。在资本无限地增值过程中,资本家也不能停歇,否则将被淘汰,工人在这种增值中被控制并且自治性在很大程度上被削减。奈格里认为,在增值过程中资本具有了控制的主体性。资本作为一个客体在生产过程中不断进行运作,正是在此过程中资本具有了主体性特征。在马克思的晚期作品中,马克思对资本的重点分析确实具有一种主体性的特征。

在资本主义生产方式的内在矛盾中,奈格里同时将资本和工人阶级都看作主体,但他认为二者处在一种对立的状态中。奈格里进一步指出:

---

① [意]安东尼奥·奈格里:《〈大纲〉超越马克思的马克思》,张梧、孟丹、王巍译,北京:北京大学出版社2011年版,第85页。
② [意]安东尼奥·奈格里:《〈大纲〉超越马克思的马克思》,张梧、孟丹、王巍译,北京:北京大学出版社2011年版,第115页。
③ [意]安东尼奥·奈格里:《〈大纲〉超越马克思的马克思》,张梧、孟丹、王巍译,北京:北京大学出版社2011年版,第104页。

第三章 奈格里政治哲学的核心概念：新革命主体

"我们必须在这两个阶级中看到对立的主体形式，对立的意志和理智，对立的增值过程；总之，我们已经在这里考虑到的条件的发展所需要的一个对抗的力学结构。"① 在这种劳动与资本的对抗关系和内在矛盾中建构了新的革命主体的潜在性。在全球化资本主义生产方式发生巨大转变的历史过程中，奈格里重新界定了革命主体，即在非物质劳动代替物质劳动并且占据主导地位时，此时的革命主体也发生了相应的变化，即由马克思主义的工人阶级发展成为"社会工人"。奈格里对马克思《大纲》的论证："《大纲》的目的就在于发展出一个与资本的主体性的利润理论相对立的工人阶级的主体性理论。"② 马克思在此提出了资本的主体性理论——活劳动。为了进一步发展革命的主体性，奈格里更加关注马克思在《大纲》中的"活劳动"概念。在资本主义社会的发展过程中，活劳动被资本的死劳动所控制和贬低，资本为了得到更多的控制权（主体性）总是甘愿付出。

奈格里对革命主体的重新建构继承了马克思的资本与劳动的对立逻辑。由于生产劳动的形式发生了根本性的变化，使得革命的主体需要被重新建构，但其在本质上仍然从属于资本逻辑的再生产理论之中。资本为了得到统治权便不停地通过扩大固定资本和重组劳动形式的方式去实现自身的目的。在资本不停地扩大和巩固中工人阶级也被生产出来，在新一轮的斗争中重构了自身。为了重构革命的主体性，奈格里更加关注马克思在《大纲》中的"活劳动"概念，活劳动具有双重属性：一方面，活劳动的外部环境发生了根本性的变化，使活劳动成为被压制的对象。另一方面，活劳动自身的意志发生了根本性的变化，在被压制的条件下产生了主体性的自觉意识。活劳动将会承担历史的使命，奈格里论证道："活劳动的主体性以一种十分对抗的方式反对从死劳动到剥削力量的

---

① ［意］安东尼奥·奈格里：《〈大纲〉超越马克思的马克思》，张梧、孟丹、王巍译，北京：北京大学出版社2011年版，第124页。

② ［意］安东尼奥·奈格里：《〈大纲〉超越马克思的马克思》，张梧、孟丹、王巍译，北京：北京大学出版社2011年版，第124—125页。

"再思"马克思社会解放的革命主体——奈格里政治哲学思想探析

强化,以至于它否定自身作为价值,作为剥削的本质,因此将自己作为对价值和剥削的否定。"①

奈格里对马克思《大纲》的解读是从政治的角度出发的,在新一轮的资本主义社会中重新反思和建构了马克思的相关理论,他认为马克思对资本主义社会的深刻批判是建立在一种必然性之上的。资本主义在不断地向前发展,总有一天会迎来共产主义的到来,这是一种必然性趋势。奈格里认为马克思在这种趋势性理论中丧失了革命的主体性,在马克思后期的著作中马克思的革命主体意志是缺失的。仅在《大纲》时马克思的主体性思想达到了"顶峰",但在马克思晚期的著作中主体性是否出现"断裂"了?

马克思在后期是否真的忽略了"主体"的建构及革命性?奈格里看似完整地分析了马克思《大纲》的哲学意义,但并没有揭示出隐藏在其背后的深刻思想。奈格里从马克思出发,试图"超越马克思",进一步阐释一种特殊视域的后现代政治哲学理论。但奈格里浅薄地认为马克思的"主体性"思想只是集中在《大纲》当中,并在此时到达了一个"巅峰"时期,随后便进入一种仅仅停留在资本运行的客观层面上。奈格里站在新的历史时期对马克思进行解读,通过经济与政治关系的颠倒,在普遍被认为是客观的经济因素中发掘了政治的影响,在人们认为是完全客观的因素中发觉主体性的因素是深刻的,但他片面夸大主体的政治性,并用主体来消除主客的分离是不可取的。奈格里对主体的构建是值得肯定的,但他并没能深入理解马克思的历史唯物主义,因此他看不清马克思叙述主体的独特样式。

奈格里认为1848年是马克思思想的一个转折点:在此之前在马克思的思想中阶级革命的话语直接体现在他对工人阶级的主体性之中;在此之后工人革命遭受巨大挫折,因此马克思把对主体性的关注转移到对资本的深

---

① [意]安东尼奥·奈格里:《〈大纲〉超越马克思的马克思》,张梧、孟丹、王巍译,北京:北京大学出版社2011年版,第130页。

第三章 奈格里政治哲学的核心概念：新革命主体

入分析，是马克思真的忽视了"主体"，还是以另一种形式切入主体呢？本书将沿着马克思思想的足迹来寻找问题的答案。从马克思的博士论文《论德谟克利特的自然哲学和伊壁鸠鲁的自然哲学的差别》开始，他明确表达了自己的立场：人的自我意识具有最高的神性，不应有任何神同人的自我意识相并列，他认为哲学应借这种自我意识来反对一切神。马克思在论文中通过希腊哲学中"自我意识"的解析来张扬人的主体性思想。接着，马克思在《〈黑格尔法哲学批判〉导言》中充分论证了无产阶级的可能性：一个遭受苦难的等级，一个表明所有等级解体的等级，一个表明了人的"完全丧失"只有通过人的完全恢复才能恢复自己的等级，这便是无产阶级。此时，马克思强调无产阶级把哲学当作自己的精神武器，同时哲学也把无产阶级当作自己的物质武器。

马克思在《导言》中明确表明了人的解放问题。在此之后，在《1844年经济学哲学手稿》中，马克思通过对异化劳动的考察，设定了一个自由自觉的劳动："从异化劳动对私有财产的关系可以进一步得出这样的结论：社会从私有财产等等解放出来、从奴役制解放出来，是通过工人解放这种政治形式来表现的，这并不是因为这里涉及的仅仅是工人的解放，而是因为工人的解放还包含普遍的人的解放。"①紧接着在《德意志意识形态》中，马克思所关注的焦点依然没有离开人。在这里他关注"现实的个人"，现实个人的活动并不只是在其自身内部的自我意识活动，而且是一种创造和改变物质生活本身的活动。马克思的切入点从异化劳动中的人转向生产的分工导致的片面性中的人。1848年席卷整个欧洲的革命全面展开，但革命成果被资产阶级所侵占，此时的工人阶级并没有像马克思所预想的那样起来反抗，这引起了马克思深深地思考。革命失败后，马克思结合这次革命的实践经验，系统地分析了整个政治运动经济关系。19世纪上半叶，随

---

① ［德］马克思：《1844年经济学哲学手稿》，北京：人民出版社2008年版，第62页。

"再思"马克思社会解放的革命主体——奈格里政治哲学思想探析

着资本主义生产方式的统治地位在欧洲各国逐渐确立,马克思转向深入地研究政治经济学,通过对资本主义生产方式的分析来帮助无产阶级认清资本主义社会必定会被社会主义社会所取代的历史必然性。在反思中马克思试图更换一个角度来谈论主体性,他关注的焦点紧紧地锁定在资本、货币、商品、市场以及资本主义的内在矛盾等因素之中。乍一看,所关注的工人阶级的主体性消失了,实则更加精准地为工人阶级新革命的到来铺平了道路。在《政治经济学批判》中马克思认为,人们的社会意识决定着人们的社会存在,同时,人的社会存在也决定着人的意识。由此可看出,革命主体意识的形成并不仅仅是空洞地在自由的意识之中的发展,它必须结合现实生活中人的根本存在,只有彻底地对资本主义进行分析后,才能真正地确立工人阶级在社会中的地位,以及工人阶级作为革命主体的真正意义。

资本主义发展到工场手工业时期,整个生产的内部都发生了巨大的变化,它颠覆了以往工人主体的形象,工人已经无法单独完成一个完整的主体性工作,他的工作仅仅是劳动结合中的一部分,此时工人被分工肢解成碎片化的人,在资本的统治下这些碎片化的工人组合成一个整体。工人虽然被肢解成碎片,但这些碎片化的人依然是生产的中心,在整个的生产过程中仍然需要工人的技术,由此可见,在工场手工业时期碎片化的工人仍然是占主导地位的。直到机器大工业时期,碎片化的工人完全被机器所取化,工人已经不能作为总劳动中的一部分,机器已经成为主体,人仅仅是游离于机器之外的孤体。此时,机器具有了"主体"的权力,即资本的权力,资本可以更加肆无忌惮地统治和控制着工人。从工场手工业中被碎片化的仅有局部能力与资本对抗的工人,到机器大工业时期完全被剥夺主体性的工人,可见,主体性被资本完全吞噬。马克思深刻地洞察到,工人阶级是无力起来同资本家反抗的,因为生产力的改变导致了资本主义生产方式发生了巨大的结构性变化。资本主义生产方式的改变产生了异化劳动,此时工人阶级是无法承担革命的历史任务。

马克思看到工人阶级被逐渐地边缘化最终失去了反抗的能力,他试图换一种思维去分析主体性问题,通过对资本的科学分析,唤醒蕴藏在资本主义矛盾深处的主体性力量。马克思对主体性与客体性的理解是一致的,奈格里没能深入地理解马克思的"主体性"分析与政治经济学分析之间的关系。奈格里错误地认为马克思在《大纲》之后,只是关注客观的历史规律,淡忘人的主体性解放。奈格里论述道:"资本已经是自我增值的,它将自我保存的社会代价视为自己应得的主体化因素。资本表现为扩张的力量,表现为生产和再生产,并且总是控制的力量……在增值过程中,资本具有了控制的主体性。"① 奈格里将资本的运行看作主体性的力量,在资本主义社会的发展过程中,资本不断运动,并且最终变成决定性的力量,奈格里的理解在这一点上是深刻的。但奈格里只看到了资本的主体性力量,却没能深入理解资本自身所蕴含的内在矛盾中就隐藏着主体性的力量。奈格里从马克思的"机器片段论"出发,通过对劳动与生产过程进行分离研究,发现了被忽视的劳动主体,建构出资本与工人相对抗的自治主义逻辑,重新彰显了马克思的阶级主体学说,对于研究社会解放理论具有重要社会价值。

在马克思早期,他一直致力于解决人的解放问题,但并没有如愿。由此可见,主体性问题的解决并不一定需要主体的在场,马克思后期虽致力于对资本主义生产方式的深入分析,但主体性问题并没有从马克思的视域消失,相反则是为人的解放提供了历史唯物主义的逻辑,只不过换了一种叙述的方式而已。事实上,后期马克思对资本主义内在矛盾的深入揭示,恰恰是为主体性的解放提供了依据和帮助。主体性的力量深深地蕴含在资本主义矛盾的内在性之中,随着资本主义的不断发展,各种矛盾充分显现,主体性作为一种力量将会出现。主客体的统一并不是一种外在性的统

---

① [意]安东尼奥·奈格里:《〈大纲〉超越马克思的马克思》,张梧、孟丹、王巍译,北京:北京大学出版社2011年版,第104页。

"再思"马克思社会解放的革命主体——奈格里政治哲学思想探析

一,而是内在于资本主义的矛盾之中。

马克思指出,随着自动化机器体系的发展变化,固定资本在生产过程中的地位变得越来越重要,物质财富的创造较少取决于劳动量和劳动时间,更多地取决于自然科学的发展水平及其在生产过程当中的运用。"固定资本的发展表明,一般社会知识,已经在多么大的程度上变成了直接的生产力,从而社会生活过程的条件本身在多么大的程度上受到一般智力的控制并按照这种智力得到改造。它表明,社会生产力已经在多么大的程度上,不仅以知识的形式,而且作为社会实践的直接器官,作为实际生活过程的直接器官被生产出来。"① 马克思的这一论断表明,资本主义社会发展过程中资本为了最大限度地榨取工人的剩余价值,必然会追求一般智力和社会科技的发展。资本主义的生产方式必然从机械化逐渐发展为智能化,与此同时,资本主义的生产对象必然会从物质性产品发展为一般智力。

奈格里提出的非物质劳动概念延伸了马克思政治经济学批判的劳动概念。马克思洞察到随着科学技术的进一步发展,一般智力将在后工业时代成为现实。但是,马克思清楚地意识到,只要不改变资本主义生产关系的性质,社会知识和科学的发展必然只是成为资本逻辑自我更新的路径,从而推动剩余价值的持续增长。一般智力和一般社会知识被吸纳进资本逻辑体系当中,对劳动者来说就表现为一种外在性的力量。奈格里指出,另类现代性筹划的新型主体,通过共同性的生产可以脱离资本主义生产关系的限制,建构了另类现代性的自治主义革命逻辑。一味地关注主体性并不代表可以有效地解决主体性问题,奈格里过于片面地解读马克思的著作,试图用主体性问题解读一切社会性问题,并简单地认为后期马克思存在主体性的缺失。奈格里对主体性话语的偏执和对辩证法理解的简化,使其思想具有浓重的乌托邦色彩。

---

① 《马克思恩格斯全集》第31卷,北京:人民出版社1998年版,第102页。

二、内嵌在资本主义中的主体力量

在《大纲》，马克思大量地使用了"活劳动"这个概念，但也正是在这部著作中马克思明确地使用政治经济学的方式对"雇佣劳动"这个概念进行了定义："雇佣劳动是设定资本即生产资本的劳动，也就是说，是这样的活劳动，它不但把它作为活动来实现时所需要的那些物的条件，而且还把它作为劳动能力而存在时所需要的那些客观要素，都作为同它自己相对立的异己的权力生产出来，作为自为存在的，不以它为转移的价值生产出来。"① 奈格里更多地关注"活劳动"概念，因为他简单地认为马克思只是在《大纲》中到达了主体性理论的巅峰，此后的《资本论》是一种主体性的消失。其实不然，马克思在花费了大量精力的《资本论》中对"雇佣劳动"进行了总体性的概括，他明确指出雇佣劳动是资本主义社会的特点，更为无产阶级革命和解放提供了科学的理论基础。那么，奈格里和马克思对主体性理解的区别是什么呢？

首先，"活劳动"的概念在资本主义社会中扮演着十分重要的角色。在《大纲》中，马克思明确指出："资本的价值增值过程是通过简单生产过程并在简单生产过程中实现的，这是靠活劳动同它的物质存在要素发生合乎自然的关系。但是，只要活劳动进入这种关系，这种关系就不是为活劳动本身而存在，而是为资本而存在；活劳动本身已经是资本的要素。"② 马克思使用"活劳动"这个概念形象地表明活着的工人，更加深入地刻画出工人（活劳动）与机器、生产资料（死劳动）之间的对立关系。活劳动与死劳动是一种并存关系，活劳动是资本的重要组成部分，但也只有和死劳动相互并存时才成为活劳动。活劳动中蕴含了人的主体性特征，奈格里

---

① 《马克思恩格斯全集》第46卷，北京：人民出版社1979年版，第461页。
② 《马克思恩格斯全集》第30卷，北京：人民出版社1995年版，第333页。

"再思"马克思社会解放的革命主体——奈格里政治哲学思想探析

仅从劳动的物质形式的角度出发来理解活劳动的概念。奈格里通过对活劳动中主体的活动能力引出劳动者的革命潜能。

奈格里以主体性政治出发,围绕活劳动的主体性思想,并使其作为主体性的力量反抗资本的统治,展现实现自身的解放:"解放的劳动是从劳动中的解放。共产主义劳动的创造性与资本主义劳动力的组织方式无关。活劳动通过解放自身,重新从交换价值中夺回其使用价值,这使我们走向那个最终把劳动作为一种需要的世界。在这种情况下,这是劳动作为本质的、共同的、非神话的共产主义劳动的问题,而不是说劳动作为资本主义体系的一个组成部分。颠覆是彻底的,绝不允许任何妥协。这是个新主体,丰富而且充实的新主体。"[①] 奈格里仅仅把活劳动与主体性相连接,完全忽视了主体性的社会关系。在他的"新主体"中,他建构了所谓"新"的非物质劳动理论:"生产非物质产品,譬如知识、信息、交往、关系或者情感反应的劳动"[②]。奈格里试图从主体的维度出发,通过对非物质劳动的分析,进一步引出革命的主体性理论,最终实现解放的可能性。但是,奈格里过分夸大主体的力量,未能深入探究劳动的本质意义。奈格里非常片面地关注主体性问题,忽视了对劳动内涵的深入理解,他认为劳动已经出现了新形态,即非物质劳动,但他无视资本主义生产过程中的"雇佣"关系。在资本主义社会中工人劳动的意义并不仅仅在于劳动的物质形式,更为重要的是在整个生产过程中资本家对工人的剥削关系。

其次,马克思所指出的雇佣劳动是指在资本主义社会中被资本家剥削的,并给资本家带来剩余价值的工人。私有制使得越来越多的财富,聚集在少数资本家手中,雇佣工人越来越贫穷,为了维持自身的生命活动,他们无法逃脱被资本家剥削的命运。资本家剥削的目的是为了进行资本的积

---

① [意]安东尼奥·奈格里:《〈大纲〉超越马克思的马克思》,张梧、孟丹、王巍译,北京:北京大学出版社2011年版,第208页。
② 孙乐强:《自治主义的大众哲学与伦理主义的主体政治学》,载《马克思主义与当代思潮》,2013年第3期。

第三章 奈格里政治哲学的核心概念：新革命主体

累，因此他要求找到可以实现价值增价的自由劳动者。正因为工人一贫如洗，他们才成为可以任意买卖的商品。在资本主义生产过程中劳动力作为商品被资本家所使用，形成一种区别于历史上任何关系的"雇佣关系。"

马克思《大纲》中大量使用了活劳动的概念，但此后马克思在花费了大量精力完成的《资本论》中却极少使用这个概念。从活劳动到雇佣劳动理论的发展经历了一段漫长的时间，这个不断完善的发展过程贯穿于马克思思想的始终。活劳动与雇佣劳动的区别到底在哪里？劳动问题作为马克思批判资本主义社会的重要性范畴，马克思在人作为主体劳动者的意义上使用活劳动的概念，但它并不是马克思的根本性概念。活劳动并不能够全面地概括在资本主义生产过程中所蕴含的社会关系，而只是形式化地表明工人作为一个活着的人的生动描写。对于资本家来说，他并不关心活着的工人，他只对雇佣劳动产生兴趣。在资本主义制度下，商品经济的快速发展使得工人的劳动成为商品化的劳动，即雇佣关系。资本家以工资的形式购买雇佣工人的劳动力，工人的劳动力作为一种商品在整个工作日内受资本家的支配。在现实生活中工人谋生所需的生活资料只需半个工作日就可以完成，但另外半个工作日的劳动所生产的商品也完全被资本家所占有。必要劳动时间，即工人生产必要生活资料时所消耗的劳动时间。剩余劳动时间，即工人额外劳动的另外半个工作日。因此，在资本主义社会中，工人的劳动分为两个过程：一是必要劳动；二是剩余劳动。在资本主义社会中仅仅使用活劳动的概念是不充分的，活劳动所蕴含的只是人作为主体劳动的特性。当劳动者进入到整个生产过程中，活劳动便被资本使用进而使其变成了雇佣劳动。雇佣劳动比活劳动更加丰富具体，它是指工人在资本主义生产过程中的劳动，它本身就蕴含着特定的社会历史内容和社会关系。马克思从雇佣劳动的角度出发，并非仅仅是提出这个概念本身，而是要思考如何消除雇佣劳动，进一步分析工人阶级解放的潜在性。奈格里并没有深刻理解这一点，以至于他没能深入理解马克思的历史唯物主义。

"再思"马克思社会解放的革命主体——奈格里政治哲学思想探析

马克思在《资本论》中虽未明确提出工人阶级的反抗,但主体性并未缺失。马克思对资本主义内在矛盾的分析,进一步揭示出资本主义必然灭亡的命运。资本主义的生产方式有其不可调和的内在矛盾性,这是其自身走向灭亡的根本原因。此时,主体性的力量深深地蕴含在资本主义的内在矛盾中。当资本主义的矛盾发展到一定程度时,主体的力量便会显现出来。奈格里总是持有主体优先的原则,错误地用主—客分离的方法来理解资本主义的内在矛盾。资本主义的灭亡,最重要的并不仅仅是工人阶级意识到自己被剥削,被压迫而起来反抗,因为如果资本主义自身的矛盾没有完全成熟,工人阶级无法成为主体去彻底推翻资本主义。奈格里抛弃了马克思关于资本主义生产关系客观统一性的分析,使其只能走向抽象的个体性的伦理解放。"哈特和奈格里对资本主义在客体维度上的危机的理解,并不是像马克思在《资本论》中所做的那样,从剩余价值的剥削,资本有机构成的提高,一般利润率的下降的角度几乎未揭示其危机的必然性,而是从非物质劳动的自主合作性的角度来凸显资本主义私有制关系的危机的。因此,他们实际上并不看重由客观历史过程所发展出来的内在矛盾,而是更看重由活劳动的形式所表现出来的主体维度上的变化。"[①]

奈格里将他们的斗争更多的指向分配领域,指向对共同性的使用。奈格里明确指出:"抵抗是不同于资本主义对生命的殖民化的另一种激进的选择。但是这只在以下意义上成立:它是对共同性(或我们所生活的状况)的重新分配;换句话说,是以一种激进但是原创的、原始的、自发的、自主的并能自我发现的方式与权力的决裂。"[②] 但是,并不是这种自发的对共同性的分配就能够实现与资本权利的彻底分离。生产决定分配,因此要深入到对权力体系背后的生产关系和生产机制进行深入的批判,通过

---

① 唐正东:《出离:生命政治哲学》,载《山东社会科学》,2014年第1期。
② [意] 安东尼奥·奈格里:《超越帝国》,李琨、陆汉臻译,北京:北京大学出版社2016年版,第180页。

第三章 奈格里政治哲学的核心概念：新革命主体

这种分配实现的自由，并不是真正意义上的人类解放。在社会实践中马克思看到，在经济繁荣时，资本家用一些小恩小惠可以使工人暂时沉默，但这并不表明雇佣工人主体性的彻底消失。随着经济危机的爆发，社会实践驱使工人起来反抗和革命。奈格里没有充分理解资本主义的内在矛盾和马克思的客观阶级立场，在现实社会实践中，其理论必然走向一种乌托邦主义。但奈格里的革命主体性思想也进一步推进了在全球化资本主义时代条件下，重新思考主体性及社会解放的重要理论。奈格里的生命政治理论在一定程度上反映了当代资本主义再生产形式的深刻变化。在马克思的时代，工人阶级的劳动时间和生活时间是彼此分开的，资本家所榨取的只是在特定时间和地点的劳动，而不是工人的全部劳动。但随着非物质劳动的出现，它模糊了劳动时间和生活时间的界限，人的全部时间都被吸纳到资本的统治之中，无法摆脱资本逻辑的剥削，它已经渗透到人的生命的全部过程。在前者那里，生产关系再生产的核心在于劳动过程中的全面规训；现在这是人的生命的生产，它将生命的生产转变为资本关系的再生产，由此实现了从生产的政治经济学到生命政治学的彻底转变。奈格里的生命政治学，揭示了当代资本主义劳动范式的新变化，开拓了一条使马克思走向当代的道路，彰显了马克思哲学的当代生命力，为重新审视历史唯物主义的当代价值提供了有益的参考。

第四章　奈格里政治哲学的后现代主义图景

一个超全球化的世界正在形成，不只是经济还包括政治和文化都不可逆转的卷入到全球化之中，这种新型的全球化不同于传统帝国主义的对外扩张，它是一种建立在后民族国家主权之上的新主权形式。帝国这种新的主权形式，既不是绝对的善，也不是绝对的恶，它是一个充满冲突、矛盾和扩张性的权力结构。它既带来新的剥削方式，又孕育着新的解放性力量。奈格里强调，"构建帝国和它的全球网络的确是一种回应，它所针对的就是各种反抗现代权力机器的斗争，尤其是民众向往解放的欲望所推动的阶级斗争。唤出帝国的正是民众。"① 对于帝国的出现，应积极地去看待。在历史的进程中去发掘民主与解放的力量。

奈格里发现帝国正在创造一种全球化的新压迫和剥削形式，但它也在创造自己的掘墓人，全球化的资本主义发展已经扩展到全世界社会生活的所有领域，并且侵入到每个领域的最私密处，同时它自身也包含着许多矛盾。正如齐泽克所说："一切重要的社会关系的破坏也拧开了魔鬼的瓶盖：资本主义体系在全球的胜利导致了它比任何时候都更脆弱，马克思那句古

---

① [美]迈克尔·哈特、[意]安东尼奥·奈格里：《帝国》，杨建国、范一亭译，南京：江苏人民出版社2008年版，第57页。

老的断语至今仍然有效，资本主义自身就是它的掘墓人。"① 奈格里试图结合马克思对资本主义的批判方法，以当代资本主义发展过程为出发点来寻求超越资本主义的因素和条件。奈格里结合了后现代主义的革命政治学和马克思主义的解放政治学，在超越资本的后现代主义中重新筹划了如何超越资本以及共产主义的革命憧憬。

第一节　如何超越资本：一种后现代革命宣言

奈格里以当代资本主义社会的现实为出发点，建构了以生命政治为核心的革命政治学。他以此为背景深入分析了当代资本主义的发展之路，并且揭露出资本主义本身所蕴含的矛盾性和冲突性。从资本与工人阶级的对立中，发展出新的主体性——诸众理论。这种新的对抗性力量超越了资本的统治，将建立一种全球的后现代主义革命图景，分别从不同的视角展开对超越资本之后的后现代图景进行了深入分析。

一、出走：颠覆资本的统治权

奈格里强调20世纪中期在发达到国家出现了一种新的劳动形式，即生命政治劳动、生命政治生产和非物质劳动。这三个概念都指向同一个对象，只是它们之间的侧重点有所不同。非物质劳动概念意在说明在资本主义全球化的今天，劳动产品的性质发生了根本性的转变。生命政治生产和

---

① [斯]斯拉沃热·齐泽克、[美]迈克尔·哈特、[意]安东尼奥·奈格里：《为21世纪重写〈共产党宣言〉吗?》，南京：凤凰出版传媒集团与江苏人民出版社2006年版，第84页。

"再思"马克思社会解放的革命主体——奈格里政治哲学思想探析

生命政治劳动则强调这种新的劳动形式在外延上的扩展。奈格里特别强调在后现代主义理论家所倾向的那种资本所具有的无限胜利的语境中,更多的使用生命政治劳动概念而不是非物质劳动概念,是因为在资本所实施的全面统治之下关于阶级斗争的可能性问题,这是问题的核心,它凸显出阶级斗争的客观性存在及阶级解放的无限潜能。大多数的后现代理论家都忽视了从阶级冲突的对抗性角度来推进他们的研究,不仅应关注剥削统治的新形式,更应重视拒绝这种剥削,并在此基础上提供有效的社会统治的替代性方案。奈格里对此已经作过更为清晰的分析:"社会批判理论家从物化现象的分析开始,始终强调资本逻辑的统治,这种统治使得原先的劳动异化蔓延成为普遍异化,最终形成了无可挣脱的'资本的囚笼'。奈格里并不否认资本的统治,他所反对的是这样一种倾向:在夸大资本统治的同时抹平劳动阶级的主体性,从而否认阶级斗争和人类解放的可能性。"① 奈格里对这一思想的解读,有助于更加全面地理解他的政治哲学的全貌。

奈格里提出"出走"这一概念,指的是在生命政治生产的语境中阶级斗争的新形式,对此他作过具体性的分析"我们所谓的出走,是通过实现劳动力潜在自主性的方式从与资本的关系中退出的过程。因此,出走不是拒绝生命政治劳动力的生产力,而是拒绝资本对生产能力日益强加的制约性因素。这是生产能力的表现,通过穿越资本主义社会关系的豁口而逾越与资本所结成的关系。"② 可见,资本主义的生产关系一方面限制了劳动力的发展,另一方面也导致了资本主义的危机,最终把劳动力局限在劳动力商品的维度上。在面对资本主义危机的理解层面,奈格里和马克思存在较大差异:马克思在《资本论》中从剩余价值、资本的有机构成、利润率的下降等角度来揭示资本主义危机的必然性。但奈格里以非物质劳动的自主

---

① [意] 安东尼奥·奈格里:《〈大纲〉超越马克思的马克思》,张梧、孟丹、王巍译,北京:北京大学出版社 2011 年版,第 6 页。
② [美] 迈克尔·哈特、[意] 安东尼奥·奈格里:《大同世界》,王行坤译,北京:中国人民大学出版社 2015 年,第 121 页。

第四章　奈格里政治哲学的后现代主义图景

性为切入点来揭示资本主义的危机。马克思侧重于从客观历史性出发来揭示其内在性矛盾，奈格里则侧重于从活劳动的形式入手来凸显主体性的变化，他更加关注主体维度上的转变。

奈格里之所以把出走当作生命政治生产语境中阶级斗争的一种新形式，是因为出走的主体并不是现实中就有的，而是建构出来的。但是，这种主体性的建构过程并不是由某种外力所构成的，它是建立在对生命政治劳动的主体性的自我建构过程中逐步发展出来的。奈格里除了关注客体维度上的矛盾之外，还关注主体的自我建构过程。这里的主体并不是指一种纯粹性的个体主体，它依据社会主体的思路而建构。奈格里对主体性的思考角度是一种超越后现代主义思路的思维方式。在《狄奥尼索斯的劳动》这一著作中，奈格里明确指出："把社会主体自身建构成社会存在之肯定性生产的一种新动力，而这种社会存在没有表征性的内涵，只有体现为一种新建构物，一次激进的革命。"① 可见，如果因为资本对社会生活的全面统治性，就放弃社会主体性的解读思路而转向纯粹的个人主体，才是一种错误的方式。

在生命政治生产的条件下主体性选择出走，因为在资本主义全球化进程中主体已经发生了根本性的变化。主体被转型为以下四种形式：被负责者、被媒体化者、被代表者、被监控者。

第一，被负责者。在全球化的资本主义发展中，资本在生产过程中正发生着巨大变革：由利润霸权转向租金霸权。前者是基于在工业生产中所获得的对利润的积累，后者则基于在生命政治生产中以一种抽象的形式所表现出来的处在社会发展之上的剥削形式。在整个债务的剥削关系中债权人与债务人之间的等级制关系作为其剥削关系中的基础。这种等级制的剥削关系更容易隐藏剥削的本质，因为它远离了社会生产过程，并把社会中

---

① Micheal Hardt, Antonio Negri, Labor of Dionysus, *Minneapolis*: *University of Minnesota Press*, 1994. p.11.

的大多数人都作为债务人,从而掩盖了其剥削的本质属性。可见,社会中的绝大多数人都被作为债务人而受到资本的剥削,这种债务的剥削形式具有隐蔽性。现实生活中债务人的生活会越来越贫乏。假如你用抵押贷款的方式购买了一套房子或一辆车,为了偿还每月的房贷或车贷,你会非常努力的工作,也会放弃很多度假和进修的机会。可见,债务人带来的是一种压迫感。奈格里认为这是一种主体性的缺失,作为主体的债务人只能选择出走,却不能在自身的辩证中发展出新的主体形式。

第二,被媒体化者。当今社会信息的碎片化扼杀了人们建构有用信息的能力。以前的社会中信息的缺乏使人们无法获得更多的交流及观点的表达,但当今社会正好相反,人们被大量的信息和过多的交流所覆盖,却难以分辨信息的价值含量。人们越是沉迷在网络中各种铺天盖地的信息,这些信息的能量就变得越大,它们对人们思想的控制也就越大,人们用大量无聊的信息压制着自己自由思考的能力。可见,被媒介化的人和异化的工人具有很大的差异,工人感受到的更多的是一种被分裂感,但被媒介化的人所体会到的常常是一种被抛入信息之网中的茫然感。这些无价值的信息不断地使主体碎片化,并占有主体的自由时间。因此,主体只有通过出走的方式让自己获得自由,即从那些铺天盖地的死信息中走出来,并通过政治情感的建构来获取政治自由行动的有用信息。

第三,被代表者。奈格里指出,被代表人是指那些主体维度上愿意顺从的集中表现。在当代资本主义社会中这种现象常常会发生。例如,在资本的作用下,人们已经无法建构一个真正意义上的选举活动。只有占有财富的人才能进入到被选举的对象之中。可见,被代表制已经成为社会政治生活发展的一种障碍。代表制把人民和权力隔离开,这种隔离使被代表者无法获得政治参与的能力,因此被代表者在主体维度上无法成为政治行动者,他们只能以出走的方式获得自身的主体性权力。

第四,被控制者。奈格里强调,现代社会人们时刻都处在一种被监控的状态中。不管出于何种原因,在人们的内心深处都充满了恐惧感,因为

第四章 奈格里政治哲学的后现代主义图景

这种被监控的状态使人畏惧,但在监控之外似乎更加危险。在这种被监控的社会中,人们不仅是被监视的客体,同时也是进行监控的主体。例如,在公共场所某些人的异常行为会引起你的监视。正是因为恐惧为你的这种监控行为提出了正当的合理性,由此可知,被监控的人已经处在一种双重恐惧之中。奈格里认为被监控的人不仅对统治权力感到恐惧,更对未知的威胁感到恐惧,这就是所谓的"普遍性社会恐惧感"。

在《大同世界》中奈格里指出,只有当诸众已经形成时,即在当代资本主义社会中诸众已经肃清了各种腐败,并且已经具备了足够的能力来驾驭诸众的自主性、多元性并互相协作时,才能通过革命的方式来完成,"出走并不意味着作为赤裸生命离开,赤身裸体,身无分文。不,我们需要拿走我们的果实,这就意味着对共同性——我们过去劳动的成果,以及未来的自主生产和再生产的资料——进行占有。这里就是战场"①。但在资本主义体制下如此完美的诸众还需要建构。奈格里指出,无产阶级已不再指向产业工人,而是把所有处在资本统治下的人都包括在一起,无产阶级被剥夺了真正的主体能力。

奈格里认为从这四种主体性危机形式可得出:对于革命不能从辩证的角度来谈论,应该从主体的角度来切入,因为作为行动的主体可以摧毁统治着我们的权力关系,所以主体不能作为一种辩证运动过程而存在,它经失去了政治行动能力,并完全处在资本的统治之中。事件和主体性正在发生,这一过程非常重要,它表征着个体向单一者的转变。奈格里强调"单一化的过程其实是一种自我认证,自我维系,主体性决定的过程,它全面导向组合在一起的状态"②。

成为单一者必须完成以下四种出走方式:首先,被负责者的主体形

---

① [美]迈克尔·哈特、[意]安东尼奥·奈格里:《大同世界》,王行坤译,北京:中国人民大学出版社 2015 年版,第 130 页。

② Micheal Hardt, Antonio Negri, *Declaration*, Distributed by Argo NavisAuthour Services, 2012. p.33.

式。奈格里认为必须反转债务关系，拒绝支付债务，因为我们需要一种全新的社会关系。这种社会关系并不由资本或货币而建构，而是由社会关联本身来建构。其次，被媒介者的主体形式。奈格里特别强调，我们必须拒绝被媒介化，所以我们应当远离媒介。我们应该努力创建新的真理，并且它只能处在交往和共在关系中被创构。再次，被代表者主体形式。奈格里认为我们应该拒绝被代表。在2011年的"占领"运动中，足以证明拒绝并不是一种凭空的想象，它是真实地发生在我们身边的事件，因为具有这种拒绝能力的主体正在形成。最后，被监控者的主体形式。奈格里指出拒绝被监控的方式是逃逸。人们不可能与政府的暴力机构相抗衡，拒绝的方式是不被别人发现，那才是一种真正的阶级斗争方式。出走是生命政治生产为新型的政治主体所提出的颠覆资本的统治方法。奈格里认为我们不能绝望的放弃、拒绝，应该运用对抗、抵抗等社会运动去摧毁资本霸权的统治。"在技术'座架'中人和世界相互逼索，世界陷入了没有灵性的黑暗之中。在海德格尔看来，人类走出危机的出路就是寻找一种非规定性的思或称为存在之思，这样才能从根本上改变人类的历史命运。"[1] 可见，出走才是颠覆资本的方式。

二、资本主义还剩下什么：论共同性概念

在全球化的资本主义时代下，经济生产的核心力量就表现在共同性上，它既是一种社会的生产力，也是一种财富的生产形式。奈格里赞同马克思的观点认为是"私有财产让我们变得愚蠢，如此愚蠢以至于对共同性视而不见！"[2] 可见，共同性概念并没有像公有制和私有制那样被深入分析

---

[1] 孙利天：《21世纪哲学：体验的时代》，载《长白学刊》，2011年第2期。
[2] [美]迈克尔·哈特、[意]安东尼奥·奈格里：《大同世界》，王行坤译，北京：中国人民大学出版社2015年版，第216页。

和研究。实际上,经济学家已经认识到处在经济生产中的共同性概念,只是把它置于经济关系之外并将其视为一种"外部经济"。为了进一步理解生命政治生产,需要将这种外部性的经济进行内在化,并将共同性置于经济生产的中心。此过程揭示了经济增值是如何内嵌到社会生活之中。

在经济发展的过程中,外部经济经历了漫长的发展史。20世纪初期,马歇尔使用"外部经济"这个概念指发生在某个企业或工业之外的一种经济活动。从根本上说,"外部经济"这个概念属于一种消极术语,特指全部外在于经济和私有财产交换领域的活动。接下来在20世纪中期,米德通过区分两种外部经济来揭示这个概念的内涵:一个是表示为"未支付的要素",它包括蜜蜂对果树的授粉行为;另一个是表示为"氛围",它包括落在果园中的雨水。由此可见,这些指向"外部"的共同性是如此重要。经过漫长的发展,共同性的概念已经变得十分清晰。让共同性越来越清晰的并不是经济学家,而是法学理论家,他们研究关于知识产权的问题让研究者不得不去关注共同性这一概念的发展。人所拥有的知识和文化都不同于公有制和私有制,甚至表现为一种冲突性。例如,专利和版权是让知识变为私有财产的两个有效机制。对于共同性、公有制、私有制之间的区分是非常必要的。共同性不同于公有制,也不同于私有制,它具有自身的自主性特点。

在资本主义全球化时代下,生命政治生产使之前处于外部的共同性被完全内在化了。不管是自然形式还是人工形式的共同性,都被内化为经济生活中的核心性要素。共同性的积累和价值的增值都意味着社会生产力的不停扩张。可见,经济增长和社会增长是同时进行的。但社会增长这个概念似乎比较抽象,因此,可以从社会感知的角度来赋予其更哲学化的精确性。共同性使我们的感觉得到更多的强化,例如感觉、交往、思考、观察等。这种不断强化过程意味着共同性的不断增长和共同性生产能力的强化。生命政治生产并不受稀缺性的逻辑制约,它让生命进行运作,并且不具有排他性。例如当分享一个观念时,个体的思想并没有因为分享所弱化，相反这样的分享交流增加了个体的个人能力。信息、交流、语言、感受具有社会性，并且为整个社会共享。

生命政治生产的出现迫使人们重新思考经济周期的概念。在资本主义社会中经济周期性表现出不停的循环往复过程：扩张、巅峰、下降、衰退等循环往复。经济学家大多只关注"客体"的循环原因，如通货膨胀、供求关系、失业率等，并试图通过货币和财政手段去调节，从而解决这些问题来维持增长率和就业率，但奈格里特别强调主体性因素的重要性，特别是工人对资本主义统治和压迫的反抗和拒绝，面对主体性反抗的巨大压力，政府通过工资、福利、就业等政策去应对这些反抗和动荡。但是，无论是从客体还是主体的角度出发，对经济周期进行调节，它都不会消失。与经济周期不同，生命政治的周期也会有增长和衰退，但必须与共同性相连。奈格里特别强调共同性具有两种类型：一种是有益共同性，另一种是有害共同性，有益的共同性强化了普遍的社会力量。相反，有害的共同性会摧毁和腐化社会财富，并且阻碍社会生产力的发展。生命政治生产的一个重要因素就是使社会生产脱离资本主义的统治和腐化的社会机构，并从中获得自主性。在此意义上，阶级斗争通常采取一种出走的形式以摆脱资本的统治和压迫，从而获得自由和解放。

奈格里认为在资本主义的全球化中应该创造出新的经济表去考察价值生命政治经济中的各种走向。经济表的概念有着漫长的历史。1758年，魁奈出版了《经济表》一书，在这部著作中呈现出农业经济中投资和消费的均衡与因素。魁奈的经济表以锯齿的形状呈现出整个社会的货币交换过程，这种锯齿状的运动表现出经济体系的和谐，马克思也对《经济表》十分感兴趣，在对农业社会的分析中它影响了马克思。马克思借鉴魁奈的分析方法，对资本的产业经济进行概括，通过对生产、流通、交换、消费等不同环节去追踪价值的轨迹。但马克思与魁奈存在的根本性差别是：一方面是劳动而不是土地。另一方面是资本主义处在不稳定的状态之中，它不断寻求新的生产力、新原料和新市场。奈格里认为在生命政治经济中有必要创造一种符合时代的经济表。生命政治生产正在逐步取代工业的霸权性地位，但并不意味着产业生产在经济发展中不重要了。就好比马克思对产业经济的关注并不意味着农业经济不再重要一样。正如农业需要工业化过程一样，它采用工业的机械化生产方式。今天的工业经济也必须转变为生命政治经济，并发展为信息、知识、文化的交往过程中。可见，工业经济将服从于共同性的经济表。但新的经济表将面临两种困境：首先，生命政治劳动的自主性会影响到经济表的完整性。资本虽然依赖生命政治劳动，但生命政治劳动对资本的依赖程度都在大大减弱。生命政治劳动可以通过共同性在自身内部生产自主性合作。其次，虽然生命政治生产具有属于自身的经济表，但在这种社会生产中，共同性是无法用数据进行量化的。在生命政治经济对价值的生产过程中，主体性的地位日益凸显。主体性是一种使用价值，它可以自主地进行生产，但主体性也是一种交换价值，却无法进行量化。

奈格里特别强调在生命政治生产中，"我们要将必要劳动视为生产共同性的劳动"①。可见，共同性充分体现了社会再生产所必需的价值。在产业资本的生产过程中，工资是因必要劳动引起阶级冲突的首要原因，工人进行反抗是想要延长社会必要劳动，但资本家企图打压它。在生命政治经济中，这种对抗性依然存在，但不是对工资的对抗，而是为争取共同性的斗争。奈格里强调，马克思所提出的资本主义生产所具有的社会性与资本主义积累所具有的私人性之间的冲突在生命政治生产过程中变得更加剧烈。在资本积累共同性的过程中将其私有化时，它的生产力也受到了削弱，此时，社会生产力不仅具有对抗性，也具有自主性，对资本积累来说它既是前提条件，也是一种破坏性因素。

资本总是处在一种危机性之中。资本主义再生产的不断循环不可避免

---

① ［美］迈克尔·哈特、［意］安东尼奥·奈格里：《大同世界》，王行坤译，北京：中国人民大学出版社2015年版，第222页。

地将导致帝国主义之间的冲突和战争。资本内部蕴含着深刻的危机,社会生产力日益具备对抗性和自主性,资本难以对此进行管理。资本为了保持其统治地位,将采取战争和金融等手段。战争在短期内可能会加强控制,但也会阻碍社会生产力的发展。可见,战争对于资本主义经济的发展是不利的。相比较而言,金融的方法更为有效。在资本主义社会中,金融已经成为应对社会关系危机所采取的重要手段。在生命政治经济的快速化发展过程中,只有金融手段能采取有力措施,去剥夺财富并进行统治。同时,在生命政治劳动力的流动性和灵活性中,只有金融手段可以对其进行监视,并削减社会福利。金融的奥秘是因其外在于生产过程,金融赋予生命政治经济以自主性,但它有能力从外部对财富进行剥夺。

生命政治劳动的主体性不断增长且内嵌在共同性之中,它打破了交换过程。经济主体、社会阶级之间的相互存在性关系。生命政治劳动强烈反对资本对劳动力成果的占有,由此形成了一张不同于经济表的斗争表。奈格里将斗争分为三种:第一种,共同性对工作的拒接,即对生命政治劳动自由性的保卫。在后工业社会中,劳动力具有被强制的流动性和灵活性,他们缺乏稳定的就业保障,在他们的职业生涯中要不断更换新工作,并且要从事各种各样的工作类型,在大多数情况下,要走出居住地,跋山涉水去不同的地域或国家寻求工作。生命政治劳动并不拒绝这种流动性和灵活性,但它拒绝对这种流动性和灵活性施加的外在性控制。生命政治劳动的生产力要求自由、自主地决定自己的运动方向,由此来建构生产性的相遇,并形成一种相互协作的网络,让自己脱离这种有害关系。共同性拒绝工作的统治,它要保卫生命政治劳动的创造性力量。第二种,共同性对工资的斗争,即对社会生命的维护。在工业社会时期,国家福利系统所补充的工资目的是为了维护劳动者的再生产过程。但在生命政治劳动体制下的工人阶级与工资的关系已经发生了根本性的变化。生命政治活劳动下的工人阶级虽然也需要工资来维持再生产的过程,但他们在不断地脱离资本对其的控制过程,社会财富的其他来源越来越成为他们收入和再生产的基础。共同性与工资的斗争是保证社会再生产的生命收入。第三种,共同性反对资本的斗争是对民主性的捍卫。共同性反抗资本的斗争还处在初级阶段,需要与他们相对的社会制度的进一步发展,从而实现对社会生产力的民主性,也为生命政治劳动的自主性提供了稳定的理论基础。

在资本主义社会内部纳入生命政治经济的自主性,表现为革命的最大尺度与生命政治劳动自由的质的尺度相结合,从而为新制度的确立奠定了基础。共同性不仅是革命政治哲学的起点,也标志着一个新的生活方式与新的共同体的出现。共同体作为共产主义的生产方式,它创建了新的主体性,超越了资本主义的统治和压迫,并表现出一个本质的、集中的共产主义方式。

第二节 另类现代性

奈格里提出的另类现代性是一个复杂的概念,旨在探讨和构建一种不同于传统现代性和后现代性的新现代性。这一概念试图超越现代性的局限性,同时拒绝后现代性的某些消极方面,特别是在全球化、资本主义和信息技术快速发展的背景下。另类现代性的提出,源于对当代社会变迁的深刻反思。奈格里认为,随着生产方式的变化,特别是非物质劳动的兴起,现代社会的结构和动态已经发生了根本性的变化。在这样的社会中,传统的阶级概念、生产关系和社会斗争的形式都需要重新审视和理解。

现代性在给人的生产带来巨大改变和进步的同时,又导致了诸多深层困境和矛盾。对现代性及其命运的批判由来已久,在经济、政治、哲学、建筑等领域都渲染着现代性批判的氛围。在这些反思现代性的思想倾向中,奈格里的另类现代性因其独特的阐释方式和解决路径受到学界的广泛关注。他结合资本主义劳动方式的后现代转型对另类现代性进行了生命政

"再思"马克思社会解放的革命主体——奈格里政治哲学思想探析

治阐释,从马克思关于资本与劳动的关系和福柯权力、反抗等观点中寻找理论资源,在一定程度上使生命政治主体通过民主自治的方式走向另类现代性。

奈格里对非物质劳动概念的深入剖析,将马克思政治经济学批判传统与当代资本主义的新变化结合起来,建构了超越资本主义现代性的另类现代性。现代性总是表现为一分为二的。在将现代性理解为启蒙运动和理性精神时,需将现代性理解为一种权力关系,即统治与被统治。奈格里认为,如果没有殖民统治就没有现代性。因此,反现代性的力量,如对殖民地统治的反抗,是一种内在于现代性的力量,内在于权力关系之中。"欧洲在美洲、亚洲和非洲的扩张不应被视为征服,而应该被视为殖民遭遇时,他们或多或少地认识,反现代性就内在与现代性当中。"征服一词强调扩张的暴力和野蛮,但这却将被殖民者视为被动的客体。现代性介于统治者与被统治者之间的等级秩序当中。

奈格里的另类现代性内生于资本主义现代性之中,它所实现的生命政治解放不是独立于资本主义生产关系之外,而是随着资本主义生产方式的不断变化,就能够自发的形成的自治主体。在资本主义生产关系下完成的非物质产品(符号、图像、景观、信息、知识、情感)从资本的最新形态转变为正面话语,成为生命政治主体解放的肯定性力量。奈格里立足于资本主义非物质劳动理论,对另类现代性的规划过于依赖主体政治的维度。他的另类现代性规划超越了现代性与反现代性的二元逻辑对立,在现代资本主义生产方式内部构建出主体政治的解放逻辑。奈格里的生命政治视阈中的另类现代性规划,既不能成为当代马克思主义现代性批判的主导趋势来代替马克思的现代性理论,也不能代替马克思立足于生产方式改变实现人类解放的生命政治学,成为通往共产主义的核心方式。相反,只有沿着马克思所开辟的超越资本主义现代性的路径前进,一种新型的现代性形式才能获得更加宽广的发展空间。

一、另类现代性的生命政治阐释

在奈格里看来，资本主义的现代性以资产阶级革命开启世界历史进程，确立人类自身的力量和理性在世界新秩序中的核心地位。现代性代表了新的思维方式和生活方式，在历史进程中人们的精神发生了彻底的转变。现代性在世界范围内是人类的感性欲望和本质力量得到有效释放，使人类的理性得到充分的发挥，塑造了现代世界的运行轨迹。资本主义现代性建够了殖民地，并使其成为现代性体系的基本结构。"如果我们将现代性视为对抗野蛮主义和非理性的力量……我们必须去考察反现代性的力量，也就是那些现代统治关系内部的反抗。"① 这蕴含着一种等级式的权力关系，即资本主义与殖民地之间的权力对抗关系。他通过殖民统治将权力关系强加在被统治者之上，从内部生产出被规训的符合资本增值需求的生命形式。尽管资本主义现代性通过由纪律和制度构成的规律和控制体系使生产于自身内部的反抗力量转变为财产共和国的公民，但是对抗性的革命力量依然通过各种斗争形式反抗资本及其不断巩固的统治秩序，从而使现代性呈现出相互对抗的特征。若想理解现代性必须认识到统治和反抗存在于现代性之中，反抗意味着内部所产生的差异和矛盾。可见，资本主义现代性在对内和对外的过程中吸纳了各种反现代性的力量，从而呈现出差异化的特征。世界上各种反现代性力量所开启的自治运动都是现代性形成的一个必要环节。各种反现代性的力量都无法冲破现代性的二元对立模式，就像现代性无法摆脱反现代性一样。要走出现代性的困境，就要瓦解资本主义生产关系。

奈格里以非物质劳动为核心重建以共同性为核心的财产关系，这是另

---

① [美]迈克尔·哈特、[意]安东尼奥·奈格里：《大同世界》，王行坤译，北京：中国人民大学出版社2015年，第121页。

"再思"马克思社会解放的革命主体——奈格里政治哲学思想探析

类现代性生成的重要社会基础。各种反现代性的力量都无法冲破现代性的二元对立模式,就像现代性无法摆脱反现代性一样。在当代资本主义社会中,非物质劳动(如知识、信息、服务等)变得越来越重要,这种劳动形式的特点是创造性和合作性,与传统的物质生产有着本质的区别。要走出现代性的困境,就要瓦解资本主义生产关系。在生命政治生产中诸众将获得革命潜能用来对抗资本帝国的生命权力,实现生命政治解放。另类现代性为实现生命政治解放建构了新的革命主体,它不仅源于反现代性的斗争,而且在一种超出二元对立模式的新领域使得诸众成为反现代性的主体。另类现代性通过新的劳动方式与人的生命和身体进行双向互动,创造新的社会关系和财产关系,从而建构出一条通往共产主义的可能性道路。在奈格里看来,在经济社会发展的决定性力量中阶级斗争才是最为根本的力量。

奈格里从三个方面考察了作为反抗形式且内在于现代性的反现代性:第一,要在现代性的权力关系中去争取自由;第二,反现代性并不是在地理上外在于现代性,而是与现代性共生,且贯穿于世界历史;第三,反现代性总是表现出一种先在性。反现代性与现代性交织互通,正如现代性难以摆脱自己与反现代性的关系一样,最终仅现代性与现代性难解难分。因此,有必要从反抗转移到另类模式,从而认识到解放运动可以取得自治,并摆脱现代性的权利关系。奈格里指出,不同历史时期占据霸权地位的劳动方式各异,而居于霸权地位的劳动方式决定着相应阶级主体的形成。工业时期,工业劳动占据核心地位,与之相应的革命主体是工人阶级;后工业时期,非物质劳动占据核心地位,与之相适应的革命主体是诸众。以非物质劳动为霸权的生产方式直接生产新的生命形式,是诸众产生的社会本体论基础。新的主体(诸众)已经突破生产过程中直接被资本家压迫的传统意义,分散于社会生活和生产的各个层面,是一切从事非物质劳动的个人。诸众在非物质生产领域中的活动,创造出一个全新的生命政治存在,作为一个开放性的新革命主体,他可以自由的发展自身,在此过程中所有的差异性都得到平等的尊重，并找到互相交往的共同性，这种共同性使诸众成为抵抗资本帝国的主体性力量。

奈格里认为，另类现代性提供了一种新的抵抗资本主义和追求解放的可能性。通过强调创造性、合作性和共同性，人们可以寻找到超越现有社会结构的新途径。"它让我们看到一个权力、对抗和斗争的领域。后现代性给予我们把当代性想象为主体性生产的环境的可能性；它使我们能在资本渗透一切的形势下，去发现不断地反抗的存在。一种完全内在的伦理潜能。"① 在生命政治的语境中把握资本主义现代性的实质性意义，可以得出人的生命成为资本权力治理的对象时将被纳入到资本增值的逻辑之中，因而生命的多样性被单一性所取代。根据资本主义现代性的内在逻辑，单独的个体被塑造成劳动力的出卖者，整体的人口被塑造成产业后背军。资本通过一系列的规训手段控制工人生命的权力体系，是工人的生命活动变得合理化，从而使劳动者以最高效的方式创造剩余价值。随着人工智能的不断发展，资本主义现代性的生命权力技术对生命的监视和规训，对人口的调整和干预越发隐匿。资本主义现代性无处不在的微观权力掌控着人的生命。因此，要突破现代权力体系，必须以马克思主义现代性批判理论为基础，对另类现代性规划的探索就是要进一步突破现代性"牢笼"并获得解放。

奈格里认为现代性的批判不能诉诸超验的理念，而应该从资产阶级社会内部寻找一条超越性的道路。资产阶级在取得统治地位的同时，也生产着自己的"掘墓人"。在奈格里看来，现代资产阶级社会生命政治已经逐步取代传统工厂生产而居于主导地位。可见，生命政治生产在发展资本主义统治时，不仅生产出了资本与劳动之间的矛盾，同时也生产出新的权力反抗主体。奈格里对现代性的批判与谋划，是从考察现代社会生产关系和

---

① [意] 安东尼奥·奈格里：《超越帝国》，李琨、陆汉臻译，北京：北京大学出版社2016年版，第258页。

"再思"马克思社会解放的革命主体——奈格里政治哲学思想探析

生活方式开始的。在后工业社会,生产方式已经发生巨大变化,即非物质劳动方式。正是基于对现代生产形式的深刻认识,他指出现代社会的生产本质上已经转变为一种生命政治生产,也由此产生了新的主体形式和新的产品形式。生命政治生产是通过自主的协作和交流进行的生产,生产的主体不再是被资本统治的劳动者,而是成为新的主体。同时,这种生产方式也生产出了新的产品,即生命政治产品。随着生产方式的变化,资本日益改变了剥削的形式,由内在模式的剥削转变为外在模式的剥削方式,即资本转变为对生产者的剥削。这种新的剥削方式与劳动者的自主劳动日益分离,其内部已经孕育出革命的潜在性。

非物质劳动生产激起了资本主义的新矛盾。资本全方面对劳动者的管控,会降低生命政治劳动力的生产。资本对劳动者的规训和治理会降低劳动者的自主创新能力,生命政治生产依靠的是自主创新,而不是资本组织的协作。奈格里认为资本对共同性产品的占有会影响产品的价值,从而降低产品的边际效益。资本对劳动者的管控破坏了自主性和共同性,降低了生命政治统治下劳动者的劳动生产能力。在马克思的时代,资本吸收劳动力构成自身,并确保自身得到增值。资本管控劳动力、劳动时间、劳动生产等。在生命政治生产形势下,资本要提高生产力才能实现争执,但它必须通过与劳动力分离才能实现。"每一种形式都表明资本主义对劳动力控制的新策略,但是在这种情况下,我们都发现,管控机制与生命政治劳动的生产力相矛盾,并且妨碍了价值的创造,从而加剧了危机。"[①] 可见,从主体方面看,劳动者日益获得劳动创造的自主性而逾越资本所设立的界限。生命政治产品的共同性既是生产的结果,也是扩大再生产的前提。首先,生命政治产品的无形性生产使得资本难以圈占劳动成果;其次,资本对共同性的占有会直接阻碍生产力的发展。由

[①] [美]迈克尔·哈特、[意]安东尼奥·奈格里:《大同世界》,王行坤译,北京:中国人民大学出版社2015年,第115页。

此可见，资本权力对人的控制和资本的私有化力量逐渐成为生产力发展的障碍。

生命政治学视角的现代性批判为社会解放提供了一条内在超越论的路径。既然在生命政治学所揭示的现代性"牢笼"中，资本的外在控制无处不在、规训无孔不入，那么治理人的生命，批判和反抗的对象是零散的星丛式存在，任何的举措都只能是对症下药，但不能标本兼治。生命政治学的现代性批判提供的内在超越论路径实际上是基于对现代性实质的把握。可见，在现代社会对中心和绝对权力的反抗无从谈起。内在超越论的路径是从权力的边缘出发，从权力和主体的关系出发建构一条重构现代性的道路：超越现代性就是权力关系中主体的自我解放。"资本主义管控模式无法在掌控劳动力新的技术构成所具有的力量；事实上，资本主义管控中越来越成为生命政治劳动生产力的障碍。"① 现代性批判的生命政治意涵就体现为一种生命主体内在反抗的革命路径。这也是马克思主义一直探讨的焦点问题。生命政治学结合现代生活和政治的重大变化所探讨的资本主义现代性内在超越道路赋予了这些老问题以新的形式。在此意义上，生命政治学推进对社会解放问题的当代思考，这也暗示着在超越资本权力主导的现代性道路上，生命政治学与马克思政治经济学及其哲学思想的某种汇合。

二、另类现代性中的主体性力量

从意识形态外部的权力关系到生命权力的规训和生命政治的斗争，随着劳动关系的转换，反抗性力量本身也具有了不同的内涵和外延。关键在于寻找这种主体性力量，另类现代性正是从生命政治的角度，论证主体性

---

① ［美］迈克尔·哈特、［意］安东尼奥·奈格里：《大同世界》，王行坤译，北京：中国人民大学出版社2015年，第114页。

"再思"马克思社会解放的革命主体——奈格里政治哲学思想探析

的力量。马克思对反现代性的反抗性力量的考察根植于对现代资本主义生产方式的研究,揭示了资本主义发展过程中,周期性危机的根源以及内部的矛盾。马克思指出:"资产阶级的生产关系和交换关系,资产阶级的所有制关系,这个曾经仿佛用法术创造了如此庞大的生产资料和交换手段的现代资产阶级社会,现在像一个魔法师一样不能再支配自己用法术呼唤出来的魔鬼了。"① 可见,资产阶级创造了巨大的社会生产力,资本无限度的增值并渗透到社会生活的全方位,它不停腐蚀人们的灵魂,资本逻辑对人的规训使人变得贫穷。资本主义的驯服和压迫创造出资产阶级"掘墓人"——无产阶级。资本无限度索取剩余价值使无产阶级陷入贫困。资本家占有所有生产资料,工人不得不把自己的劳动力当作商品来出卖,因为他没有别的商品可以出卖。工人自由出卖劳动力,是因为工人自由的一无所有,也就是说这种自由是贫困的,仅限于人身自由,除此之外,工人没有任何生产资料、财产、土地权等。奈格里指出:"越来越多的财富控制在越来越少的人的手中,民众依旧生活在贫困与无权力的极限边缘,贫富分化越来越走向极端。那些在帝国主义和殖民主义时代圈划好的、进行压迫和剥削的界限,在今天,在许多方面非但没有收缩,反而在爆炸性的膨胀。"② 无产阶级活劳动是资产阶级资本增值的必要条件,因此,只有在资本主义社会中,无产者才表现为无产阶级,资产阶级对无产阶级的剥削体现在无限的资本增值之中。资产阶级具有对无产阶级的绝对支配权,由此无产阶级在生产的过程中,将产生反抗性的力量。在马克思语境中,资本主义现代性中的革命性力量是内嵌在资本主义私有制结构中的无产阶级,并将无产阶级的革命性与贫穷的反抗力量联合起来,突破资本逻辑限制,推翻资产阶级统治。由此可见,从意识形态的权力结构关系转到生命政治

---

① 《马克思恩格斯文集》第2卷,北京:人民出版社2009年版,第37页。
② [美]迈克尔·哈特、[意]安东尼奥·奈格里:《帝国》,杨建国、范一亭译,南京:江苏人民出版社2006年版,第57页。

权利的控制和斗争,产生具有革命性的反抗性力量。从生命政治的角度,另类现代性正是在寻找这种主体性力量。

在奈格里看来,打破主体性生产装置控制权的契机是劳动方式的转变,即非物质劳动的出现。他对非物质劳动的作用给予了高度的关注和重视,认为非物质劳动将会促进新的社会共同体形成。非物质劳动以情感、知识、信息、符号的方式出现,所以这些非物质劳动成果具有非排他性和非稀缺性的特征。奈格里认为:"非物质劳动而生产出的如知识、语言、符码、信息、感受等,这些非物质产品不再受制于稀缺性的逻辑,相反,在流通过程中这些产品反而会得到强化和衍生。观念传播得越多,受众越广,就说明这种观念越具有生命力。这是在生命政治生产霸权时代占据主导地位的共同资源,在实践上可以为所有人所共有,取之不尽,用之不竭。"① 可见,非物质劳动作为共同性财富时,对财产的理解会带来新的变化。在此意义上,私有财产的概念变得日益模糊,共同财产日益占据主导地位。同时,财富的生产与身体的联系变得更加紧密。更为重要的是,在整个生产过程中,生产者之间相互协作的能力不断增强,从而具备了摆脱资本、自主生产的能力。在生命政治生产的强权之下,资本增值的同时,生产者主体性也在经历价值增值。非物质劳动侧重于情感、智力、知识等要素相联系,创造新社会关系以主体性的自我建构方式,强化自我建设过程,推进人的解放成为另类现代性规划的根本宗旨,在资本主义社会内部这一过程形成了对抗资本主义的自治主体性。

生命政治生产将经济的中心从物质商品生产转化到了社会关系的生产,这里的劳动包含有政治属性。奈格里认为,在资本主义生产过程之中逐步确立了主体性的生产,同时社会政治领域的与规训的结合是对主体性生产的进一步完善。随着新科技革命的到来,资本权力运用金融、信息、

---

① [美]迈克尔·哈特、[意]安东尼奥·奈格里:《大同世界》,王行坤译,北京:中国人民大学出版社2015年版,第5页。

"再思"马克思社会解放的革命主体——奈格里政治哲学思想探析

情感等方式,实现了对身体的规训和控制,训练出更加精致的主体性生产装置。可见,主体性政治已经成为最重要的政治之一。但在生命政治的语境之中,由于劳动者在生产空间上能够自主地进行生产与协作,因此他们在政治领域中不需要自上而下的权威,可见,生命政治劳动为社会解放的新革命主体的自我组织和自治提供了历史条件。通过对非物质劳动的生产过程进行考察,可以看出在自动化机器的使用过程中,劳动主体之间的差别变得越来越越小,从而使得劳动具有同质化的性质。非物质劳动创造出越来越多的共同性,使得劳动主体之间的合作和交流变得越来越频繁,从而内在于劳动本身的合作内在性,他对资本权力所提供的生产资料的依赖程度越来越低,从而使资本逐步失去对劳动主体的控制,他们彻底抛弃了对资本的依赖,变得越来越具有反抗性。在非物质劳动条件下,符号和信息的生产主要依靠于劳动者的创造力量,资本权力对这种主观因素是无能为力的,因此,劳动者就具有了摆脱资本控制的生产交往自主性的条件,正是这种生产中的自主性为主体性的解放提供了现实的可能性。劳动主体可以在日常生活中习得,并增强他们的民主能力。作为新的历史主体,劳动者不再需要任何引导,他们正在形成自为的阶级。这是彻底的内在性政治,诸众在生命政治中对抗帝国超验的生命权力。

从生命政治的视角看,奈格里是从被殖民者的视角去看待反现代性的力量。他认为,"第一条是批判和解构之途,其目的是颠覆霸权语言和社会结构,并由此出发,展现建立在民众的创造性和生产性实践之上的另类本体基础;第二条是一条建构和伦理—政治之途,它寻求领导主体性的生产过程,走向一个有效的社会、政治另类,走向一个全新的生成力量。"[①]可见,奈格里试图寻找反抗并寻求主体性生产的另类模式。他坚信身体的力量,不仅反抗权力,而且寻求摆脱资本权力的自治。这些反抗的力量和

[①] [美]迈克尔·哈特、[意]安东尼奥·奈格里:《帝国》,杨建国、范一亭译,南京:江苏人民出版社2006年版,第62页。

对自由的寻求超越了生命权力的殖民关系的界限，颠覆了财权的统治，揭示了共和主义自由平等的虚假价值导向。综上可知，奈格里并不像马克思那样植根于资本主义生产方式中寻找反现代性的无产阶级力量，而是在个体性的差异、抵抗、生产和自由的因素当中寻找反抗生命权力的殖民统治——诸众。

诸众将生命的生产转变为反抗、创生以及自由的行动，它是内嵌在社会生产中的广泛杂多性。由此可见，随着全球化和社会化流通范围的不断扩大，生产的方式发生巨大变化，这凸显出社会的多元性、杂多性、边缘性内嵌于社会之中，这些奇异性的差异不能被化约为同一性。从现代性的权力结构出发，这种主体性力量除了反抗，还要打破权力关系体系。可见，主体性力量不仅仅集中在传统社会生产领域中的无产阶级或工人阶级，它的范围扩大到一切社会力量。另类现代性的主体力量本身就具有异质和开放性。主体不仅解放自身，也消解一切同质化的力量，是解放诸多可能性的总体力量。"穷人不论是否领取工资，都不再处于资本主义生产的历史原点或地理边界，而是日益进入中心地带——因此，穷人的诸众人就处于革命性改造策划的中心。"① 这一现实变化为另类现代性主体出场奠定了重要基础。对主体性来说，只有立足于主体性自身基础上的生命体验，通过感知生命本真的需求来建构以生命为核心的生产和生活方式，才能真正促进个体解放和自由全面发展。

在奈格里看来，帝国已经不再是传统的资本主义社会，它的存在是超越领土和国家的，所以帝国主权也生成为一种非连续性的统治方式，帝国的主权恰恰是看不见的控制手段。"帝国看起来就像一部技术含量较高的机器：它是虚而非实的，建造它的目的是控制边缘事件，组织、支配系统的分解，必要时进行干涉（这与技术先进的机器人生产有异曲同工之妙）。

---

① ［美］迈克尔·哈特、［意］安东尼奥·奈格里：《大同世界》，王行坤译，北京：中国人民大学出版社2015年版，第44页。

"再思"马克思社会解放的革命主体——奈格里政治哲学思想探析

尽管帝国主权是非实态的,非连续的,但这并未减弱他的力量。相反,恰似这些特点,令帝国主权的各个机构的力量得到加强,在当代历史环境中展示他的效力,在最紧要关头实施它解决世界难题的合法性力量。"① 正是针对帝国主权的新变化,需要确认一种新的存在论基础——另类现代性。它扎根在反现代性的斗争中,反对作为现代性核心的等级制度,从反抗走向另类秩序的建构,另类现代性生成了主体性生产的新装置。在生命政治的语境下,创造一种新的主体,它是由与帝国压迫关系相连的各种不断重新设定的个体和事件构成的统一体。诸众以星丛式的方式存在,是一种新的非同一性的革命性主体。诸众在活动时,它将自动生产和再生产整个生活的世界,同时也建构着一个新的存在论,即诸众的革命存在论。今天的无产阶级主体已经从传统的工人阶级转变为受一切资本主义剥削和压迫的诸众。劳动力本身开始从体力劳动转向了非物质化的脑力劳动,这种非物质劳动生产不止生产物质生活资料,同时也生产和再生产整个社会生活。"在后现代中积累的社会财富正日益成非物质状态;它包括社会关系、交往系统、信息以及情感的网络。相应来说,社会劳力就愈加地非物质化;它同时在直接地生产和再生产各方面的社会生活。当无产阶级正成为劳动的全球角色时,无产阶级劳动的对象正变得同样地全球化。社会劳动产生了生活本身。"② 今天,资本主义的生产方式和财富方式已经发生了重要变化。它不同于资本通过购买把活劳动变成劳动力商品,迫使工人在工厂中按照资本所设计的方式进行生产。一旦进入非物质劳动生产,资本的剥削关系就变得衰弱,资本家即便投入再多的钱,如果没有具备创造力的劳动者,也是无济于事的。因为在整个生产过程中只能由劳动者本身自主建构生产过程,资本并不起任何作用,非物质劳动过程中最核心的要素是有创

---

① [美]迈克尔·哈特、[意]安东尼奥·奈格里:《帝国》,杨建国、范一亭译,南京:江苏人民出版社2006年版,第46页。
② [美]迈克尔·哈特、[意]安东尼奥·奈格里:《帝国》,杨建国、范一亭译,南京:江苏人民出版社2006年版,第299页。

造力的人。可见，非物质劳动过程不止生产出劳动产品，同时也生产出新的主体——诸众。

诸众的产生并不意味着工人阶级或者工人斗争的衰落，相反，它意味着无产阶级杂多性和新的斗争面象的增加。诸众不仅强调斗争中社会奇异性的杂多性，也强调积极协调他们的共同行动，并在扁平的组织结构中维持平等的关系。可见，诸众就是奇异性和差异性的集合存在，它是杂多性、差异性、开放性与个性的主体。首先，诸众追求身份的自由，而同一性的身份再次确定意味着重新回到现代性的筹划之中，使得主体生产停滞。要超越这一停滞过程就需要过渡到新阶段。其次，诸众不断追求自我转变的自由，使主体性生产继续前进。因为革命的政治阶级必须要摧毁资本的结构和制度，从而摧毁工人臣服的条件来消灭工人的身份，开启主体性的生产过程在自我转变的过程中创造新的人性。

奈格里生命政治语境下的另类模式的自治源于主体性的生命力量，是对主体性生命力量的维护。这种自治的生命政治学没有霸权和主权统治，它是在生产社会关系和再生产主体性的生命政治生产。生命政治生产本身不只包含物质产品的经济生产，也包含观念、符号、情感、社会关系等的主体性生产，而且生产的经济过程和本体论过程是内在统一的。由此可知，另类现代性的生产过程不仅是生产出物质产品，同时也生产出人与人之间的情感关系和生命形式。这是对主体性生产的积极维护，在创生环节开启了另类主体的生成过程。诸众通过出走的方式逐渐从资本关系中解放出来，这种新的生命形式以拒绝资本对生命本身的规训为基础，新的革命形式可能成为一种可行性的进路。另类现代性筹划试图建构一种非资本主义的新的生活和生产方式。在共同性财富的价值增值规律下，这种新的生产和生活方式越来越获得人们的认可，当这种生产和生活方式逐渐占据主导地位时，资本的力量就会迅速衰落。另类现代性是一条与现代性相决裂的路径，同时开启了众多的可能性。可见，另类现代性的实质是破解现代性的枷锁，构建新的政治空间——共产主义，

"再思"马克思社会解放的革命主体——奈格里政治哲学思想探析

从而创造新人性。

奈格里的另类现代性筹划内在于资本主义现代性发展过程之中,它所实现的诸众自制和生命政治解放并不独立于资本主义生产关系之外,而是随着资本主义生产方式的不断变化,就能够自发形成的自治主体。情感、符号、知识、信息等在资本主义生产关系主导下完成的非物质劳动产品从资本的最新形态转变为积极的正面建构,成为生命政治主体生成的肯定性力量,这是典型的逻辑矛盾。奈格里将生命政治主体看作以差异性和奇异性为基础的主体存在,这实际上把马克思的历史主体缩减为奇异性的个人,并未把握到阶级的本质。"无产阶级从一个经济和政治的范畴退缩为一种抽象的原子化的个人之集合,我觉得,将无产阶级的主体转换为网络条件下受帝国奴役的个人,这是一种看起来新颖但却是完全错误的唯心主义判断。"[①] 当奈格里宣称马克思阶级理论已经无法适应非物质劳动时代时,他并没有真正把握到阶级的本质。

在奈格里那里,信息化、情感化、数字化的后工业时代,非物质劳动的主体已经实际参与到信息、数字、知识共同性产品的生产和使用当中,而这些产品的属性与私人占有相悖,因为非物质劳动产品不具有排他性逻辑,采取的是共同性的存在方式。可见,共同性的特点是脱离资本控制的核心。在后工业时代,奈格里认识到资本已经将自己的权力触角延伸到生产和生活的所有领域,开启了以生命权力为基础的新统治。虽然非物质劳动产品具有共同性产品的积极效应,但这种新形势不过是迎合了资本的最新统治。要走出资本矛盾的困境,就要瓦解资本主义私有财产关系,寻找导致生命异化的根源,在帝国内部探寻实现生命政治解放的潜能。

---

① 张一兵:《反抗帝国:新的革命主体和社会主义战略——奈格里、哈特〈帝国〉解读》,载《东岳论丛》,2018年第5期,第11页。

第三节 共产主义的革命憧憬

奈格里对帝国进行深入剖析，将其确认为一种腐败性的存在，并努力探寻一种可以对它进行整治替代的"自在之善"。劳动形式的转型以及非物质劳动霸权的确立导致了帝国本身的缺乏，这为进一步实现摧毁帝国的统治提供了可能性。作为后现代社会革命主体的诸众为了摧毁现实中的帝国，必须以欲望作为其合作的现实性基础，并致力于争取全球公民权，获取社会报酬的权利和再占有的权利，最终将自身练就成后现代社会中的斗士。最后，奈格里将分析的视角落在阶级对抗的革命政治学中，以彻底消解资本主义体系为目标，并指向无产阶级的自由解放和共产主义的筹划之上。

一、摧毁帝国：后现代社会的根本任务

奈格里对帝国进行深入研究时，他充分肯定了帝国与民族国家的进步意义，认为帝国结束了现代权力的残暴统治，促进了社会解放实现的可能性。但帝国并没有消除剥削，反而使其更加隐蔽和猖狂。帝国在摧毁旧有的权力关系时，也建立起以剥削为基础的新权力关系，在某种意义上，这种新的权力关系比旧的关系更加肆无忌惮。奈格里认为帝国仍是自在的善，并不是自为的善，因此他提出了摧毁帝国，消解自在的善并建立一种自为的善的更高级别的社会形态。

奈格里将自在的善归结于帝国的腐败本质，"帝国中腐败无处不在。它是统治的基石与资本原则，存在于不同的形态之中……通过腐败，帝国权力在全世界架起烟雾，而对民众的监控便在这堕落的烟云中，在缺少光

阴和真理的情况下得以实施。"① 奈格里认为在帝国中欲望表现为一种"生产性的空间，即在历史构建中人类合作的现实性"②。但是帝国为了维护其统治，并致力于否定欲望的生产能力，从而控制欲望。在帝国中腐败无所不在，以至于在它之中的权力与价值已被分裂，而生态政治中的生存与知识无不体现在价值的生产过程中。帝国的存在性缺乏表现为"一处伤口，社会的一种死亡愿望，一种将存在从世间的剥离"③。奈格里指出与腐败相对的是生育。生育指向一种欲望性和集体性。生育作为帝国构建的基础，"为了实现生育，政治不得不让位与爱情和欲望，目的是为了生态政治生产的基本力量"④。诸众作为欲望的载体将遭到腐败的侵袭，腐败与生育处于一种对立性的关系之中，生态政治的生育将诸众进行了改造，使其成为一种智能性和合作性的力量，而腐败不仅表现为一种对抗性的关系，也表现为对生命政治共同体的分裂。

帝国的构建依赖于生育，但为了其自身的利益不得不与生育相对立，帝国采取腐败的形式将诸众的完整性分裂为不同的结合体。在此过程中帝国表现为双重性质：一方面，帝国依赖于生育来建构自身；另一方面，帝国又对生育和诸众进行打压，但正是这种双重性质为政治替代的实现提供了可能性，对帝国实现政治性替代不仅具有必要性，而且具有可能性，因为帝国自身存在着不足和缺乏。帝国权力无处不在，因此其发挥作用的虚拟性和可能性也无处不在。奈格里强调，对于诸众的虚拟性而言，帝国则表现出作为一个"空壳或寄生的机器"。由此可见，诸众作为帝国的基础，

---

① ［美］迈克尔·哈特、［意］安东尼奥·奈格里：《帝国》，杨建国、范一亭译，南京：江苏人民出版社2005年版，第443页。
② ［美］迈克尔·哈特、［意］安东尼奥·奈格里：《帝国》，杨建国、范一亭译，南京：江苏人民出版社2005年版，第441页。
③ ［美］迈克尔·哈特、［意］安东尼奥·奈格里：《帝国》，杨建国、范一亭译，南京：江苏人民出版社2005年版，第443页。
④ ［美］迈克尔·哈特、［意］安东尼奥·奈格里：《帝国》，杨建国、范一亭译，南京：江苏人民出版社2005年版，第442页。

帝国则依赖于对诸众之虚拟性的吸取而存在。

这里要强调一下，诸众的虚拟性表现为一种非现实性，是指由诸众所从事的非物质劳动生产在经济意义上的智能化所引发的虚拟性，正是这种虚拟性为诸众对于帝国进行整治性替代提供了可行性。诸众的虚拟性是由非物质劳动所发展起来的，对自由的渴望及对统治体系的对抗性。帝国处在一种双重性的困境之中：首先，帝国作为一种宪政力量，面对这些不稳定性因素必须予以控制和抵抗，它自身表现为一种消极性和否定性的控制过程。其次，帝国作为一种寄生在诸众之上的存在，它又必须控制诸众的行动在其自身的限制内，以确保自身的存在。奈格里强调，正是帝国对诸众又依赖又抵制的复杂态度，暴露了它自身腐朽的消极本性。

在帝国中非物质劳动占据霸权性地位，它已不再是通常的经济学意义上的劳动形式，而更多表现为一种社会学意义上的劳动，表现为一种由情感、知识和语言所组合成的一种社会性力量。可见，劳动力已经变为一种兼具肉体性和智力性的社会性生产能力。随着非物质劳动霸权的日渐稳定，它对帝国所实现的替代潜能也在不断增强。

非物质劳动霸权引发的革命性替代因素在于：首先，非物质劳动导致帝国内部结构的消极性存在。奈格里认为，生命政治劳动促成了帝国内部的消极性。随着社会生命政治的不断加强，对帝国的对抗性不断在全球性的生产之网中体现出来，这种对抗性始终贯穿在帝国发展的每个环节之中，最终形成对帝国的普遍性对抗。生命政治的内在性与差异性消解掉社会结构的内外之分，引导着帝国的横向发展，并呈现出一个平面性的世界。在这种平面性的结构之中，任何一点所遭受到的攻击都会引发致命的可能性。其次，非物质劳动促使革命主体的日渐成熟。在生命政治生产中，随着非物质劳动霸权地位的逐渐形成，一个新的后现代革命主体也将日益形成，生命政治生产使得劳动的时间和地点等日渐变得模糊不清，资本对劳动者的控制和剥削也不再局限于特定的时间和地点，并且将其作为一个整体来对其进行监控和统治，资本的统治促使劳动者通过生命政治劳动形成一个整体，并且作为一个整体来行动，最终形成一种普遍性的革命主体。奈格里强调，正是由于帝国内部的非物质劳动霸权地位的日渐稳固导致了其自身结构的消极性，并促使革命的主体性日渐趋于成熟，从而使革命的替代性变得可行。他还指出，为了摧毁帝国的统治进而实现自为的善，斗争是不可避免的。诸众要想承担起摧毁帝国的重任，就必须具备一套完整的斗争法案并对其进行指导，将自身锻造成一种革命性的政治主体。作为后现代革命主体的诸众要想摧毁现实中的帝国，必须致力于以下三点：

第一，争取全球公民权。帝国自身蕴含着不足和匮乏，诸众的流动性足以致使帝国因缺乏营养而衰败。但帝国本身便不能容忍诸众的这种流动性，于是它采取措施对诸众施加压力和控制。诸众要想有效对抗帝国必须打破帝国所设立的地域限制，凭借着自由流动穿过客观空间，把其变为流动和抵抗所激活的全新空间。奈格里认为，帝国是一种遍布全球的控制性机制，因此对它进行替代的政治方案也应在全球的范围被推出。诸众应争取自身流动的自主权，以及在其生活和居住地的公民权利，即争取全球公民权。奈格里强调，作为后现代革命主体的流浪者通过自身积极自由的流动，不仅消除了施加在其身上的地域限制，并且通过一种全球性的出走和混合，促使一种新的主体得以产生。由此可知，诸众认为对抗帝国的首要任务是争取全球公民权的确立。第二，争取社会报酬的权利。随着非物质劳动霸权的确立，生产关系彻底地浸透到社会关系之中，使得经济生产和社会生产之间的分界变得十分模糊，最终导致了剥削关系的改变。奈格里强调，所有的社会生产都应获得相应的补偿，即争取社会报酬的权利。可见，所有劳动者在全部时间内都应获得报酬。第三，争取再占有的权利。在后现代社会中随着生命政治劳动形式的不断变化，诸众不仅使用机器来进行生产，也使其体力和脑力不断融合，诸众自身愈加变得机器化。因此，新的主体应着力于争取生产方式再占有的权利。可见，新的革命主体必须争取对信息、知识、情感、交流等的再占有的权利。鉴于此，流动的诸众已经成长为一个真正的革命主体,作为后现代的"斗士",将担负起摧毁帝国的后现代革命任务。

二、共产主义的现实根基:后社会主义解放之规划

奈格里最终彻底地颠倒了资本与劳动的力量关系。他特别强调资本只是作为阶级斗争的"因变量",而劳动才是其"自变量"。奈格里聚焦于劳动主体的优先性,将阶级斗争理论引向后现代主义视阈。奈格里旨在消除后现代主义和西方马克思主义的理论困境,即社会生产领域和社会革命领域的分裂性,最终使其立足于生产和劳动领域,以劳动为线索寻找解放的可能性,力图创建一种后社会主义解放之路。

奈格里尝试在马克思主义与后马克思主义之间建立一种连续性,并通过引入马克思主义阶级斗争理论,来消解其乌托邦因素,并坚定其所具有的差异化、多样化、碎片化等因素,旨在建立一种民主性和革命性的激进政治学。奈格里基于对《大纲》的政治性——主体性解读,既把以对抗性——阶级斗争的革命政治学作为其理论基础,又基于生命政治生产的深层转型在阶级对抗的最深之处,最终回到对共产主义的重新筹划之中。马克思认为,"共产主义对我们来说不是应当确立的状况,不是现实应当与之相适应的理想。我们所称为共产主义的是那种消灭现存状况的现实的运动。"① 马克思认为现存状况是与劳动的特征和分工的形式相联系的,而奈格里强调这种"现实的运动"是作为一种颠覆性和创建性之社会力量的活劳动。在对国家的批判中,马克思把劳动者作为历史运动中的根本性力量,因为它内在于资本主义社会的机构之中,但劳动始终作为一种创构性的力量不断对资本进行解构。在此过程中,劳动既构成解构资本主义的根本性力量,又积极创建出一种新的社会性的自我价值过程。最终,共产主

---

① 《马克思恩格斯选集》第 1 卷,北京:人民出版社 1995 年版,第 87 页。

义作为一种总体性的批判力量，它是一种既解构现存价值，又不断创造新价值的过程；它既否定现存世界，又筹划新的世界。可见，共产主义绝不是资本主义的产物，而是一种危机理论和主体理论的综合过程，即革命主体性的革命政治学。

奈格里把共产主义理解为一种本源性的主体及其创建新活动目标的基本形式，差异性、多样性、对抗性、主体性共同构成其理论的核心要素。马克思把共产主义的动力因素归结为一种对抗性的形式，并将其投入到资本主义社会的总体过程中，从而对无产阶级的主体性进行全面占有，它所具有的多样性和差异性构成无产阶级的理论实质。后社会主义的解放之路必须经由阶级斗争的主体，才能激活危机、发展和共产主义。共产主义拒绝消除多样性和差异性的集体主义和具有同一性的辩证逻辑，要通过现实的对抗性运动，并由革命的主体性欲望和阶级斗争的对抗来表达，它绝不是一个静止的计划。所谓共产主义的动力问题，也就是阶级革命问题。就对抗的可能性而言，马克思将资产阶级榨取劳动者剩余价值的进程与资本和全球劳动力流通范围内的社会化进程结合在一起时，当马克思进一步考察使用价值与交换价值在社会生产流通领域中的矛盾凸显时，马克思就把劳动力作为反对资本主义社会发展，并对其进行革命的颠覆性阶级了，因此，无产阶级的暴力是共产主义的征兆。奈格里认为，马克思将交换价值和使用价值在生产流通领域的矛盾归结为剥削的本质时，马克思将从消极的批判转向积极的建构。

奈格里认为，无产阶级是人类历史上首个最为革命的阶级，因为它将自身作为阶级要消灭自身，但资产阶级却努力去保全自己，就像贵族和所有统治者一样。工人革命要摧毁的不是他们自身，而是将他们定义为工人的身份，为了对抗资本，工人阶级必须反抗自身，而工人反抗工作的斗争，就是反抗自身的斗争。换句话说，阶级斗争的首要任务不是消灭资本家，而是消灭维持权力的社会制度，并且消灭让无产阶级臣服的条件。奈格里提出拒绝工作就是工人反抗的核心，拒绝工作并不意味着创新和生产的终结,而是创造出更多的超越资本的生产关系。为了使革命共产主义彻底完成解放的任务,不仅要有生产力的释放,也要让工人从工作当中彻底解放出来,因此有必要开启一个超越工人身份的自我转变过程。奈格里认为,革命政治不只是追求工人的生活和生产境况在资本主义社会内部的改善。不是让工人获取更好的工作条件、高工资,强化社会服务等,不是让工人获得承认,也不是让他们保持着工人的身份。革命的阶级政治必须摧毁工人臣服的社会结构和制度,最终消灭工人的身份,开启主体性的生产以及社会制度的创新。他认为革命性阶级政治的目的不是为了让工人作为新的统治阶级去夺取政权,从而去延续一个阶级代替另一个阶级的漫长历史,而是革命过程必须消灭一切身份。

奈格里在对身份的取消之后提出了"歧异性"的概念。他认为革命过程之所以会导致差异化的衍生,是因为奇异性的本质就是要成为不同的东西。奇异性凸显了共同性是杂多性的场域,身份可以被释放,但他认为只有奇异性才能真正解放主体。奈格里指出:"这个消灭身份的革命过程是怪异的、暴力的,甚至会产生创伤。不要试图拯救自己——事实上,你自己必须被牺牲!但这并不意味着解放会将我们抛入无差异的大海中,在没有认同的对象,而是说现在的身份不再是救命稻草了。"[①] 取消身份也意味着要摧毁共同性的腐化机构,这就需要对统治权力不断进行暴力斗争。当下,人们的工作以及他们磨炼出的技术构成增强了他们在政治行动领域的能力。因此,奈格里强调如果无产阶级的技术构成发生了变化,以至于生命政治生产的特征在生产过程中占据主导地位时,新的政治构成成为可能,生命政治生产的霸权带来了新的民主能力。在资本主义社会中,资本家一般为工人提供生产所需要的资料和策略,但在生命政治生产中,劳动主体越来越具备自主负责的能力。可见,生命政治劳动也日益脱离资本主

---

① [美]迈克尔·哈特、[意]安东尼奥·奈格里:《大同世界》,王行坤译,北京:中国人民大学出版社 2015 年版,第 261 页。

义的控制，而且具有更多的自主性，只要资本插手介入就会阻碍生产并且降低生产力。与资本主义控制所强加的自上而下的等级协作形式不同，生命政治劳动主体创造出协作、自主、情感和交流的劳动特征，为民主政治组织提供了坚实的基础。生命政治生产显示了主体经历的巨大变化，民众在工作中不再需要老板，他只需要在与他人的交往协作中结成关系，相反老板日益成为民众工作的障碍。奈格里认为对劳动技术构成的关注为我们在日常生活的实践当中创造了民主能力的新视角。

在面对共产主义议题时，奈格里试图解构辩证法的对立逻辑，他认为辩证法总是通过扬弃把对立的不同因素整合为一个理性的总体，把对抗性的深层矛盾消解在整体性之中。但奈格里赞同马克思以对抗性的阶级关系和创构性的革命主体彻底解构这种辩证的逻辑结构，认为它是一种完全彻底的主体化和开放性的创构过程，绝不会被封闭在辩证的逻辑体系之中。他使对抗性的逻辑结构彻底释放出来，并使无产阶级的自由性、自主性，以及积极筹划自身的多样性欲望得到实现。奈格里基于政治性和主体性的逻辑建构和阶级斗争的革命政治学对共产主义语境进行创构，并立足于劳动阶级的多样性和自主性，最终使劳动阶级成为表征新革命主体，寻求社会转型和自由解放的新主体。

三、奈格里政治哲学对马克思思想的继承与发展

马克思的哲学观开启了一个新的哲学时代，他的伟大原创性远远地超出了自己时代的理解水平，马克思的政治哲学有助于揭示资本主义发展过程中的一切神秘面纱。资本主义创造了一种对抗性的社会关系，这种对抗性既内在于资本之中，又反抗资本。奈格里的生命政治哲学，对劳动与资本关系及其经济社会发展的重新解读在马克思的思想中找到了丰富的学术资源。马克思主义是促使人类解放发展的强大力量。随着物质生产方式的发展和改变，包括哲学理论在内的精神生产也必然发生改变。再次从马克

思出发，能够更加具体地了解资本主义日益加剧的危机，进一步揭示出阶级对立出现的痕迹，进而寻求反抗资本主义和帝国的解放运动。

马克思在《关于费尔巴哈的提纲》第一条做出了经典的概括："从前的一切唯物主义（包括费尔巴哈的唯物主义）的主要缺点是：对对象、现实、感性，只是从客体的或者直观的形式去理解，而不是把它们当作感性的人的活动，当作实践去理解，不是从主观方面去理解。因此，和唯物主义相反，能动的方面却被唯心主义抽象地发展了，当然，唯心主义是不知道现实的、感性的活动本身的。"① 对事物、现实、感性只是从客体或者直观的形式去理解，就是把对象作为物质的东西看作外在的和给予性的东西，就是把人的思维看作只能消极被动地反映外在对象的接受过程，是不懂得事物、现实、感性是人的历史实践的结果，一定意义上也可以说是思维能动作用创造的结果。马克思从感性活动和实践的观点去理解事物、现实、感性，将事物和现实世界看作历史活动中的发展，从而把包括哲学认识在内的一切意识形式都看作历史发展的过程，这就历史性地终结了意识绝对确定性的哲学幻想。从实践活动理解事物、现实和感性，一方面揭示了意识能动性的现实根源，具体地发展了意识的能动性；另一方面也揭示了意识显示的事物和现实的真正的客观性和自在性，将旧唯物主义直观的感性确定性发展为历史实践的相对确定性。马克思实现观点的思维方式超越了传统哲学对人的理解，真正回答和解决了"人是什么"这个最伟大的哲学疑难问题。只有运用马克思唯物史观的思维方式去理解事物和现实，才能用实践观点理解人本身。同样，从实践观点理解人，才能进一步从社会物质生产实践的社会性和历史性中去揭示人的本质。马克思实践观点的思维方式是在对资本主义生产方式以及相伴而生的社会结构、价值观念和思维方式的研究中形成的，要理解奈格里生命政治语境中的革命主体就需要重新回到马克思的哲学观。马克思在《〈黑格尔法哲学批判〉导言》中

---

① 《马克思恩格斯选集》第1卷，北京：人民出版社2012年版，第133页。

"再思"马克思社会解放的革命主体——奈格里政治哲学思想探析

提出"理论一经掌握群众,也会变成物质力量"①,"哲学把无产阶级当作自己的武器,同样的,无产阶级也把哲学当作自己的精神武器"②。总之,马克思将哲学理论作为改变世界的现实性力量和参与社会历史运动的科学的革命。

马克思主义哲学不再是关于世界绝对真理的遐想,它不再企图在某种意识的绝对的确定性上建构永恒真理的学说,因而不同于还原论、本体论的传统哲学思维方式,它将以改变世界作为自己的根本任务。因此,理论的真理性只能在无产阶级革命实践中证明自己的现实性和力量。马克思的实践理性终止了绝对真理的哲学幻象,因而它是一种探索性的、具体的、谦虚的理论,它在对现实世界的理解中保持着开放的理论事业。因此,有必要基于马克思立场对奈格里社会解放的新革命主体进行深入反思,已确定在马克思主义哲学的理论视阈中理解奈格里生命政治学的主体性问题。马克思主义哲学以一种历史本体论的方式对资本主义进行深入批判,并且这种本体论总是通过阶级斗争的形式得到解释。因此,有必要从对资本主义批判的角度来分析资本与劳动之间的关系。一方面,这有助于人们了解资本主义社会的运转过程,并理解资本主义社会的新变化。另一方面,以独特的理论视角切入劳动者被压迫的现实困境,将有助于从革命和反抗的角度来寻求社会解放的可能性,这也是奈格里生命政治哲学的最终目标。

马克思的辩证法是主客统一的概念发展体系,而只有人的社会历史活动才是主客统一的辩证过程,因此社会历史的辩证法是辩证法理论的核心。它面向事情本身的客观性原则、主客统一的原则、自我否定的批判原则和自身发展的理性精神等,是我们概括奈格里生命政治哲学的指导性原则。法国哲学家萨特在《辩证理性批判》中认为自然界不存在辩证法,辩证法只是人学辩证法。我国著名哲学家高清海先生在他晚年提出的"类哲

---

① 《马克思恩格斯选集》第1卷,北京:人民出版社2012年版,第9页。
② 《马克思恩格斯选集》第1卷,北京:人民出版社2012年版,第16页。

学"中,也明确地把知性的物种思维方式与辩证法的类哲学思维方式区分开来,认为辩证法是解决人类自我否定、自身发展的思维方式。暂不讨论这种划分的合理性,可以肯定的是人及其社会历史活动的问题是最复杂、最高级的运动形式,是辩证法理论中最高阶的问题。原因在于人所特有的自我意识和精神能力实际地参与和改变了自然历史过程,人不仅解释世界,也改变世界,人所创造的社会历史过程是主客统一的过程。因此,奈格里的生命政治学要认识和把握社会历史过程的趋势和规律,就只能用马克思提出的主客统一的辩证概念体系,用自觉、自为的有生命的概念体系去把握它的真理性。

(一) 在生命政治语境中重新领会马克思的主体性思想

在生命政治的语境中重新领会和把握马克思的主体性思想,对奈格里研究社会解放的革命主体性思想具有重要的指导意义。在现代资本主义社会,人的生命成为资本治理的对象,从而被纳入资本的统一化逻辑之中,结果生命的多样性被单一化为经济化的存在。奈格里从主体政治的视角出发,提出了革命主体性的解读路径,他指出作为对抗性根源的人的主体性作用。奈格里认为,"资本主义是一个有着两种主体的社会体制。其中,一个主体(资本)通过强迫劳动和强迫剩余劳动支配另一个主体(工人阶级)。这种资本/劳动二元主体的对抗性结构贯穿了奈格里解读马克思《大纲》的全过程。"① 其中,资本与劳动之间的关系不只表现为以资本为主导所呈现出的单一的统治与被统治的关系,它还具有另外一个向度,即基于以劳动为主体形成的劳动和资本之间的对抗性关系。人是天生的政治动物,不仅要参与到政治事件中,而且有意识使自己参与到政治事务当中。可见,资本与劳动的关系不仅表现为统治与被统治的关系,而且表现为统

---

① [意] 安东尼奥·奈格里:《〈大纲〉:超越马克思的马克思》,张梧等译,北京:北京师范大学出版社2011年版,第6页。

治与反抗的力量关系。主体性是一个贯穿始终的概念，代表了资本主义压迫和剥削下阶级构成的内在能动性。

资本通过一系列的工厂制度和管理纪律形成一套完整的控制劳动者生命的微观权力体系，使劳动者的生命活动被合理化控制，劳动者能够以最廉价和有效的方式运转，从而为资本创造更多的剩余价值。随着数字技术、人工智能在生产和生活领域的广泛应用，资本主义将作为整体生命的人口的出生率、死亡率、自然增长率融入资本主义现代性的谋划之中，资本权利对生命的管治和监视，对人口的总体控制愈发隐匿。在这种情况下，找到突破资本权力体系的路径是奈格里生命政治哲学重要的时代使命。根据马克思的基本观点，资本主义的现代发展包含着辩证统一的异化形式和解放潜能。首先，无产阶级形成于这样一个阶段，即"资本主义私有制必然给工人阶级和整个人类带来灾难性的后果，指出要使社会从资本主义私有制的统治下解放出来，就必须采取现实的共产主义行动，必须通过工人解放这种政治形式"①。其次，如何扬弃资本异化的客观必然性，就需要深入挖掘无产阶级在劳动生产过程中所蕴含的颠覆资本主义生产方式的革命力量，建立真正的"自由人联合体"与人的解放作为同一过程，资本主义关系下的剥削关系是无产阶级遭受压迫和屈辱的根本原因。资本越是快速发展，工人阶级的贫困状况就变得越来越普遍。奈格里认为资本主义生产方式与生命异化之间具有逻辑关系。在资本主义社会发展过程中，劳动者与生产资料相分离，个体生命被简化为"商品人"，以创造剩余价值为宗旨的资本主义生产方式必然漠视生命。由于无产阶级在经济上被资产阶级剥削和压迫，从而在政治上被资本主义所排斥。面对资本全球化的现实，对资本主义现代性的反思需要深入到生产方式，只有深入到生产方式的历史辩证法的内在逻辑之中，才能揭示出资本主义现代性走向自我否定的内在性力量。奈格里在面对资本全球化、生命异化、身体规训时，重

---

① 《马克思恩格斯选集》第1卷，北京：人民出版社2012年版，第3页。

新思考了阶级斗争的必要性及其超越现代性的理论自觉,从而重新构想了马克思宏大叙事的"新无产阶级",用以抵抗资本主义现代性的生命政治技术和权力控制体系。

进入21世纪以来,资本逻辑发生了诸多变化,资本的运行轨迹已经从最初的商业资本、产业资本,经过金融资本,发展到了今天的"数字资本"形态。"我们今天面临的时代,不是平台和互联网让我们成为诸众,去抵抗帝国的时代,而是数字帝国主义兴起的时代,数字帝国主义意味着一种数字霸权兴起"[①]。资本形态不断发生这变化,但并没有推翻马克思对资本逻辑的批判,反而越来越证明了马克思对资本性质分析的真理性。奈格里指出,"资本的欲望必须要用新鲜血液来满足,必须不断地寻求新领地。"然而,无论资本形态发生怎样的变化,按照马克思的观点"资本主义必然灭亡"这一历史趋势不会发生任何改变,即资本主义的世界历史普遍交往注定要进行自我扬弃。在资本所主导的全球化不断遭遇挫折的情况下,资本逻辑暴露出种种弊端,如金融垄断、贫富分化、地区冲突、生态危机、恐怖主义、种族歧视等。其根源是以保护资产阶级利益为前提的普遍交往,因而没有真正形成人类的共同价值和利益。奈格里建构"诸众"的联合方案,是要抵抗资本逻辑对整个社会的剥削,这种抵抗不再是工厂工人的抵抗,而是超越资本主义控制能力的抵抗。由资本逻辑作为主导原则建构的全球化已经出现诸多"裂痕",这一裂痕最终表现为范全球化和逆全球化的出现,使资本内部遭到严峻的挑战。人类曾经依靠"全球化"达成资本逻辑体系的内部平衡。但是,今天民粹主义主导的逆全球化已经预示着必须开启新的对抗。

马克思在《共产党宣言》中指出:"至今,一切社会的历史都是阶级

---

① 蓝江:《从帝国到数字帝国主义——重读哈特和奈格里的帝国》,载《求是学刊》,2019年第2期。

"再思"马克思社会解放的革命主体——奈格里政治哲学思想探析

斗争的历史。"① 社会历史形态的更替往往都是以阶级斗争的方式完成的。这种阶级斗争的发展最初是在一个国家的内部开展的。但是,随着社会历史转变为世界历史,阶级斗争的方式也超出了国家的疆域范围,上升到了各个国家之间的斗争。这种斗争形式既是资本主义国家与殖民地国家之间的斗争,也包含资本主义国家之间的斗争,两次世界大战在本质上都是资本主义国家的矛盾所引发的世界级战争。"普遍交往"把阶级矛盾引向了世界历史的总体性冲突之中。人类社会的发展进程总是在阶级斗争中完成社会形态的更替,在马克思看来这种永不停息的阶级斗争方式应该被终结。否则,社会形态的更替对全人类来说都是灾难,都是"一部分人剥削另一部分人"的循环往复,同时也是阶级斗争的循环往复。人类要想获得永久的和平,就需要消灭阶级。因此,"消灭阶级"构成了马克思世界历史发展的"消极目的"。马克思认为,人类社会只有在共产主义阶段,才能完成"人类自身向自己命运主宰者的回归",才能真正进入世界历史。

就自由人联合体来说,资产阶级的灭亡和无产阶级的胜利是资本主义发展的必然趋势,资产阶级的压迫和剥削产生了越来越多的无产阶级,无产阶级在消灭资产阶级之后,也将会消灭自身。资产阶级进入信息时代发生了巨大的改变,无产阶级同样也没有故步自封,作为历史主体的无产阶级也在不断地与世界历史相融合,把自我革命作为出发点进行批判与思考,以获得更高层次的理性。从资本主义社会中被排斥、被剥削、被压迫,到奈格里所提出的新无产阶级"诸众"实际上都是对马克思视域中"无产阶级"概念的改造,将潜在的革命主体与当下资本主义社会现实进行了融合。"诸众"的行程看似已发动更广泛的政治斗争为前提,但他却忽略了如何达到有目的的政治斗争及集体革命意志的形成。可见,奈格里片面放弃无产阶级及其运动,主观看待阶级运动的规律,割裂了无产阶级

---

① 《马克思恩格斯文集》第 2 卷,北京:人民出版社 2009 年版,第 31 页。

第四章　奈格里政治哲学的后现代主义图景

主体与革命潜力的内在一致性,落入了机械唯物主义的窠臼。

奈格里的生命政治学规划内生于资本主义现代性之中,它所实现的诸众自治解放并不独立于资本主义生产关系之外,而是随着资本主义生产方式的不断变化就能够自发生长出自治主体。这实际上把马克思的"无产阶级从一个经济和政治的范畴退缩,一种抽象的原子化的个人之集合……这是一种看起来新颖,但却是完全错误的唯心主义判断"①。将历史唯物历史主体缩减为自主性的个人,并将这些个人结合为平面化的诸众,这实际上混淆了在后现代资本主义发展过程中重新界定历史主体和阶级主体这一根本问题。当奈格里将资本主义生产方式落脚到非物质劳动时代,他并未把握到阶级的本质。在马克思那里,判断一个劳动者是不是属于工人阶级是根据他所隶属的生产关系。但是,诸众这一主体并未改变马克思的阶级逻辑。"私人财产的概念日益变得荒谬。越来越少的商品能在此框架内被占有和专有使用。集体在生产,并在生产的同时受到再生产和再界定。对私人财产的经典的现代概念的基础由此在一定程度上在后现代的生产模式中被解体。"② 因此,非物质劳动产品遵循的基础不是稀缺性逻辑,它采取的是共同性的存在方式,不会因为使用减少,而在使用过程中使其变得更加丰富。奈格里对脱离资本控制的共同性给予极高的期望,认为它是社会解放的革命主体,通往生命政治解放的根本路径。但是,共同的协作方式并不是劳动者之间的自由结合,而是资本逻辑主导的控制劳动者的生产方式。马克思指出:"协作并不是他们自己结成的关系,而是资本家给他们安排的关系,不是这种关系属于他们,而是他们隶属于这种关系,因而这种关系本身表现为资本对他们的关

---

① 张一兵:《反抗帝国:新的革命主体和社会主义战略——奈格里、哈特〈帝国〉解读》,载《东岳论丛》,2018年第5期,第11页。

② [美]迈克尔·哈特、[意]安东尼奥·奈格里:《帝国》,杨建国、范一亭译,南京:江苏人民出版社2003年版,第286页。

系。"① 可见，非物质劳动只是表面实现了自主协作，但是它不可避免地被资本的各种技术手段所控制。

进入21世纪以来，资本已将自己的权力触角延伸到生活和生产的一切领域，开启了以生命权力为基础的新统治。但是，生命政治主体通过共同性的生产方式不断逾越资本主义生产关系的统治边界，使得资本与劳动之间出现了深层次的裂痕，为在资本的社会关系中主体解放提供一种可能性。奈格里将生命政治解放完全寄托在出走时，显然过分夸大了阶级斗争新形势的社会历史作用。他并没有看到现代资本主义社会中这种新形势不过是为了迎合资本的新统治。后工业时代的治理术已经把生命看作治理的对象，它使得生命成为资本权力的载体。生命政治主体的反抗不仅无力颠覆资本主义的权力机制，而且是后者催生的必然结果。奈格里的生命政治学尽管对当代资本主义进行了深刻批判，并以生产和生活方式的新变化为基础，探索了实现生命政治解放的可能性，但他不可能替代马克思的政治经济学批判。因为他建构的新革命主体忽视了客观历史环境的限制，脱离了历史唯物主义的内在矛盾运动规律，更没有深入到资本主义具体的矛盾表现之中。

唯物史观范式的确立落实在马克思对世界历史主体的颠倒之上。康德认为世界历史是大自然隐蔽计划对人类来说的现实过程，黑格尔则把世界历史看作为绝对精神实现自身的过程。但无论是前者还是后者，人类都不是作为世界历史的"主体"而存在的，人类不过是大自然实现其自身的"手段"。马克思认为，世界历史的主体不再是大自然或者绝对精神，而是人类本身。世界历史不是为了大自然如何实现它的隐蔽计划，而是人类如何建立自身的存在意义的问题。但这一意义既不能到大自然当中去寻找，也不能再"理性"中寻找，只能在感性的"现实的人"的实践中去寻找。马克思因此完成了世界历史"主体"从"大自然的隐蔽计划"和绝对精神

---

① 《马克思恩格斯全集》第32卷，北京：人民出版社1998年版，第332页。

到"现实的人"的"颠倒"。总之,世界历史理论的唯物史观范式主要关注的是"人类命运应当向往何处去"这一世界历史问题。然而,对这一问题的回答哲学家们众说纷纭。根据马克思的基本观点,只有通过生产方式这一切入点,深入到历史辩证法的内在逻辑之中,才能找到资本主义必然灭亡的否定性的内在力量。超越资本逻辑的根本路径是实现生产方式的变革,从以资本逻辑为核心转向以劳动逻辑为核心的生产方式。

(二)在生命政治语境中重新理解马克思的共产主义思想

马克思自觉承担起消解资本逻辑主导的人在"非神圣形象中的自我异化"的人类解放的使命。在进入资本统治时代的欧洲,人类命运掌握在作为"异己力量"和"物的依赖"的资本逻辑之中,使得人类再度失去对自身命运掌控的情况达到极致。因此人类命运不是由人类自己所主宰,而是由人类亲手创造的不以人的意志为转移的"资本逻辑"所操控和支配。正是为了从资本奴隶及其"商品拜物教"中拯救人类命运,马克思付诸"全世界无产者联合起来"的世界历史理论,探索出了人类命运主宰者,向人类自身回归的"共产主义"道路。随着资本主义的新变化,马克思的世界历史理论在今天开启了新的阶段性叙事主题。

马克思的世界历史理论之所以能够实现范式革命,核心是因为马克思世界历史观的变革。马克思确立了新的世界历史观,从此开启了实现人类自由和解放的伟大叙事。进入21世纪,世界历史发生了深刻的变化,必然推动马克思主义世界历史理论在当代的创新和发展。"百年未有之大变局"的时代判断和"构建人类命运共同体"的历史主张一并构成了21世纪马克思主义世界历史观的时代内涵,表明马克思所开创的这场人类命运自我拯救的运动,在新世纪马克思主义中薪火相传,从而把科学社会主义的事业推向了新的时代。奈格里指出,"共产主义是对资本主义的全方位摧毁。它是非劳动的,是主体的、共同的,是无产阶级废除剥削的计划。这是自由建立主体性的积极方面。"① 可见，资本自身表现为主体，表现为自主的、创造性的、能动性的任何一个方面，与之相对抗的无产阶级必将获得进一步的发展，并在发展中获得其完全的主体性。无产阶级存在于资本主义生产关系的矛盾之中，一旦由于资本主义体系的发展，创造出无产阶级社会所必须的物质生产条件，并且无产阶级也认识到这一条件时，颠覆运动的强大力量就会迸发出来摧毁一切。马克思指出："认识到产品是劳动能力自己的产品，并断定劳动同自己的实现条件的分离是不公平的、强制的，这是了不起的觉悟，这种觉悟是以资本为基础的生产方式的产物，而且也正是为这种生产方式送葬的丧钟，就像当奴隶觉悟到他不能作第三者的财产，觉悟到他是一个人的时候，奴隶制度就只能人为地苟延残喘，而不能继续作为生产的基础一样。"② 可见，共产主义绝不是资本主义发展的一个自然的结果，而是一种激进的颠覆。当马克思把资产阶级榨取剩余价值的增长过程与资本和全球劳动力流通范围内的社会化过程结合在一起的时候，也就把全球劳动力规定为反对资本发展并对其进行颠覆的革命阶级。可见，无产阶级的暴力颠覆与共产主义运动的确有着一种天然关联，可以说"无产阶级的暴力是共产主义的征兆"。奈格里认为，当马克思考察交换价值和使用价值在生产流通领域的矛盾归为阶级构成的本质时，马克思已经从消极的批判转向了积极的建构。

马克思是在整个世界日益分裂成两大对立阶级的变局中探索出人类自由和解放道路的，因此他提出"在批判旧世界中发现新世界"。这作为"时代精神"是通过马克思的唯物史观范式的世界历史理论而投放到世界自身的实践逻辑之中的。在当代的世界历史主题中就必然以重建"新全球化时代"人类的相互依赖关系为基础，构建属于人类自己的命运共同体。

---

① ［意］安东尼奥·奈格里：《〈大纲〉：超越马克思的马克思》，张梧等译，北京：北京师范大学出版社2011年版，第212页。
② 《马克思恩格斯全集》第30卷，北京：人民出版社1995年版，第455页。

人类命运共同体是对"零和博弈"形而上学思维方式的超越。人类命运共同体思想坚持的是辩证法的思维方式,最大的特点在于承认矛盾并扬弃矛盾。对立统一是辩证法的基本规律,它坚持对立性是以统一性为前提,统一性则以对立性为基础,二者互为前提。然而,按照马克思的观点,无论资本形态发生怎样的变化,世界历史的最终趋势将不会改变,资本主义必然灭亡不会改变。在这个意义上,"推动构建人类命运共同体"必将继续引导着21世纪马克思世界历史理论的叙事方向。因而,面对矛盾日益激化的资本主义世界,要推动世界共产主义运动和全人类的共同解放,必须回到马克思主义理论当中,以生产方式和生活方式的新变化为基础探索实现生命政治解放的真实可能性。

结　语

第一次世界大战之后，西方无产阶级革命陷入全面低潮。在此背景下，马克思主义不再是关注工人的革命实践，而是转变为一种单纯的书斋式的学术研究，却忽略了主体解放的现实可能性意义。正如安德森所言，"从此以后，西方马克思主义就以自己的密码是语言来说话了，他与工人阶级的愈来愈远。"① 可见，西方马克思主义已经变为一种脱离工人实践的书斋革命。因此，奈格里主张建构一种直面工人实践的生命政治哲学。奈格里千方百计地回到马克思的文本中，为这种自治主义的革命解放寻求内在的合法性依据，它必须从书斋的象牙塔中走出来，去寻找一种真正意义上的自治主义解放道路，建立一种新人性。

奈格里站在新的历史条件下，对马克思的解读是富于创造性的，他从政治性——主体性的角度出发，在资本主义社会的新时代语境中重新激活了马克思主义的相关理论。首先，他依据马克思所揭示的资本逻辑的内在性矛盾，在资本与劳动的辩证过程中重新建构了革命主体性的逻辑。其次，他在新的时代条件下，用社会工人的概念替代了经典马克思主义理论

---

① ［英］佩里·安德森：《西方马克思主义的探讨》，张秀琴译，北京：人民出版社 2023 年版，第 44 页。

中的工人阶级，进一步发展了马克思主义的阶级理论和革命理论，最终重新界定了革命主体性，也正是在此基础上他试图对马克思进行"超越"。但这种超越并不是对马克思主义理论的简单化抛弃，而是建立在对马克思的解读之上。

奈格里对马克思主义的重新解读别具一格，独树一帜，并且对人们重新思考全球化时代条件下的马克思主义哲学具有重要的理论意义。首先，他对于资本和劳动的对抗性阐述有助于人们对资本逻辑的内在矛盾进行深入思考，避免陷入资本决定论之中。其次，他关于重建革命主体性理论的思考始终是确立在对资本主义社会中再生产理论的重新反思。再次，奈格里对非物质劳动和社会工人的深入探索，将有助于为全球化资本主义时代的劳动方式的变革以及主体性的确立提供基础。最后，奈格里对马克思理论的政治性解读体现了马克思主义哲学的理论品格。马克思主义哲学从来不是对抽象问题的探讨，它具有自己的特殊视域，即将政治经济学批判同社会历史发展紧密结合。奈格里沿着马克思的解读路径，超出了就政治谈政治的西方左派理论的狭隘视域，结合全球化资本主义的现实基础，进一步发展了马克思主义哲学在当代的重大理论意义。

奈格里通过对马克思的创造性改写，对现实社会和革命主体的探索表现出乐观主义的态度。他结合马克思的政治经济学和福柯的权力统治理论，挖掘出生命政治生产下蕴含着新的革命主体——诸众，建构出一幅全新的社会解放的革命主体理论。奈格里为了抵抗资本主义对共同财产的剥削和占有，他将诸众解放的可能性与主体性生成联系起来，提出了诸众联合反抗资本主义的革命策略。然而，诸众内在的共同性所蕴含的张力，使他们在革命道路的选择上抛弃了无产阶级统一领导的革命道路，最终只能在片面性中走向衰落，并未逃出社会发展面临的主体性危机，无法真正动摇现有的资本主义世界体系。因此，"再思"社会解放的新革命主体的问题上，有必要回到马克思主义的阶级和革命理论，在马克思主义哲学的框架内回归主体性联合的革命组织。总而言之，奈格里对马克思的政治性——主体性解读，既没有简单地回到马克思，又没有盲目地使马克思主义走向当代，而是站在现实的角度重新激活了马克思主义哲学在当代的理论和实践意义。

参考文献

一、经典著作

[1]《马克思恩格斯全集》第 23 卷,北京:人民出版社 1972 年版。

[2]《马克思恩格斯全集》第 26 卷,北京:人民出版社 1972 年版。

[3]《马克思恩格斯全集》第 30 卷,北京:人民出版社 1997 年版。

[4]《马克思恩格斯全集》第 31 卷,北京:人民出版社 1972 年版。

[5]《马克思恩格斯全集》第 31 卷,北京:人民出版社 1985 年版。

[6]《马克思恩格斯全集》第 31 卷,北京:人民出版社 1998 年版。

[7]《马克思恩格斯全集》第 42 卷,北京:人民出版社 1979 年版。

[8]《马克思恩格斯文集》第 8 卷,北京:人民出版社 2009 年版。

[9]《马克思恩格斯选集》第 1 卷,北京:人民出版社 1995 年版。

[10]《马克思恩格斯选集》第 1 卷,北京:人民出版社 2012 年版。

[11]《马克思恩格斯选集》第 1 卷,北京:人民出版社 2013 年版。

[12]《马克思恩格斯选集》第 2 卷,北京:人民出版社 1995 年版。

[13] 列宁:《帝国主义是资本主义的最高阶段》,北京:人民出版社 1959 年版。

[14] 列宁:《国家与革命》,北京:人民出版社 1964 年版。

[15] 中共中央马克思恩格斯列宁斯大林编译局编：《列宁专题文集——论资本主义》，北京：人民出版社 2009 年版。

二、中文著作

[1][阿]拉克劳、[比]墨菲：《领导权与社会主义战略》，尹树广、鉴传今译，哈尔滨：黑龙江人民出版社 2003 年版。

[2][德]尤尔根·哈贝马斯：《交往行为理论：行为合理与社会合理化》，曹卫东译，上海：世纪出版集团、上海人民出版社 2004 年版。

[3][德]海德格尔：《存在与时间》，陈嘉映、王庆节译，北京：生活·读书·新知三联书店 2006 年版。

[4][德]罗斯多尔斯基：《马克思〈资本论〉的形成》，魏埙等译，济南：山东人民出版社 1992 年版。

[5][法]米歇尔·福柯：《规训与惩罚》，刘北成、杨远婴译，北京：生活·读书·新知三联书店 2015 年版。

[6][法]米歇尔·福柯：《必须保卫社会》，钱翰译，上海：上海人民出版社 1999 年版。

[7][法]米歇尔·福柯：《性经验史》（增订版），佘碧平译，上海：上海人民出版社 2005 年版。

[8][法]米歇尔·福柯：《知识考古学》，董树宝译，北京：生活·读书·新知三联书店 2003 年版。

[9][法]阿尔都塞、[法]巴里巴尔：《读〈资本论〉》，李其庆、冯文光译，北京：中央编译出版社 2001 年版。

[10][法]阿尔都塞：《保卫马克思》，顾良译，北京：商务印书馆 2006 年版。

[11][法]阿尔都塞：《黑格尔的幽灵》，唐正东、吴静译，江苏：

南京大学出版2005年版。

[12] [法] 德勒兹：《康德与柏格森解读》，张宇凌、张群德译，北京：社会科学文献出版社2002年版.。

[13] [法] 德勒兹：《尼采与哲学》，周颖、刘玉宇译，北京：社会科学文献出版社2001年版。

[14] [法] 德勒兹：《斯宾诺莎的实践哲学》，冯炳昆译，北京：商务印书馆2004年版。

[15] [法] 吉尔·德勒兹：《哲学与权力的谈判德勒兹访谈录》，刘汉全译，北京：商务印书馆2000年版。

[16] [荷] 斯宾诺莎：《简论上帝、人及其心灵健康》，顾寿观译，北京：商务印书馆1999年版。

[17] [荷] 斯宾诺莎：《神学政治论》，温锡增译，北京：商务印书馆1999年版。

[18] [荷] 斯宾诺莎：《知性改进论》，贺麟译，北京：商务印书馆2009年版。

[19] [荷] 斯宾诺莎《政治论》，冯炳坤译，北京：商务印书馆1999年版。

[20] [美] 哈维：《后现代的状况》，阎嘉译，北京：商务印书馆2003年版。

[21] [美] 哈维：《新帝国主义》，初立忠、沈晓雷译，北京：社会科学文献出版社2009年版。

[22] [美] 杰姆逊：《后现代主义与文化理论》，唐小兵译，北京：北京大学出版社1997年版。

[23] [美] 罗尔斯：《正义论》，何怀宏、何包钢、廖申白译，北京：中国社会科学出版社1988年版。

[24] [美] 迈克尔·哈特、[意] 安东尼奥·奈格里:《大同世界》,王行坤译,北京:中国人民大学出版社 2015 年版。

[25] [美] 迈克尔·哈特、[意] 安东尼奥·奈格里:《帝国》,杨建国、范一亭译,南京:江苏人民出版社 2005 年版。

[26] [美] 迈克尔·哈特、[意] 安东尼奥·奈格里:《帝国》,杨建国、范一亭译,南京:江苏人民出版社 2008 年版。

[27] [美] 詹姆逊:《晚期资本主义的文化逻辑》,陈清侨译,北京:生活·读书·新知三联书店 1997 年版。

[28] [匈] 卢卡奇:《历史与阶级意识》,杜章智、任立、燕宏远译,北京:商务印书馆 1995 年版。

[29] [意] 安东尼奥·奈格里:《〈大纲〉超越马克思的马克思》,张梧、孟丹、王巍译,北京:北京大学出版社 2011 年版。

[30] [意] 马基雅维利:《君主论》,王伟译,北京:北京联合出版公司 2014 年版。

[31] [英] 墨菲:《政治的回归》,王恒译,南京:江苏人民出版社 2001 年版。

[32] [德] 汉娜·阿伦特:《极权主义的起源》,林骧华译,北京:生活·读书·新知三联书店 2008 年版。

[33] [德] 汉娜·阿伦特:《论革命》,陈周旺译,南京:译林出版社 2007 年版。

[34] 陈越:《哲学与政治:阿尔都塞读本》,长春:吉林人民出版社 2003 年版。

[35] 宋晓杰..:《政治主体性、绝对内在性和革命政治学》,北京:人民出版社 2014 年版。

[36] 唐正东、孙乐强:《经济哲学视域中的当代资本主义批判理论》,

南京：江苏人民出版社 2009 年版。

［37］唐正东：《斯密到马克思——经济哲学方法的历史性诠释》，南京，江苏人民出版社 2009 年版。

［38］许纪霖：《帝国、都市与现代性》，南京：江苏人民出版社 2006 年版。

［39］张一兵：《回到马克思——经济学语境中的哲学话语》，南京：江苏人民出版社 1999 年版。

三、中文期刊文献

［1］［美］迈克尔·哈特、［意］安东尼奥·奈格里：《大众的历险》，陈飞扬编译，载《国外理论动态》，2005 年第 8 期。

［2］［意］安东尼奥·奈格里：《帝国与大众——奈格里论全球化的新秩序（上）》，载《国外理论动态》，2003 年第 12 期。

［3］［意］安东尼奥·奈格里：《帝国与大众——奈格里论全球化的新秩序（下）》，载《国外理论动态》，2004 年第 1 期。

［4］［意］安东尼奥·奈格里：《放逐——奈格里访谈》，载《国外理论动态》，2007 年第 5 期。

［5］［意］汪行福、王金林：《劳动、政治与民主—访安东尼奥·奈格里教授》，载《哲学动态》，2009 年第 7 期。

［6］尼古拉·布朗、伊莫瑞·译曼：《什么是群众——迈克尔·哈特和安东尼·奈格里访谈录》，王逢振译，载《文艺研究》，2005 年第 7 期。

［7］陈培永：《奈格里对斯宾诺莎"绝对民主"论的重构》，载《哲学动态》，2015 年第 3 期。

［8］高清海、孙利天：《哲学的终结于人类生存》，载《江海学刊》，2003 年第 5 期。

[9] [美] 迈克尔·哈特:《非物质劳动与艺术生产》,载《国外理论动态》,2006年第2期。

[10] 贺来:《后现代主义哲学与中国现代性的建构》,载《吉林大学社会科学学报》,1998年第2期。

[11] [英] 肖恩·塞耶斯:《现代工业社会的劳动》,载《南京大学学报》,2007年第1期。

[12] [斯] 斯拉沃热·齐泽克:《哈特和奈格里为21世纪重写〈共产党宣言〉吗?》,凤凰出版传媒集团与江苏人民出版社2006年版。

[13] 宋晓杰:《内在性平面与创构性力量的革命政治学——安东尼·奥奈格里政治本体论的逻辑脉络》,载《社会科学家》,2013年第3期。

[14] 孙乐强:《自治主义的大众哲学与伦理主义的主体政治学》,载《马克思主义与当代思》,2013年第3期。

[15] 孙乐强:《自治主义的大众哲学与伦理主义的主体政治学——对奈格里关于马克思"机器论片段"当代阐释的批判性反思》,载《南京大学学报》,2013年第5期。

[16] 孙利天:《21世纪哲学:体验的时代?》,载《长白学刊》,2001年第2期。

[17] 孙利天:《后现代主义哲学与东方思想》,载《社会科学战线》,2003年第5期。

[18] 孙正聿:《解放何以可能——马克思的本体论革命》,载《学术月刊》,2002年第9期。

[19] 孙正聿:《历史的唯物主义与马克思主义的新世界观》,载《哲学研究》,2007年第3期。

[20] 孙正聿:《怎样理解马克思的哲学革命》,载《吉林大学社会科学学报》,2005年第5期。

[21] 孙正聿：《"现实的历史"：〈资本论〉的存在论》，载《中国社会科学》，2010 年第 1 期。

[22] 唐正东：《出离：生命政治生产中的抵抗形式——对哈特和奈格里的阶级斗争观的一种解读》，载《山东社会科学》，2014 年第 1 期。

[23] 唐正东：《非物质劳动条件下剥削及危机的新形式——基于马克思的立场对哈特和奈格里观点的解读》，载《哲学研究》，2013 年第 8 期。

[24] 唐正东：《非物质劳动与资本主义劳动范式的转型——基于对哈特、奈格里观点的解读》，载《南京社会科学》，2013 年第 3 期。

[25] 汪行福：《帝国：后现代革命的宏大叙事》，载《当代国外马克思主义评论》，2007 年第 1 期。

[26] 徐丹：《何种主体性、如何叙述——对奈格里"马克思主体性问题"的反思》，载《中南大学学报（社会科学版）》，2015 年第 8 期。

[27] 袁久红：《从货币经济学走向货币政治学——评奈格里对马克思〈大纲〉"货币章"的解读》，载《江苏第二师范学院学报》，2014 年第 1 期。

[28] 张梧、王巍：《重建主体：对〈经济学手稿（1857—1858 年）〉的政治解读——评奈格里的〈超越马克思的马克思〉》，载《马克思主义与现实》，2009 年第 5 期。

[29] 张一兵：《反抗帝国：新的革命主体和社会主义战略——奈格里、哈特〈帝国〉解读》，载《东岳论丛》，2018 年第 5 期。

四、外文文献

[1] Antonio Negri, *Books For Burning: Between Civil War and Democracy in 1970s Italy*, London & New York: Verso, 2005.

[2] Antonio Negri, *Insurgencies: Consituent Power and Modern State*, Min-

neapolis: University of Minnesota Press, 1999.

[3] Antonio Negri, *Marx beyond Marx: Lessons on the Grundrisse*, Massachusetts: Bergin & Garvey Publishers, 1984.

[4] Antonio Negri, *Negri On Negri*, New York & London: Routledge, 2004.

[5] Antonio Negri, *RevolutionRetrieved: Selected Writings on Marx, Keynes, Capitalist Crisis and New Social Subjects* 1967-1983, London: Red Notes, 1988.

[6] Antonio Negri, *Subversive Spinoza: (un) Contemporary Variations*, Manchester: Manchester Universtiy Press, 2000.

[7] Antonio Negri, *The Politics of Subversion: A Manifesto for the Twenty-First Centuty*, Cambridge: Polity Press, 1989.

[8] Antonio Negri, *The Savage Anomaly: The Power of Spinoza's Metaphysics*, Minneapolis: Universtiy of Minnesota Press, 2000.

[9] Antonio Negri, *Time for Revolution*, New York: Continuum, 2003.

[10] Felix Guattari and Antonio Negri, *Communist Like Us*, New York: Semiotex(e), 1990.

[11] Mario Tronti, "Towards a Critique of Political Democracy", in *The Italian Difference: Between Nihilism and Biopitcals*, re. press, 2009.

[12] Mayyeo Mandarini "Antagonisn, Contradiction, Time: Conflict and Organization in Antonio Negri", in *The Sociological Review*, Vol.53, No.1, 2005

[13] Michael Hardt and Antonio Negri, *Empire*, London: Harvard Universtiy Press, 2000.

[14] Michael Hardt and Antonio Negri, *Labor of Dionysus: a Critique of the State-form*, Minneapolis: University of Minnesota Press, 1994.

[15] Michael Hardt and Antonio Negri, *Multitude: War and Democracy in*

the Age of Empire, New York: The Penguin Press, 2004.

[16] Micheal Hardt, Antonio Negri, *Declaration*, Distributed by Argo Navis Authour Services, 2012.

[17] Micheal Hardt, Antonio Negri, *Labor of Dionysus*, Minneapolis: University of Minnesota Press, 1994.

[18] Micheal Hardt, Antonio Negri, *Labor of Dionysus: A Critique of State-form*, Minneapolis. London: University of Minnesota Press, 1994.

[19] Micheal Hardt, Antonio Negri, *Multitude: War and Democracy in the Age of Empire*, New York: Penguin Press, 2004.

[20] Paolo Virno and Michael (eds), *Radical Thought in Italy: A Potential Politics*, University of Minnesota Press, 1996.